두근두근
자기주도
학습

엄마, 아빠도 쉽게 보고 지도할 수 있는 **자기주도학습** 가이드

두근두근
자기주도
학습

이강석 · 이남현 · 김경미 · 이성옥 · 류경신 지음

씨앤톡
See&Talk

chapter 3
학습능력의 씨를 뿌려라 225

chapter 4
실전 학습 상담 전략 315

서울시 교육청 주관으로 실시된 대학입시전략설명회에 참석했다가 모 대학의 입학사정관 교수가 한말이 뇌리를 스친다. 대학이 좋아하는 인재를 2가지로 압축하면 첫째는 "공부를 잘 한 학생"이고, 두 번째는 "공부를 잘 할 학생"이라는 것이다.

대학에 들어와서 공부를 잘 할 학생은 어떤 학생일까? 여러 가지 조건이 충족되어야겠지만 그 중 가장 중요한 것은 '자기주도성'이다. 지식과 정보의 홍보 속에 사는 우리는 그것들을 선별하고 융합할 수 있는 스스로의 능력을 갖추는 것이 중요한 것이다. 특히나 지식과 기술의 생명주기가 짧아진 요즘 자기주도학습능력은 개인의 경쟁력이자 국가의 경쟁력이다.

이 책은 자기주도 학습전문가들의 현장경험이 그대로 녹아내려져 있는 자기주도학습 바이블이라 할 수 있다. 입시에서의 정성적 평가가 더욱 강화되는 요즘 자기주도학습능력을 갖추는 것이 또 하나의 입시준비가 된 지 오래다. 이 책이 학교생활 속 자기주도 공부습관을 만드는데 도움이 되길 바란다.

- 2014년 11월 연구실에서 이강석

'나에게 공부란 어쩔 수 없이 해야만 하는 것이다. 창살 없는 감옥이다.' 라고 말하는 많은 학생들을 만나면서 그들에게 배워서 알아가는 기쁨을 선물해주고 싶었다. 앞으로 빠르게 변화하는 세상에 발맞춰 자신을 발전시키며 살아야할 그들에게 누군가에게 끌려가는 공부가 아니라 스스로 이끌어가는 공부의 즐거움을 맛보게 해주고 싶었다.

그 마음을 모아 하나의 공부법으로서의 자기주도학습이 아닌 자신이 주인 되어 이끌어가는 삶을 살아가기 위한 훈련으로서의 자기주도학습을 이 책에 담았다.

이 책이 발판이 되어 학생들에게 좋은 대학과 직장을 얻기 위해서 해야만 하는 공부가 아니라 인간만이 지니고 있는 생각할 수 있는 힘을 온전히 발휘하여 주도적인 삶을 살아가기 위한 공부가 되길 간절히 소망한다.

이 책의 모든 과정을 인도해주신 하나님께 깊이 감사드리며 언제나 나의 든든한 응원단이 되어주는 남편과 두 아들에게 사랑과 감사를 전한다.

- 이남현

학생들 중에서 공부를 잘하고 싶어 하지 않는 사람은 없다. 다만 자신의 말에 책임을 지는 상황이 두려워서, 또는 실패할까 겁이 나서 어느 순간부터 공부를 포기하게 되는 경우가 많아지고 있는 것이다.

물론 음악, 미술처럼 공부도 재능이 있어야 즐기면서 잘 할 수 있는 것도 사실이다. 하지만 대부분의 아이들은 올바르게 공부하는 방법은 알지도 못한 채 학교에 내몰리다보니 학교를 전쟁터와 같다는 비유를 하며 힘겨운 청소년기를 보내고 있다.

게임이 재미있는 이유는 게임에서 이기는 법을 알고 있기 때문이다. 학습도 학습의 원리를 알고 시작하면 재미있게 할 수 있다는 것을 알려 주고 싶었다. 단순히 학습기술만을 알려주는 족집게식의 정보제공이 아닌 자신을 믿고 긍정적인 생각으로 성장할 수 있도록 도와주고 싶은 마음이 무엇보다 절실하였기에 신체와 감정 관리의 중요성을 강조하였다.

이 책이 공부하는 방법을 몰라서 고민하거나 힘들어 하는 자녀를 둔 부모들과 학습을 하는데 어려움을 겪고 있는 학생들에게 도움을 되었으면 하는 간절함이 전달되어 희망의 씨앗이 되었으면 한다.

평범한 엄마에서 지금의 모습으로 성장하는데 가장 큰 도움을 준 나의 보물 혜진이와 용재, 끝까지 응원을 아끼지 않는 남편과 시어머님께 감사드린다.

- 김경미

요즘의 시대는 지식과 정보가 잘 차려진 밥상의 산해진미처럼 넘쳐난다. 이러한 지식풍요의 시대에는 지식을 어떻게 선택하고, 어떻게 자기 것으로 만들 것인지가 참으로 중요하다. 지식을 배우고 익히는 힘, 즉 학습능력이 중요한 시대인 것이다. 자기주도학습은 그런 점에서 젓가락질을 익히는 것과 같다. 처음에는 젓가락질이 어렵고 서툴러 음식을 집기 어렵지만, 일단 젓가락질이 능숙해지면 특별한 노력을 들이지 않고도 음식을 집어서 먹을 수 있음은 물론 숙련되면 작은 콩을 집거나 도토리묵처럼 집기 힘든 음식도 자기 입에 넣어 소화시킬 수 있다. 자기주도학습을 할 때도 젓가락질을 처음 배울 때처럼 많은 시행착오를 거치게 된다. 하지만 시행착오를 극복하고 자신에게 맞는 학습법을 찾아 주도적으로 학습하는 방법을 익히고 실천하게 되면 원하는 지식의 소유는 물론 자신의 삶에서도 당당한 주인이 될 수 있다. 자기주도력을 갖는 다는 것은 세상이라는 산해진미를 앞에 두고 젓가락 사용법을 익힌 것과 같다.

이 책을 읽는 독자들이 평생학습 시대에 꼭 필요한 능력을 갖는 것에 도움 되길 소망하며 펜을 들었다. 이 소망이 이루어질 것을 꿈꿔본다.

늘 곁에서 힘을 주는 내편 김 영병과 나의 아이들, 그리고 가족모두와 이 기쁨을 나누고 싶다.

'가치'와 '같이'를 함께 외치며 협업한 동료들에게 감사의 마음을 전하며……!

- 이성옥

우리는 속고 있다. 공부는 어려운 것이고, 배움은 지겹게 끝도 없는 것이라고…….

하지만 배움은 즐거운 것이고 본능이라는 것이 진실이다. 다만, 우리는 공부와 배움을 대하는 자세가 처음부터 어긋났고 제대로 학습에 임하는 습관을 갖지 못했을 뿐이다.

이 책에는 우리에게 배움에 대한 진지한 자세와 습관 형성을 위한 조언과 함께 내게 맡겨진 두 아이는 물론 나와 함께 해 온 수천 명의 아이들과 부모님들이 행복하길 바라는 마음을 담았다.

나 또한 걱정이 심한 못난 엄마로 곁에 있지만 그럼에도 잘 따라주는 이삭, 미람에게 '사실은 너희를 향한 마음은 변함없이 사랑과 믿음 이란다"라는 본심을 전하고 싶다.

"지금도 새로운 것을 배운다고 나서는 나를 가르치느라 고생하는 나의 편, 가족들.. 모두 은애합니다."

- 류경신

무엇을 위한 공부인지도 모른 채 그저 높은 점수를 얻기 위해 끌려가는 공부를 하다 보니 많은 학생들이 학습 스트레스에 시달리고 있는 것이 안타까운 현실이다.

　이 책은 기존의 자기주도학습 관련 책들과 차별되어 뇌 과학에 기초한 학습법에서부터 학습습관, 실전 학습상담에 이르기까지 구체적이며 실제적인 자기주도학습을 담고 있다. '두근두근 자기주도학습'이라는 제목처럼 이 책이 학생들에게 가슴이 두근거리는 배움의 기쁨을 경험하게 하고 주도적으로 공부할 수 있는 능력을 키워주는 안내자가 될 것을 확신하며 적극 추천한다.

– 이영숙 (신사중학교 교장)

　2014년 조종고등학교 1학년 자율 활동 일환으로 진행된 비전업 스쿨, 아이들의 꿈과 끼를 찾고 공부동력을 얻어 스스로 공부하는 방법을 배우는 과정이 총 30시간 과정으로 진행되었다. 중간고사나 기말고사와 상관없는 수업이라 기대 반 우려 반으로 시작된 비전업 스쿨은 실습중심의 수업과 전문가들의 열정이 더해져서 농촌지역의 아이들을 변화시키기에 충분했고, 과정을 끝낸 아이들의 "내년에도 다시 한번 더 해주셔야 해요!!"라는 외침은 그들의 미래를 보는 듯 했다.

이번에 새롭게 출판되는 '두근두근 자기주도학습'은 학교현장에서 아이들을 지도한 경험을 토대로 제작된 책이다. 공부는 학교에서만 하는 것이 아니라 가정에서 부모의 역할도 중요하기 때문에 초,중,고 자녀를 둔 부모에게 꼭 추천하고 싶다.

– **이임숙** (조종고등학교 교사)

학교에서 학습에 흥미를 잃고 힘들어하거나 공부하는 방법을 제대로 알지 못해 어려움을 호소하는 아이들을 볼 때 어떻게 도와주어야 할지 막막한 마음에 자기주도학습에 관심을 가지게 되었다. 학교 수업이 끝나고 짬을 내어 강의를 들으면서 하루라도 빨리 우리 아이들에게 이 내용을 알려주고 싶었고 바로 방학 중 캠프를 개설하여 운영을 하였다. 짧은 시간의 캠프였지만 참여한 아이들의 반응이 매우 긍정적인 것을 경험할 수 있었다. 개학 후 실제 배운 내용을 적용하여 성적향상으로 이어진 학생도 있었기에 더욱 프로그램에 대한 확신을 갖게 되었다.

이 책은 단순히 이론만을 나열한 것이 아니라 직접 아이들과 호흡하면서 느끼고 경험한 내용을 이론은 물론 구체적인 방법까지 쉽게 설명하고 있기 때문에 학교나 가정에서 적용하기 수월하다는 것이 장점이라 할 수 있다.

이 책의 제목처럼 두근두근 가슴 뛰는 경험을 해 보고 싶은 교사와 부모님께 적극 추천한다.

– **최재웅** (통진중학교 교사)

chapter 1

주도적인 삶의 시작,
자기주도학습

자기주도학습 바로 알기

Ⅰ. 자기주도 학습의 개념

'자기주도(自己主導) 학습(學習)'을 한자의 뜻대로 풀어서 해석하면 '자신이 주인이 되어 이끌어 가는 배움과 익힘의 과정'이라 할 수 있다.

그런데, 학교 현장에서 만난 학생들 또는 학부모들에게 자기주도 학습이 무엇이라고 생각하는지 질문해 보면 그 개념을 오해하는 경우가 많다.

1. 자기주도 학습에 대한 오해

'자기주도 학습이 무엇이라고 생각하는가?'에 대한 답으로 가장 많이 듣게 되는 것이 혼자서 공부하는 것이다. 자기주도 학습이라고 하면 아무에게도 도움 받지 않고 혼자서 알아서 해야 하는 공부로 잘못 생각하고 있는 것이다. 자습과 자기주도 학습을 동일하게 생각하기 때문이다.

이러한 오해는 자기주도 학습을 하려면 학원, 과외 등 사교육을 모두 끊어야 한다는 부담을 주게 되고, 혼자서 모든 것을 해야 하는 자기주도 학습은 어려운 것이며 특정한 사람들만 할 수 있는 것이라고 생각하게 한다.

또한 성적이 높은 학생은 모두 자기주도 학습을 잘할 것이라는 착각을 한다. 하지만 자기주도 학습자는 성적이 높은 학습자가 아니다. 자기주도 학습을 하면 공부를 잘하게 되는 결과를 가져오는 것이지 성적이 높다고 해서 그것이 모두 자기주도 학습의 결과라고 말할 수는 없다. 현재의 교육시스템에서는 자기주도 학습이 아닌 타인주도 학습으로 높은 성적을 만들어 낼 수 있기 때문이다.

이로 인해 점수 위주의 대학입시가 오히려 타인주도 학습자를 양산해 왔지만, 그들이 막상 성인이 되어서는 급변하는 사회에 적응하며 자신을 키워나갈 힘을 지니고 있지 못한 것이 문제인 것이다.

한편 자기주도 학습이 무엇인가에 대한 학부모나 교사들의 답을 들어 보면 자기주도 학습은 학생이 할 일이니까 학생 스스로 노력하면 되는 것이라고 생각한다. 학부모나 교사는 자기주도 학습과 별로 상관이 없다는 것이다.

과연 자기주도 학습은 학생 혼자서 노력하여 익혀가는 것일까? 자기주도 학습의 바른 개념을 살펴보자.

2. 자기주도 학습(self-directed learning)의 개념

앞에서 자기주도 학습의 한자 뜻을 풀어본 것과 같이 자기주도 학습이란 학습자가 주체가 되어 학습과정을 스스로 이끌어나가는 학습활동을 의미한다.

즉, 학생 스스로 주도권을 가지고 학습의 목표를 설정하고 적합한 학습전략을 사용하여 실행한 결과를 스스로 평가함으로써 수정, 보완해 가는 일련의 과정이다.

학생이 주도권을 갖기 위해서는 자기분석이 기초가 된다. 즉, 자신을 잘 알고 있어야 하는 것이다. 예를 들면 자신이 가장 공부가 잘되는 시간이 언제인지, 1시간 동안 공부할 수 있는 양은 어느 정도인지, 취약부분은 어디인지 등 자신에 대해 잘 알고 있어야 알맞은 목표를 정할 수 있고 그에 따른 전략을 세울 수 있다. 물론 이것은 여러 번의 시행착오를 경험해 본 후에야 알 수 있게 된다.

따라서 학부모나 교사는 학생이 시행착오를 경험할 수 있는 터전을 마련해주고 기다리며 지지해 주어야 한다.

자기주도 학습자가 되기 위해서는 학생 혼자의 노력 뿐 아니라 학부모나 교사의 도움과 지원이 중요한 역할을 한다. 학부모와 교사가 학생이 스스로 학습해 나가는 과정을 칭찬과 격려로 지지해주고, 자신에게 적합한 학습자료 및 전략을 찾는데 도움을 주며 다양한 경험을 할 수 있는 기회를 마련해 줄 때 안정적으로 자기주도 학습자로 성장해 나갈 수 있는 것이다. 다시 말하면 혼자서 노력하여 익혀가야 할 개인적 학습이 아니라 학부모, 교사, 동료 등 다양한 조력자와 협력하면서 이루어가는 보다 높은 차원의 학습을 의미한다.

자기주도 학습은 아무에게도 도움을 받지 않고 혼자서 하는 학습이 아니라 스스로 주도권을 갖는 학습이다. 사교육을 배제하는 것이 아니라 자신의 필요와 상황에 따라 사교육을 스스로 선택하는 것이다. 자기주도 학습의 전반적인 과정에서 학습자의 자발적 의사에 따른 선택과 결정,

실행이 강조된다.

또한 자신이 선택, 결정한 것을 실행하기 위해서는 학습자의 자율적 통제가 필요하므로 자기주도 학습은 자기조절 학습이라고도 할 수 있다.

무엇보다 자기주도 학습은 성적을 높이기 위한 하나의 학습방법이 아니라 학습을 통해 자신의 삶의 주도권을 확립해 가는 훈련이며 창의적인 문제 해결력을 키워가는 과정인 것이다. 한마디로 세상을 살아가는 힘을 키우는 트레이닝이다.

Ⅱ. 자기주도 학습의 필요성과 효과

1. 자기주도 학습의 필요성

현대 사회에서 우리가 알아야 할 지식과 정보는 빠르게 변화하고 있는 반면, 지식의 유용기간은 급속도로 단축되고 있다. 지식의 빠른 변화로 인해 가르치는 것은 한계에 부딪히게 되었고, 우리는 빠르게 변화하는 세상 속에서 적응하며 살기 위해서 스스로 정보를 습득하여 자신을 그 변화에 발맞춰 가야한다. 그러므로 누가 가르쳐 주어야만 지식과 정보를 습득할 수 있는 수동적 학습자가 아닌 스스로 필요한 정보를 습득하는 능동적 학습자가 되어야 사회의 변화속도에 맞춰 성장하며 살아갈 수 있는 것이다.

이러한 변화로 인해 교육의 무게중심은 교사 중심의 가르치는 공부에서 학생 중심의 스스로 하는 공부로 이동하게 되었다. 많이 가르치면 많이 배울 것이라는 생각으로 가르침 위주의 교육이 이루어졌지만, 결과는 많이 가르쳐도 배우는 것이 적고 오히려 배움에 대한 흥미를 잃게 되어 가르쳐주어야 배울 수 있는 수동적 학습자가 된 것이다.

반면, 스스로 생각할 기회를 주어 배움에 흥미와 관심을 갖게 되면 스스로 배우고 익히는 힘을 지니게 되어 조금 가르쳐도 많이 배울 수 있다.

미국의 사회학자이자 길 위의 철학자로 불리는 에릭 호퍼(Eric Hoffer)는 '교육의 주요 역할은 배우려는 의욕과 능력을 몸에 심어주는 데 있다. '배운 인간'이 아닌 '계속 배워 나가는 인간'을 배출해야 하는 것이다.'라고 했다. 계속 배워 나가는 인간으로 키우기 위해서 자기주도 학습능력은 반드시 필요한 것이다.

인터넷과 각종 SNS의 발달로 지식을 공유하는 이 시대는 많은 지식을 알고 있는 지식 저장능력 보다 알고 있는 지식을 잘 활용하여 새로운 지식을 창출해내는 지식 생산능력을 요구하고 있다. 시대가 요구하는 지식 생산능력을 지닌 창의적 인재는 타인주도가 아닌 자기 주도적으로 학습할 수 있는 힘을 통해서 키워지는 것이다.

2. 자기주도 학습의 효과

스스로 주도권을 갖고 학습과정을 이끌어나가는 자기주도 학습을 하면 우선 생각할 기회가 많아지며 학습에 대한 흥미를 갖게 된다. 자신이 실행한 것들을 돌아보며 자신에게 알맞은 목표, 학습전략, 행동방법 등을 찾아가다 보면 '하니까 되고 되니까 재미있다.'는 느낌을 갖게 된다.

남이 가르쳐 주는 공부에 익숙하다 보면 스스로 생각하기보다 가르쳐 주는 것을 수동적으로 받아들이는 자세가 되기 쉽지만, 자기주도 학습을 하면 스스로 질문하며 답을 찾아가는 과정을 통해 인지적 재미, 즉 공부의 맛을 알게 되므로 더욱 학습에 대한 흥미와 관심을 갖게 된다. 인지적 재미를 통해 스스로 하는 공부가 즐거워지면 자연스럽게 좋은 학습습관이 형성된다.

하나 둘씩 성공경험이 쌓이다보면 자신감, 자아존중감이 높아져 더 큰 목표에 도전하게 되며, 자기주도 학습의 과정을 통해 학습을 방해하는 요소를 관리하고 신체리듬과 감정을 조절하며 효율적으로 시간을 활용하는 등 자신을 제어할 수 있는 자기조절 능력이 키워지므로 좋은 성품을 지니게 된다.

자신의 의지로 학습과정을 결정하기 때문에 집중력이 높아지고, 실천 가능한 목표를 설정하고 실천하게 됨으로써 실행력이 향상되며 그것이 쌓여 삶의 큰 목표를 이룰 수 있는 힘이 된다.

자기주도 학습은 학습을 통한 훈련과정을 통해 어떠한 상황에서도 창의적으로 문제를 해결할 수 있는 능력을 키워준다.

3. 자기주도 학습자의 특징

자기주도 학습자는 다른 사람의 도움 없이도 스스로 잘할 수 있다는 자신에 대한 믿음이 있어서 긍정적인 자아개념(자아존중감)을 갖고 있다. 자신의 능력을 믿으며 자신에 대한 긍정적인 평가를 할 때 자기주도 학습을 잘 할 수 있다.

우리는 자칫 성적이 높은 학생들은 모두 긍정적인 자아개념을 가지고 있을 것이라 생각하기 쉽지만, 오히려 타인주도 학습에 의해 높은 성적을 만들어낸 학생들 중에는 자신보다 더 잘하는 학생들과의 비교를 통해 성적향상에 대한 부담을 더욱 크게 느끼며 자신감을 갖지 못하는 경우도 적지 않다.

또한 자기주도 학습자는 외적보상이나 처벌 때문에 학습하는 것이 아니라 학습 자체에 대한 흥미나 만족감, 즉 내재적 동기에 의해서 학습을 한다. 이러한 내재적 동기는 학습자를 자발적이며 능동적인 학습으로 이끄는 원동력이 된다. 이들은 전교 석차와 같은 평가목표가 아니라 배운 내용을 완전히 내 것으로 만들겠다는 학습목표를 갖는다.

뿐만 아니라 자기 통제력이 높아서 자신이 정한 목표를 유지하며 계획한 것을 실행할 수 있다. 학습 방해요소를 스스로 제어하고 미래에 누리게 될 더 큰 만족을 위해 현재의 작은 만족을 지연할 수 있는 것이다.

마지막으로 자기주도 학습자는 자신을 평가, 점검하여 더 나은 방향으로 성장하며 효율적인 자신만의 학습방법을 찾는데 지속적으로 노력한다.

Ⅲ. 자기주도 학습의 과정

자기주도 학습은 앞에서 말한 바와 같이 연습과 훈련을 통해 이루어지는 것이다. 학습자 스스로 주도력을 갖기 위해서는 다음의 과정을 지속적으로 훈련해야 한다.

자기 분석 → 목표 설정 → 계획 수립 → 과제 실행 → 피드백 (평가) → 수정 보완

1) 자기 분석

자신이 주인이 되어 학습과정을 이끌어 가기 위해서는 먼저 스스로를 잘 알아야 한다.

자신에 대한 관심을 가지고 자신의 학습에 대해 살펴보아야 하는

것이다.

공부가 잘되는 시간은 언제인지, 한 번에 집중할 수 있는 시간은 어느 정도인지, 한 시간에 영단어는 몇 개를 외울 수 있는지, 수학문제는 얼마나 풀 수 있는지, 취약한 과목은 무엇인지 등 자신의 학습에 대해 알고 있어야 구체적인 목표를 세우고 실천 가능한 계획을 세울 수 있다.

자신을 분석하기에 앞서 여러 가지 시행착오를 겪어보아야 자신에 대하여 알 수 있다. 예를 들어 공부가 잘되는 시간을 알기 위해서는 아침에, 오후에, 밤에, 새벽에 공부를 해봐야 알 수 있고, 한 시간에 할 수 있는 학습량을 알려면 시간을 정해놓고 영단어도 외워봐야 하고 수학문제도 풀어봐야 하는 것이다.

2) 목표 설정

목표는 사람을 움직이는 힘이자 변화의 원동력이다. 네비게이션을 사용할 때도 목표지점을 입력해야 가는 길을 안내하는 것처럼 자기주도 학습에 있어서도 목표가 있어야 달려갈 방향과 방법을 알 수 있다.

목표는 인생의 목표와 같이 장기적인 목표에서부터 오늘 하루의 목표처럼 단기적 목표에 이르기 까지 범위가 다양하다. 하지만 단기목표를 하나씩 이루어 갈 때 장기목표를 이룰 수 있다.

3) 계획 수립

구체적 목표를 정했으면 그 목표를 이루기 위해 실천방법을 정해야 한다. 계획은 실천할 때 그 의미가 있는 것으로 계획을 세울 때부터 실천 가능한 계획을 세워야 한다.

학습계획은 시간관리 능력을 키우는 것으로서 자신의 시간 사용을 점검, 분석하는 것이 실천 가능한 계획을 세우는데 첫걸음이다.

자신이 시간을 어떻게 보내고 있는지 분석을 해보면 무의미하게 버려지는 시간을 깨닫고 자신의 시간사용에 어떤 문제점이 있는지, 자신이 활용할 수 있는 가용시간이 얼마나 되는지 알 수 있다. 가용시간 범위 안에서 계획을 세워야 실천 가능한 계획이 되는 것이다.

4) 과제 실행

학습계획에서 정한 과제를 실행하기 위해서는 자기관리능력의 뒷받침이 필요하다. 계획은 잘 세웠다 하더라도 자기관리능력이 없으면 실행하기가 쉽지 않다.

예를 들어 수면시간 관리가 되지 않아 계획한 시간에 일어나지 못했다면 그날의 계획은 아침부터 변경될 수밖에 없고, 특히 가장 많은 학생들이 학습 방해요소라고 지목한 스마트폰 관리가 되지 않는다면 학습계획의 실행은 더욱 어려워지기 때문이다.

5) 피드백(평가, 점검)

피드백(feedback)은 자기주도 학습에서 중요한 역할을 하는데, 과제를 실행하는 것에서 끝나지 않고 자신의 실행과정과 결과를 돌아보며 잘된 점과 아쉬운 점을 파악하는 것이다. 자기주도 학습능력은 빠른 시일 내에 습득할 수 있는 것이 아니라 지속적인 훈련으로 키워가는 것이며 자신에게 맞는 학습과정을 찾아 익혀가는 과정으로 피드백은 꼭 필요하다고 할 수 있다.

6) 수정, 보완

피드백(feedback)을 통해 파악된 아쉬운 점들은 수정하고 잘된 점들은 더욱 강화하는 것이다. 학습목표와 계획, 학습방법은 처음부터 자신에게 맞는 것을 찾을 수 없고 여러 번의 수정, 보완 과정을 겪은 후에 비로소 자신만의 학습전략이 만들어진다.

자신의 실행과정을 돌아보고 부족한 점을 보완해 가면서 자기주도 학습능력이 성장하게 된다.

지금까지 자기주도 학습의 과정을 살펴보았는데, 이 과정은 한 번에 익숙해질 수 없고 한 단계씩 발전하는 것이다.

학부모나 교사가 학생에게 자기주도 학습과정을 훈련하는 데 가장 중요한 것은 학생들이 '쉽다, 해볼 만하다'라는 느낌으로 시도할 수 있도록 격려하는 것이다.

작은 것부터 실행할 수 있게 도와주어야 한다. 처음부터 큰 목표를 이루도록 부담을 준다면 실패경험이 쌓이고 그것으로 인해 자신감을 잃게 되어 스스로 할 수 있는 힘을 키우기 어렵다.

학생의 학업성취도에 따라 자기주도 학습과정을 몸에 익혀가는 단계에 차이가 있으므로 그 점을 고려하여 지도하여야 한다.

상위권 성적의 학생들은 쌓아온 학습경험이 많아 자기 분석이 가능하므로 목표에 따른 학습계획을 구체적으로 세우는 훈련이 필요하다. 과목, 교재, 학습범위, 학습요일 및 시간 등 구체적이고 행동지향적인 계획을 세워야 실행과 피드백이 쉬워진다.

중위권 학생들의 경우, 자기 분석을 할 수 있는 학습경험이 적어서 처음부터 목표를 세우고 자신에게 맞는 계획을 세우는 것에 무리가 있다.

계획을 세운다 할지라도 자신에게 맞는 계획이 아니기에 실행이 어렵다.

예를 들어 하루 3시간의 학습시간을 계획한다고 하면 상위권 학생은 1시간에 자신이 할 수 있는 학습량을 알고 있기 때문에 그 시간동안 할 수 있는 것을 구체적으로 계획할 수 있다. 반면 중위권 학생의 경우, 1시간 동안 자신이 얼마나 공부할 수 있는지를 모르기 때문에 주어진 시간에 무엇을 공부할 것인지 구체적인 계획을 세우는 것이 어렵고 당연히 실행할 수 있는 확률도 떨어진다.

따라서 중위권 학생들에게는 먼저 여러 가지 시도를 하여 전반적인 자신의 학습에 대해서 파악할 수 있도록 도와줘야 하며, 작은 성공에도 격려와 칭찬을 많이 해주어서 자신감을 갖도록 하여야 한다.

하위권 학생들은 학습자체에 흥미를 잃어버린 경우가 많기 때문에 우선 무엇이든지 시도해볼 수 있도록 도와준다. 예를 들어 영어단어 하루에 3개 외우기 등과 같이 학생들이 쉽다고 생각하여 움직일 수 있도록 아주 쉽고 작은 목표로부터 시작한다.

작은 것들을 성취해가면서 학습에 대한 흥미를 가질 수 있도록 도와주는 것이 중요한 것이다.

02

자기주도학습의 구성요인

Ⅰ. 동기조절(학습의욕)

학습(學習)은 경험의 결과로 지속적인 행동적, 인지적 변화가 나타나는 것으로서 자기주도 학습은 이와 같이 경험의 결과로 나타나는 변화가 학습자에 의해 주도적으로 이루어진다. 학습자가 주도적으로 학습과정을 이끌어 가는 힘은 동기에서부터 출발한다.

동기란 '그 일을 해야 하는 이유'를 말하는 것으로 학습에 있어서도 '학습을 왜 해야 하는가?'에 대한 답을 찾는 것이 중요하다. ('학습능력의 비밀'편 참조)

또한 학습자가 자기 스스로에 대해서 어떻게 생각하느냐에 따라 행동이 달라진다.

사람의 행동을 유발시키는 동기에 대한 연구는 심리학자들에 의해 지속적으로 진행되어 왔는데, 그 패러다임의 변화에 따라 다음과 같이 동기이론을 분류할 수 있다.

1) 행동주의적 접근 : 외재적 동기

행동주의적 접근으로부터 동기에 대한 연구가 시작되었는데, 행동주의적 접근은 인간의 관찰 가능하고 객관적인 외형적 행동에 관심을 가져 외재적 동기에 초점을 두었다. 즉, 보상이나 벌의 종류, 외적 조건 등이 특정행동을 유발시킨다는 것이다.

초등학생부터 학습을 조금이라도 더 많이 시키고 싶은 마음에 학부모들은 이와 같은 외재적 동기로 학습을 유도하는 경향이 많다. 예를 들면 이번 시험에 100점 맞으면 원하는 것을 사 주겠다는 식이다.

이렇게 외재적 동기로 학습을 유도하면 처음에는 효과가 있는 것처럼 보이나 이런 방법이 지속되다 보면 학습의 즐거움을 알아가기 보다 학습이 흥정의 대상이 되어버리는 경우가 발생한다.

'원하는 것을 사주지 않으면 공부하지 않을 것이다'라고 오히려 부모에게 흥정하는 것이다. 외재적 동기에 의한 학습이 익숙해지면 학습의 진정한 의미를 알지 못하고 마치 원하는 것을 얻기 위해 하거나 아니면 부모를 위해 해주는 것처럼 오해하기 쉽다.

2) 인본주의적 접근 : 내재적 동기, 자기 효능감

행동주의적 접근 이후에 동기에 대한 인본주의적 접근이 이루어졌는데, 이것은 특정행동이 단순히 보상이나 처벌에 의해서가 아니라 자아 존중감, 자기 효능감과 같은 내재적 자원에 의해 유발된다는 것이다.

　자기 효능감(self-efficacy)이란 자신의 능력에 대한 기대를 의미하는 것으로 스스로의 능력에 대한 믿음과 주어진 과제를 성공적으로 수행할 수 있다는 자신감을 말한다.

　이는 과제에 대한 선택과 집중, 지속성을 결정하기 때문에 학습동기에 있어 중요한 역할을 한다. 높은 자기 효능감은 성취수준을 높이고 그 결과 긍정적 자아개념을 형성하는데 도움을 준다.

　학습에 있어서 내재적 동기는 스스로의 흥미와 의욕에 의해 학습이 유발되고 지속되는 것으로 이러한 동기로 하게 되는 학습은 학습자에게 인지적 재미와 만족감을 준다. 이와 같이 내재적 동기가 높은 학습자는 스스로 선택, 결정하고 실천하려는 의욕이 높아서 다른 사람의 평가에 의존하지 않고 자신만의 학습과정을 이끌어 갈 수 있다.

　학습자의 내재적 동기를 높이기 위해서는 학부모나 교사가 조급함을 버리고 학습자에게 스스로 생각할 기회를 주어서 깨닫는 기쁨을 느낄 수 있도록 도와주는 것이 중요하다.

3) 인지심리학적 접근 : 목표

　인지심리학적 접근에서의 동기이론을 살펴보면 인간의 행동은 계획, 목표, 기대 등에 의해 시작되고 조절된다고 한다.

　스스로 정한 목표가 있을 때 학습자의 능력이 더욱 발휘되지만 목표가 외부에서 부과될 때는 그 효력이 떨어진다. 스스로 정한 목표를 성공했을 때에는 성취감을 느끼지만 외부에서 부과된 목표는 의무감과 부담감을 안겨주기 때문이다.

　성취감을 느끼면 우리 몸속에 도파민이라는 의욕 호르몬이 분비되는데, 이것은 더욱 큰 과제에 도전하게 하고 열정을 갖게 한다.

학습자가 스스로 목표를 정해 그 목표를 달성하는 성취감을 느끼게 하기 위해서는 작은 목표로부터 출발해야 하는 것이다. 학습자 자신이 세운 작은 목표를 성공하면서 성취감을 느낄 때 분비되는 도파민이 더욱 큰 목표를 갖게 하므로 계속 도전하며 성취감을 쌓아갈 수 있다.

그러나, 학부모나 교사가 처음부터 큰 목표를 제시하면 그것은 외부에서 부과된 목표로서 학습자로 하여금 해야만 한다는 의무감을 갖게 하고 큰 목표로 인한 부담감으로 목표를 성공하지 못할 경우 실패 경험을 가져다준다.

이렇게 실패경험이 쌓이면 자기 효능감이 낮아져 학습동기를 떨어뜨리는 원인이 된다.

목표를 세우는 것도 중요하지만 목표를 어디에 두고 있는지에 대한 방향성을 의미하는 목표지향성이 더욱 중요하다. 어떤 목표를 가지고 학습에 임하느냐에 따라 학습자의 행동이 달라지기 때문이다.

목표지향성은 배움에 대한 도전과 노력을 통해 자신의 능력을 향상시킨다는 학습목표(learning goal)와 자신의 능력에 대한 타인의 긍정적인 평가를 받고자 하는 평가(수행)목표(performance goal)로 구분되는데, 평가목표를 지향하는 학습자는 평가의 대상인 성적향상에만 초점을 두고 학습하기 쉽다.

학습의 결과는 성취를 통해 나타나기 때문에 성적 향상을 목표로 하는 것 자체가 나쁘다고는 할 수 없지만, 학습을 하는 이유가 오직 좋은 성적을 얻기 위한 것이라면 목표로 한 성적을 받지 못했을 경우 학습의욕을 잃어버리기 쉽다.

학습목표를 가지고 성실하게 학습할 때 좋은 성적을 결과물로 얻게 되는 것이지 성적 자체가 학습의 이유가 되면 성적의 변화에 따라 쉽게 좌절하게 된다.

지금까지 살펴본 바와 같이 사람을 행동하게 만드는 동기는 여러 가지로 작용한다.

자신의 삶에 대한 목표를 세우고 그것을 이루기 위한 능력을 학습을 통해 키워간다는 마음으로 학습에 임할 때 내재적 동기를 이끌어낼 수 있고 학습과정에서 겪게 되는 어려움을 극복하며 자기주도 학습자가 될 수 있다.

Ⅱ. 인지조절(학습전략)

인지를 조절한다는 것은 학습자가 학습한 내용을 이해하고 기억하는 데 효과적인 방법들을 이용하여 학습이 효율적으로 이루어지게 하는 것을 말한다. 즉 효과적인 학습전략을 의미한다.

우리가 수영을 배운다고 할 때 무조건 물속에 뛰어들어 발버둥을 친다고 수영을 잘하게 되는 것이 아닌 것처럼 학습도 무조건 열심히 한다고 잘할 수 있는 것이 아니다.

수영을 배울 때 먼저 물에 뜨는 연습부터 시작하여 발차기, 팔 동작을 배운 후에야 자유형, 배영, 평영 등을 할 수 있는 것과 같이 학습에 있어서도 그 방법을 알아야 잘할 수 있는 것이다.

똑같은 능력을 가지고 똑같은 시간을 투자하여 학습하여도 학습전략에 따라 효율성의 차이가 나타나게 된다. 학습전략이 없으면 노력을 많이 해도 그만큼의 결과가 나타나지 않기 때문에 점차 학습에 대한 흥미가 떨어지고 자신감도 잃게 되는 반면, 학습전략이 있으면 효율성이 높아지고 학습에 대한 흥미가 생겨 자연스럽게 성적이 향상되며 성취감을 느끼게 되기 때문에 학습전략은 자기주도 학습에 큰 영향을 미친다.

학습은 뇌에서 정보가 처리되는 과정과 밀접하게 연관되므로 학습의 원리를 알고 나면 학습전략이 쉽게 이해된다. ('기억전략'편 참조)

입력 → 감각 저장고 → 주의 → 단기 기억 → 반복 정교화 조직화 → 장기 기억 → 인출

〈뇌에서의 정보 처리 과정〉

단기기억 속에서 정보가 사라지지 않게 하기 위한 반복(시연, rehearsal), 새로운 정보와 기존의 지식간의 관계를 형성하는 정교화(elaboration), 정보들의 관계를 논리적으로 정리하여 장기기억에 저장함으로써 정보를 쉽게 인출하도록 하는 조직화(organization)의 과정을 통해 단기기억은 장기기억으로 저장되기 때문에 학습전략에 있어서 반복, 정교화, 조직화의 전략은 대단히 중요하다.

이와 함께 주의집중 전략, 노트 필기의 기술, 다양한 기억술, 과목별 특성에 따른 학습방법 등이 학습전략에 포함된다.

자기주도 학습의 과정에서 살펴본 바와 같이 자기주도 학습은 학습전략을 사용하여 학습내용을 기억하는 것에서 그치는 것이 아니라 스스로 목표를 정해 계획을 세우고 실행하며 그 과정에 대한 피드백(평가)을 통해 학습한 내용과 학습과정에 대해 점검하고 보완하는 것을 말한다.

인지조절은 효과적 학습전략을 통해 지식을 쌓아가는 것뿐만 아니라 자신의 인지과정을 조절할 수 있는 능력을 포함하는 것이다. 학습과정에 대한 지속적 점검을 통해 목표에 맞게 학습을 적절하게 하고 있는지, 자신의 이해정도가 어느 정도인지, 암기한 것은 잘 기억하고 있는지 등을 스스로 체크하여 개선해가는 것이 꼭 필요하다.

이러한 훈련을 통해 길러진 학습능력은 평생 자신을 성장시키는 동력이 될 것이다.

Ⅲ. 행동조절(학습실행)

행동조절은 학습자가 자신의 학습을 성공적으로 이끌어 가기 위해 학습에 가장 적합한 환경을 조성하여 학습을 실행하는 것을 의미한다. 즉, 스스로의 행동을 의지적으로 제어하고 시간을 잘 관리하며 학습에 방해되는 요소들을 제어하고 학습에 필요한 자원들을 적절하게 활용할 수 있는 능력으로서 '실행력'을 말한다.

1) 자기통제력

행동조절 능력은 자기 통제력이 뒷받침되어야 하는데, 자기 통제력은 자신의 행동을 조절하고 통제하는 능력으로서 보다 크고 장기적인 목표 달성을 위해 순간의 욕구나 행동을 자제하며 즐거움과 만족을 지연시키는 능력을 뜻한다.

또한 어떤 행동을 의도, 계획, 결정하고 그것을 일정기간 유지하는 능력과 상황에 부적절한 행동들을 의도적으로 억제하는 능력을 포함한다.

자기통제는 비강제적인 상황에서 전에 행했던 행동을 줄이고 새로 선택한 유용한 행동을 증가시킬 때 나타난다. 예를 들어 학습에 방해가 되는 스마트 폰 사용을 관리하기 위해 전에는 시간개념 없이 스마트 폰을 사용했던 학생이 시간을 정해놓고 정해진 시간에만 스마트 폰을 사용하는 것으로 행동을 바꾼다면 이러한 행동이 늘어날수록 스마트 폰을 통제할 수 있는 힘이 키워지는 것이다.

학습자가 동기를 가지고 목표를 세웠다하더라도 자기통제가 이루어질 때 실행력이 생겨 그 목표를 달성할 수 있다.

학생들이 성인이 되어 어떤 직업을 가지고 일을 하든지 간에 실행력은 반드시 필요하다. 머리와 마음이 원하는 것을 몸이 할 수 있어야 한다.

이러한 측면에서 자기주도 학습은 실행력, 문제해결력을 훈련하는 과정이라고 하겠다.

2) 학습방해요소 관리

학습에 적합한 환경을 만들기 위해서 우선 학습방해요소를 제어하여야 한다. 학습을 방해한다는 것은 학습에 주의집중을 못하게 하는 것으로 최근 학생들이 말하는 학습방해 요소 1순위는 스마트 폰이다.

학습자가 스마트 폰을 제어하기 위해서 학부모나 교사는 무조건 스마트 폰을 없애거나 강제적으로 사용을 제한하기보다 학습자 스스로 스마트 폰이 얼마나 학습에 방해가 되고 있는지를 파악하고 학습을 위해서 스마트 폰 사용을 제한하는 결단을 스스로 할 수 있도록 도와주는 것이 바람직하다.

학습자가 강제적으로 스마트 폰을 빼앗기면 그것을 제어하는 힘이 길러지기 보다는 스마트 폰을 빼앗은 사람에 대한 분노가 커지기 쉽다.

자기주도 학습자가 되려면 행동조절을 통해 스마트 폰 이외에도 학습에 집중하는 것을 방해하는 컴퓨터, TV와 같은 기기 사용을 제어해야 한다. 뿐만 아니라 친구, 선생님, 가족등 인간관계를 잘 유지하고 공부방 환경을 정리하여 생각훈련(학습)을 할 수 있는 환경이 되도록 조성해야 한다.

3) 시간 관리

학습이 효율적으로 이루어지기 위해서는 누구에게나 동일하게 주어진 24시간을 최대한 활용하여야 한다. 시간관리 능력은 학습에서 뿐만 아니라 삶을 주도적이고 생산적으로 살아가는데 중요한 능력이다.

시간 관리를 잘하기 위해선 먼저 자신이 어떻게 시간을 사용하고 있는지를 알아야 한다. 자신의 시간사용을 점검하면 버려지는 시간이 많음을 알 수 있고 그동안 시간을 잘 활용하지 못했음을 깨닫게 된다.

자신의 문제점을 알게 되면 버려지는 시간을 최소화하고 계획을 세워 효과적으로 시간을 활용할 방법을 찾을 수 있는데, 목표와 그에 따른 계획을 세워 실천하기 위해서는 자기통제가 되어야 한다. 예를 들어 시간활용 점검을 통해 잠자는 시간이 많은 것을 깨달아 잠을 줄여 1시간 일찍 일어나기로 계획을 세웠다면 아침에 자고 싶은 마음을 이기고 1시간 일찍 일어날 수 있어야 하는 것이다.

따라서 자기 통제력이 시간관리 능력에 기초라고 할 수 있다.

학습계획은 구체적인 목표를 정하여 실행하는 과정에서 여러 번의 시행착오를 통해 수정하고 보완해 가면서 몸에 익혀가는 것이다.

처음부터 무리한 계획을 실행하고자 욕심내지 말고 오늘을 바꾸는 것부터 시작해야 한다.

학생들은 자신의 시간사용에 문제가 많음을 깨닫고 나서도 내일부터 잘할 것이라는 대답을 많이 한다. 하지만 오늘을 바꾸지 않고서는 내일은 없다.

시간사용 점검에서 나타난 문제점을 오늘부터 바꿀 수 있도록 작은 실천목표를 정하는 것이 시간 관리의 첫걸음인 것이다.

또한 시간 관리를 생각할 때 학습계획 세우기에 치중한다. 그러나 학습계획 세우기가 시간 관리의 전부가 아니다.

시간 관리의 원칙은 선택과 집중인데, 우선순위를 정하는 것이 선택이라면 그 선택한 일에 집중할 수 있어야한다. 자신이 선택한 시간에 집중하여 그 시간의 주인이 되는 것이 계획 세우기보다 더욱 중요한 시간 관리인 것이다.

4) 학습자원 활용 및 도움구하기

학습자가 학습에 필요한 자원들을 적절하게 활용하는 것도 행동조절에 포함된다.

자기주도 학습은 학습자가 주도권을 갖고 과정을 이끌어가는 것이지 타인의 도움을 배제하는 것이 아니다. 학습내용을 모르거나 이해가 잘 되지 않을 때는 외부의 도움이 필요하다는 증거이다.

참고서나 다른 사람들에게 도움을 받아서 문제를 해결하여야 한다. 선생님이나 친구들에게 모르거나 이해가 어려운 내용을 질문하는 것은 적극적 문제해결의 자세로서 학습에 큰 도움을 준다. 친구들과 함께 스터디그룹을 만들어 문제를 해결할 수도 있다.

상위권 학생일수록 모르는 내용이 생겼을 때 그것을 반드시 이해하려는 노력을 적극적으로 한다. 이해가 잘 되어야만 기억도 잘된다는 것을 알기 때문이다.

모르는 내용이 있어도 그냥 넘어가거나 수동적으로 누군가 도와주길 기다리는 학생은 완전학습을 할 수 없다.

남에게 도움을 구하는 행동이 타인에게 자신에 대한 부정적인 반응을 갖게 한다고 생각하면 질문을 하기 어렵지만, 질문이 학습에 도움이 된다고 생각하면 질문을 적극적으로 할 수 있다.

질문을 할 때에는 모르겠으니 알려달라는 부탁이 아니라 '여기까지는 알겠는데 여기서부터 모르겠다' 혹은 '여기서 어떤 개념을 사용하는지 모르겠다' 등과 같이 구체적인 질문을 해야 더 많은 도움을 얻을 수 있다.

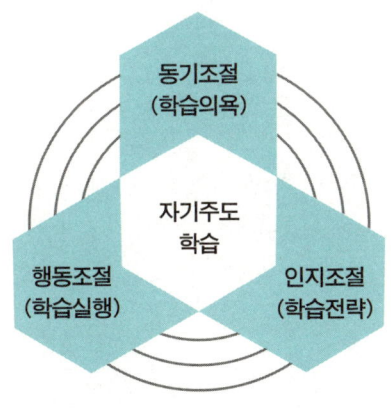

〈자기주도학습의 구성요인〉

지금까지 자기주도 학습자가 되기 위해서 지녀야 할 필수조건에 대해서 살펴보았다.

　자기주도 학습자는 학습과정에서 스스로 동기를 부여하여 목표를 세우고, 행동을 조절, 통제하여 최적의 학습 환경을 만들어 인지전략을 잘 활용하여 효율적인 학습활동을 실행한 후에 학습목표의 달성정도를 스스로 점검함으로써 성장해 가는 것이다.

　학부모와 교사는 지원자로서 학습자가 스스로 학습동기를 조절하고 효율적인 학습전략으로 실행력을 쌓아가며 자기주도 학습자로 성장할 수 있도록 강압이나 지시가 아닌 도움과 지지를 지속적으로 해주어야 한다.

03

나를 이끄는 힘, 자아존중감

Ⅰ. 자아존중감의 중요성

자기주도학습(self-directed learning)이란 학습자가 주체가 되어 학습 과정을 스스로 이끌어나가는 학습활동을 의미하는 것으로서 이를 위해 서는 학습자가 스스로 학습과정을 이끌어나갈 수 있는 힘이 필요하다. 그 힘은 어떻게 생기는 것일까?

'자기 자신을 어떻게 생각하는가?'라는 질문의 답으로부터 나를 이끄 는 힘이 시작된다. 내 안에 명령자가 숨어있는 것이다.

1. 자아존중감의 개념

'내가 생각하는 나'를 자아(自我, self)라고 하는데, 어렸을 때부터 자라나는 과정에서 갖게 된 여러 가지 경험들이 쌓여서 자아에 대한 이미지, 즉 자아상이 형성된다.

자아존중감(自我尊重感, self-esteem)이란 자신의 특성, 능력, 행동에 대해 부여하는 가치로서 자신이 사랑받을 만한 가치가 있는 소중한 존재이고 어떤 성과를 이루어낼 만한 유능한 사람이라고 믿는 마음을 말한다. 즉, 자신이 누구인가에 대한 감정적 평가로서 자아존중감은 객관적이고 중립적인 기준이 아닌 개인적인 판단이다.

'자신의 가치' 그 자체가 아니라, '자신의 가치에 대한 평가'이며 '자신에 대한 신념의 집합'인 것이다. 개인이 수행하는 수많은 역할에 대한 개별적 평가가 쌓여 어우러진 전체적인 평가로써 자아존중감이 형성되는 것이다.

세상에는 뛰어난 자질과 능력, 재능이 있으면서도 그것을 깨닫지 못하고 자신을 하찮게 여기는 사람들이 많다. 그러나, 특별한 장점과 기술을 가지고 있는 사람이라고 해서 반드시 높은 자아존중감을 가지고 있는 것은 아니다. 자신의 가치나 재능을 제대로 깨닫지 못한다면 자아존중감은 낮을 수밖에 없다.

학교현장에서도 높은 성적을 나타내며 열심히 공부하지만 자신의 능력을 인정하지 못하고 자아존중감이 낮은 학생이 있는 반면, 성적은 낮지만 자신은 공부를 못할 뿐이지 다른 것에 능력이 많다며 자신의 능력에 대한 자신감을 나타내는 학생들도 있다.

자아존중감은 자기가치와 자신감으로 이루어진다.

자기가치는 자신을 선하다고 느끼며 좋아하고, 또 자신을 가치 있다고 느끼는 정도를 의미하며, 자신감은 자신이 얼마나 능력이 있고, 또 영향력을 행사할 수 있다고 느끼는가의 정도를 나타내는 것으로 자신은 어떤 일이든 할 수 있으며, 또 자신의 주변 환경에 영향을 미칠 수 있다고 믿는 것이다.

미국의 심리학자이며 사회학습이론의 주창자인 반두라(Bandura)는 자신감을 자기효능감(self-efficacy)으로 정의내리고 이와 관련된 연구를 처음으로 시작하였다.

자기효능감이란 구체적인 과제의 수행기준을 달성하기 위해 필요한 행동을 조직하고 실행하기 위한 자신의 능력에 관한 지각이며, 즉 자신의 능력에 대해 가지는 기대를 의미한다고 할 수 있다.

어떤 과제를 할 수 있다고 믿는 학생은 할 수 없다고 믿는 학생보다 과제에 대한 지속력이 강하다.

또한 자기효능감은 삶의 중요한 영역에 통제력을 행할 수 있는 자신의 능력에 대한 믿음으로서 스스로 설정한 목표를 달성하는데 핵심적 역할을 하게 된다.

어떠한 목표를 세우든지 자기통제(자기관리)가 이루어져야 그 목표를 달성할 수 있기 때문이다.

자아존중감은 간단하게 자존감이라고 하는데 이것은 자존심과 혼동되어 쓰이는 경우가 종종 있다. 자존감과 자존심 모두 자신에 대한 긍정이라는 공통점이 있지만 세부적으로는 자존감이 자신의 있는 그대로의 모습에 대한 긍정적 개념이라면 자존심은 경쟁 속에서의 긍정적 개념, 즉 남과의 비교를 통한 긍정적 개념이라는 다른 의미를 지니고 있다.

따라서, 지나친 경쟁의식과 상대비교는 자신에 대한 긍정적인 자아상을 갖는데 방해가 되기 쉽다.

2. 자아존중감의 영향력

자기 자신을 어떻게 생각하고 느끼는가 하는 것은 자신의 일상적인 행동에 영향을 미칠 뿐만 아니라 다른 사람에 대해서 느끼는 방식, 행동하는 방식, 선택하는 방식 등에 영향을 미친다. 다시 말해 자아존중감은 비단 학습뿐만 아니라 리더십, 위기극복능력, 대인 관계, 배려심, 도전능력 등 삶의 거의 모든 영역에 영향을 미치는 것이다.

우리는 모든 행동을 할 때마다 내 안에 있는 또다른 나(자아)와 대화를 나누면서 자아가 행동을 판단하는 기준이 되기 때문에 자아존중감은 내 안에 숨어있는 명령자라고 할 수 있다.

따라서, 자신에 대한 긍정적인 평가를 내리거나 긍정적인 평가적 태도를 가지는 것이 건강한 인격으로 성숙하는데 있어서 필수적이며 인생을 성공으로 이끌어갈 수 있다. 한마디로 자아존중감은 '행복과 성공의 키워드'인 것이다.

높은 자아존중감을 가진 학생은 낙천적 성격으로 자기 발전과 성장을 기대하면서 그에 맞추어 노력을 한다. 자신의 능력을 인정하는 한편, 자신이 고쳐야 할 점과 고칠 수 있는 점이 무엇인가를 살핀다. 다른 사람을 존중하려고 하며 선한 마음으로 대하므로 좋은 인간관계를 맺을 수 있다.

또한 이들은 자신을 중요하고도 가치 있는 사람으로 생각하여 자신이 하고 있는 일에 자신감을 가지고 적극적이며 능동적으로 참여하고, 학교생활에도 잘 적응한다.

자아존중감이 높으면 복잡하고 어려운 문제에도 도전하며 실패와 좌절을 경험해도 일어 설 수 있다.

그 반면에 자기 자신을 다른 사람이 싫어하는 사람이며 무가치하고 무능력하다고 판단하는, 즉 자아존중감이 낮은 학생은 자신의 능력과 성취 행동을 부정하며 또 자신이 실제의 자신과 다르기를 바란다. 이들은 자신을 열등하다고 생각하며 사랑을 주고받는 데에도 어려움을 느끼기 쉽다. 이들은 죄의식을 느끼거나 부끄러워하며 쉽게 낙심하고 자신의 잠재력과 성취 정도를 낮추어 생각할 뿐만 아니라 대인 관계에서 다른 사람을 비난, 경멸, 무시하는 행동을 보이는 경향이 있다.

다시 말해, 같은 문제를 대하는 자세가 자아존중감에 따라 크게 달라지는 것이다.

하지만, 자아존중감은 얼마든지 높일 수 있다. 태어날 때부터 높은 자아존중감을 타고 나는 것이 아니라 자신의 역할을 성공적으로 수행하고자 최선의 노력을 다하고, 다른 사람들로부터 인정을 받게 되는 과정을 경험하면서 자아존중감은 자라나는 것이기 때문이다. 현재 자아존중감이 낮은 학생이라도 지속적인 노력을 통해 높일 수 있다.

3. 자아존중감에 영향을 주는 요인

자아존중감은 애착 관계에서 비롯된다. 누군가에게 사랑을 받았으며, 여전히 사랑받고 있다고 느끼는 사람은 자신이 사랑받을 만하며 나름대로 가치가 있다고 생각한다. 그리고 이러한 자신의 가치에 대한 느낌은 자신의 능력과 장점, 성공을 확신시켜주는 주위 사람들의 긍정적인 피드백을 통해서 더욱 강해진다.

자아개념은 자신에 대한 생각이지만 스스로 만들어가는 것이 아니라 다른 사람에 의해 형성되어가는 것이다.

사람은 누구나 완전하게 만들어진 자아상을 가지고 태어나지 않는다. 무엇보다 먼저 자신에게 중요한 사람들, 즉 부모, 형제자매, 교사, 친구들의 눈을 통해서 자신을 보게 된다.

애착은 인간의 심리적 발달에 본질적인 역할을 하며, 자아존중감의 중심축이 된다.

유아기부터 자신에게 중요하고 의미 있는 사람들과 어떤 관계를 맺고 있는지는 자아존중감에 깊은 영향을 끼친다. 자신에게 중요한 어른으로부터 긍정적이고 호의적인 느낌을 받고 자라는 아이는 자아존중감이 발달하게 된다. 다른 한편으로 부정적인 말이나 느낌을 받게 되면, 아이의 자아상은 심각하게 훼손될 수 있다.

무엇보다 부모의 양육태도에 의해 자아존중감이 발달되는데, 부모로부터 받게 되는 긍정적인 피드백이 중요하다. 부모의 자아존중감이 자녀의 자아존중감에 큰 영향을 미치게 되는데, 자아존중감이 높은 부모일수록 자녀에게 긍정적인 피드백을 잘할 수 있다.

부모들은 자녀들이 이뤄낸 성과를 강조해줌으로써 자녀들의 가치를 확신시켜주게 된다. 시간이 흐르면서 긍정적인 피드백을 계속해서 받게 되면 자기 자신에 대한 좋은 평가를 마음속에 담아두게 되고 이렇게 해서 싹튼 자아존중감은 자기 자신과 나누는 긍정적인 대화를 통해서 발달된다.

취학 전에는 자기중심적인 사고로 인해 자기 자신에 대해 지나치게 좋은 감정을 가지고 있기는 하지만, 취학 연령이 되어서 논리적인 사고를 할 수 있게 되면 과거의 경험을 바탕으로 자신을 긍정적으로 인식할 수 있게 되고, 이것을 통해서 자아존중감을 느낄 수 있게 된다. 그러므로 부모와 교사가 초등 저학년 학생들에게 긍정적인 태도를 보여주는 것이 높은 자아존중감 형성에 대단히 중요한 것이다.

부모와 교사의 태도에 의해 자신의 가치를 평가하기 시작하고, 말이나 행동, 태도를 통해서 자신의 자아존중감을 다른 사람에게 표현하게 된다.

또한 자아존중감은 경험에 의해 형성되는 것이기 때문에 성공을 경험하면서(성취감) 생기고 강해진다. 즉, 일의 수행이나 대인관계에서의 성공과 실패가 자아존중감에 영향을 미치는 것이다.

자신이 이루고자 목표했던 어떤 일을 해내어 얻는 성취감은 '도파민'이라는 호르몬의 분비로 인해 경험할 수 있는데, 도파민은 뇌 신경세포 간에 신호를 전달하거나 뇌 신경세포에 다양한 기능을 하도록 직접 영향을 미치는 신경전달물질로서 쾌감과 즐거움, 흥분, 의욕, 동기, 활기, 운동기능 조절 등의 역할을 한다.

도파민이 분비되면 그 행동은 행복한 기억으로 저장되어 반복적으로 경험하고 싶어하게 된다. 따라서, 성취감은 더 큰 도전을 하게 만들고 성취감이 지속적으로 쌓이면 자신이 원하는 것을 할 수 있다는 자신감, 즉 자신의 능력에 대한 믿음을 갖게 된다.

이 때 부모나 교사의 긍정적 피드백이 필요하다. 긍정적인 피드백이 없다면 자신의 성공을 의식할 수도, 그것을 기억할 수도 없기 때문에 부모나 교사는 학생의 성공을 칭찬하고 강조해줌으로써 그것을 기억할 수 있도록 도와줘야 한다. 자아존중감은 기억에 의해서 기능하고 강화되기 때문이다.

완벽주의성향의 부모나 교사는 기대수준이 높아서 칭찬, 인정과 같은 긍정적 피드백에 인색한데, 이러한 태도는 많은 것을 이루고도 성취감을 느끼지 못하는 '성공한 실패자'를 낳기 쉽다. 어른들의 긍정적 피드백뿐만 아니라 또래 친구들의 인정과 지지 또한 자아존중감에 영향을 준다.

Ⅱ. 자아존중감 높이기

앞에서 말한 것과 같이 자아존중감은 태어날 때 타고나는 것이 아니라 성장과정을 통해 자신이 담당하는 수많은 역할을 성공적으로 수행하고자 최선의 노력을 다하고, 다른 사람들로부터 인정을 받게 되는 과정을 경험하면서 자신에 대한 개별적 평가가 쌓여 자라나는 것이기 때문에 자아존중감은 얼마든지 노력을 통해 높일 수 있다.

1. 자아존중감 진단

자아존중감을 높이기 위해서 먼저 현재의 자아존중감을 알아보는 것이 도움이 된다.

다음과 같은 체크리스트를 활용하여 학생들의 자아존중감을 알아볼 수 있는데, 체크리스트의 결과만을 가지고 학생의 자아존중감이 높다, 낮다고 판단하기 보다는 학생의 자아존중감을 파악하는데 참고자료로서 활용하는 것이 좋다.

〈자아존중감 체크리스트〉

범주		그렇다	아니다
채점방법	기본문항 점수	1	0
	역문항 점수	0	1
	총 점	25점	

1. 나는 '내가 다른 사람이라면 좋겠다.'라는 생각을 할 때가 있다.*
2. 나는 많은 사람들 앞에서 말하는 것이 힘들다.*

3. 할 수만 있다면 나의 많은 부분을 고치고 싶다.*

4. 나는 큰 어려움 없이 내 마음을 결정할 수 있다.

5. 다른 사람들은 나와 함께 있는 것을 좋아한다.

6. 나는 집에서 화나 짜증을 잘 낸다.*

7. 나는 새로운 것에 익숙해지기까지는 시간이 오래 걸린다.*

8. 나는 내 또래친구들 사이에서 인기가 많다.

9. 우리 부모님능 나에게 너무 큰 기대를 하고 계신다.*

10. 나는 매우 쉽게 포기해버리는 성격을 가지고 있다.*

11. 우리 부모님은 나의 감정을 존중해 주신다.

12. 내 뜻대로 살아가기가 참 힘들다.*

13. 내 생활에서는 모든 것들이 뒤죽박죽되어 있다.*

14. 친구들은 내 의견이나 생각을 대치로 따라준다.

15. 나는 내 자신을 대단치 않게 생각한다.*

16. 나는 집을 나가고 싶은 생각이 자주 든다.*

17. 나는 가끔 내가 하는 일에 대해 화가 날 때가 있다.*

18. 다른 사람이나 친구와 비교해 볼 때 대치로 말을 많이 하는 편이다.

19.나는 하고 싶은 말이 있으 때 대체로 그 말을 하는 편이다.

20. 부모님은 나를 잘 이해해 주신다.

21. 대부분의 친구들은 나보다 더 인기가 있는 것 같다.*

22. 우리 가족은 늘 나를 재촉하는 것 같다.*

23. 나는 내가 하고 있는 일에 대해 종종 실망을 한다.*

24. 나는 상당히 행복한 편이다.

25. 나의 학교생활은 자랑스럽다.

(*은 역채점 문항)

출처: http://cafe.daum.net/art-therapy-

이러한 체크리스트 외에도 여러 가지 상황질문을 통해 학생들의 자아존중감을 파악할 수 있다.

예를 들면, 미국의 한 과학자가 사람이 죽고 화장한 뒤에 나오는 가루를 분석해봤더니 석회 한 포대, 마그네슘 한 알, 유황과 칼륨 조금으로 그 가격이 37센트에 불과하였다고 한다. 37센트를 우리나라 돈으로 환산하면 500원 정도인데, 그렇다면 나의 가치는 과연 500원일까? 나를 어느 매장에 전시하고 가격표를 붙인다면 그 가격은 얼마인가?

이와 같은 질문에 대한 학생들의 답을 들어보면 그 답 속에 자신의 가치에 대한 생각을 엿볼 수 있다. 자신의 가치는 가격으로 환산할 수 없을 만큼 높다고 답하는 학생이 있는 반면, 500원보다도 더 가치가 없다고 생각하는 학생도 있다.

자신이 500원의 가치도 되지 않는다고 답하는 학생들에게 지금 입고 있는 옷만 따져도 500원보다 훨씬 비쌀 것이라고 말하면 옷의 가격이 비싼 것이지 자신은 그렇지 않다고 말한다. 그만큼 자신을 무가치하고 무능력하게 생각하는 것이다.

또한 자신에 대한 가치를 말할 때 상대와의 비교만을 생각해서 "저는 재(어떤 특정한 학생을 가리킴)보다는 비싸요."라고 말하는 학생도 있다. 이렇게 답하는 학생은 자신의 있는 그대로의 모습을 보기보다 누구와의 비교를 통해서 자신을 평가하려는 경향이 있으며 자아존중감보다 자존심이 높은 경우가 많다.

2. 자아존중감을 높이기 위한 노력

자아존중감을 높이기 위해서 먼저 자신의 생각에 따라 자아상이 변화됨을 알고 스스로 자신을 변화시킬 수 있는 힘이 있음을 깨닫게 도와주어야 한다.

자아존중감이 낮은 학생들은 부정적인 시각으로 자신과 남을 보기 때문에 그 시각을 교정해주는 것이 중요하다.

어둠은 빛이 비추일 때 없어지는 것처럼 부정적인 시각을 교정하기 위해서는 긍정적 시각으로 상황을 해석하는 훈련이 필요하다.

이를 위해 우선 긍정적인 자신과의 대화(self-talk)를 하도록 한다. 다른 사람들의 칭찬과 인정, 격려가 중요하지만 자신이 스스로에 대한 칭찬과 격려를 할 수 없다면 타인의 긍정적 피드백을 받아들이기 어렵다.

학생들과 대화를 나눠보면 스스로 무언가 큰 성과를 내야만 칭찬할 수 있다는 생각을 하는 학생들이 많은데, 큰 성과를 이룰 수 있는 힘은 매일 일상에서 자신과 나누는 긍정적 대화에서 얻을 수 있다. 매일 아침에 일어나서 자신에게 격려의 말을 하며 하루를 시작하고 잠자리에 들기 전에 하루를 돌아보며 스스로에게 칭찬 한마디와 오늘보다 나은 내일을 다짐하는 연습을 하다보면 긍정적인 시각으로 자신을 바라보게 됨을 느끼게 된다.

학생들에게 이러한 훈련을 2주 정도 한 후에 소감을 들어보면 거의 대부분의 학생들이 자신과의 대화 속에 변화가 있었다고 말한다.

하지만 이 과정에서 단순히 자기 자신을 긍정적으로 바라보아야한다는 사실만을 들려주는 것은 큰 의미를 지니지 못한다. 왜냐하면 자아존중감이란 경험에 의해 형성되는 것이기 때문이다. 성장과정에서 과제 수행이나 대인관계에서의 성공과 실패가 자아존중감에 영향을 끼치므로 잦은 실패와 좌절을 겪을 경우, 자신의 수행 능력을 의심하게 될 수밖에 없고 자연스레 낮은 자아존중감을 갖게 되는 것이다.

따라서, 자아존중감을 높이기 위해선 많은 성공을 경험하게 해주어야 한다. 하지만 자아존중감이 낮은 학생은 실패와 좌절을 많이 경험하게 하는 환경에서 생활하고 있을 가능성이 높기 때문에 무작정 성공의 기회만 제공하는 것은 오히려 더 많은 실패와 좌절을 겪게 할 수도 있다. 예를 들어 성적이 떨어진 실패를 경험해 자아존중감이 낮아진 학생에게 성적을 올리기 위해 많은 과제를 하게하는 것은 성공의 기회보다 더 많은 실패를 안겨줄 수 있다는 것이다.

이보다 앞서 이루어져야하는 것은 실패를 야기한 환경을 성공을 만들 수 있는 환경으로 개선시킬 필요가 있다는 점이다. 이런 환경 조성을 위해선 실패를 경험한 상황에 대한 면밀한 분석이 필요하다.

이를테면 성적이 떨어진 학생의 경우에는 학습과제를 하도록 하기 전에 성적이 떨어지게 된 원인을 파악하고 그것에 대한 해결방안을 먼저 찾아야 한다.

만약 스마트폰과 같은 학습방해요소를 제어하는 것이 문제였다면 스마트폰을 제어할 수 있도록 사용시간을 정해놓는 것과 같은 해결방안을 제시하고 그것에서 먼저 성공 경험을 하도록 도와주는 것이다. 학습방해요소를 제어하는데 성공하면 학습과제도 성공할 수 있는 환경이 만들어진다.

이와 같이 실패를 하게 만드는 요인을 줄이고 더 많은 성공을 경험하게 할 때 성취감이 쌓이고 나아가 자아존중감도 높아질 수 있을 것이다.

뿐만 아니라 성공경험을 쌓아가기 위해서는 스스로 적절한 수준의 목표를 세우고 실천하는 노력이 동반되어야 한다. 스스로 목표를 세우지 않고 부모나 교사가 세운 목표를 강제적으로 하다보면 의무감으로 하게 되고 목표를 이뤘다 하더라도 성공경험을 느끼기 어렵다. 스스로 목표를 세우더라도 목표수준이 너무 낮을 경우, 남들도 쉽게 할 수 있는 일을 했을 뿐이라고 생각하는 반면, 목표 수준이 너무 높을 경우엔 시작하기 전부터 실패감과 압박감을 느끼기 쉽고 너무 어려워 흥미가 낮아지거나 또 실패하게 되었을 때 부정적인 자아상을 재차 확인하게 될 수 있기 때문이다.

학생이 자신의 수준에 적절한 목표를 세울 수 있도록 부모와 교사의 도움이 필요하다.

04

성공의 시작, 목표관리

I. 목표의 필요성

실현하고 싶은 희망이나 이상이 꿈(비전)이라면 목표는 꿈을 실현하기 위한 도구 또는 과정으로서 마감기한이 정해지고 행동계획이 따라온다.

아무리 활을 잘 쏘는 명궁이라 하더라도 쏘아야 할 과녁이 명확하지 않으면 활을 쏠 수 없듯이 대단한 능력을 지닌 사람이라고 목표가 없으면 그 능력을 제대로 발휘할 수 없다. 명확한 목표의식이 있어야 동기를 끌어낼 수 있다. 무작정 열심히 달린다고 해서 내가 원하는 곳에 도착할 수 없는 것이다.

알프스 산행 중에 길을 잃었다가 13일 만에 구조된 이들에 따르면 매일 12시간 동안 걸었으나 정확한 방향을 몰랐기 때문에 6km범위 안에서 원형방황을 했다고 한다.

이들이 북극성을 찾았거나 나침반이 있어서 정확한 방향을 알았다면 이렇게 장시간동안 방황하지 않았을 것이다.

이처럼 열심히 가는 것보다 올바른 방향으로 가는 것이 더 중요하다. 방향이 없다면 방황을 하기 때문이다.

목표는 우리에게 가야할 방향을 제시하므로 무슨 일이든지 그것을 이루기 위해서는 목표를 먼저 세워야한다. 목표를 명확하게 세워야만 그 목표를 달성하기 위한 구체적 행동을 시작할 수 있고 행동이 따라야만 성과를 얻을 수 있다.

다시 말하면 목표는 우리를 행동하게 만드는 힘이며 변화를 이끄는 원동력인 것이다.

1979년 하버드 경영대학원 졸업생들을 대상으로 '명확한 장래 목표를 설정하고 기록한 다음 그것을 성취하기 위해 계획을 세웠는가?'라는 질문을 던졌다. 이 질문에 대해 졸업생의 3%만이 목표와 계획을 세웠고 그 것을 기록해 두었다고 응답했고, 13%는 목표는 있었지만 그것을 기록하지는 않았다고 했으며 84%는 졸업 후 구체적인 계획이 없다고 대답했다. 그로부터 10년 후 연구자들은 10년 전의 그 졸업생을 대상으로 다시 한 번 인터뷰를 했는데 그 결과 놀라운 사실을 발견하게 되었다.

목표를 세웠지만 기록하지 않은 13%는 그렇지 않은 84%에 비해 평균 수입이 2배 이상이었으며, 명확한 목표와 계획을 수립하고 그것을 구체적으로 기록했던 3%의 졸업생은 그 수입이 다른 졸업생에 비해 평균 10배 이상 많았다.

이렇게 엄청난 차이를 가져온 것은 졸업 후의 삶에 대해 얼마나 명확한 목표를 세우고 기록했느냐는 것이다. 이와 같은 결과는 자신이 해야 할 일을 명확하게 알 때 그것을 성공할 가능성이 훨씬 높아짐을 말해준다.

목표는 방향을 제시할 뿐 아니라 우리의 에너지를 집중시키는 역할을 한다. 돋보기로 빛을 모으면 종이를 태울 수 있듯이 목표에 초점을 맞추면 에너지를 집중시켜 강한 힘을 발휘한다. 즉, 자신이 지니고 있는 잠재력을 최대한 발휘할 수 있는 것이다.

이와 같이 목표는 우리 삶에 대단히 중요한 역할을 하지만 목표 없이 살고 있는 사람들이 많다. 목표가 얼마나 중요한지 몰라서 그럴 수도 있겠지만, 목표의 중요성을 알아도 자신이 세운 목표를 달성할 수 없을 것이라는 두려움 때문에 목표 세우기를 주저한다.

목표를 세웠다고 해서 그것을 처음부터 모두 이뤄낼 수 있는 사람은 아무도 없다. 목표를 세우고 이루기 위해 여러 가지 시행착오를 경험하면서 자신에게 맞는 목표를 찾아가고, 목표를 달성할 수 있는 실행력이 키워지는 것이다.

목표의 중요성은 목표 자체를 성취했을 때 얻는 보상보다 목표를 달성하는 과정에서 얻는 경험과 성장에 있다. 목표를 세우고 이뤄가는 과정에서 변화된 모습과 발전된 능력은 삶을 지탱하는 힘이 된다.

특히 학생에게 명확한 목표의식은 학습 동기를 끌어내는 중요한 요소이다. 목표의식을 갖기 위해서 우선 '내가 왜 공부를 해야 하나?'에 대한 답을 찾아야 한다.

공부를 '어떻게' 하느냐 보다 '왜'하느냐가 먼저인 것이다.

그러나 안타깝게도 많은 학생들이 이 질문에 '성공하기 위해서' 또는 '좋은 직업을 얻기 위해서' 공부한다고 답한다. 하지만 성공은 목표를 달성했을 때 얻는 결과물이지 성공 자체가 공부의 이유는 아니다. 인생 전체에 대한 큰 그림을 그려야 한다.

좋은 직업을 얻는 것이 공부의 이유가 되면 자신의 적성과 흥미를 생각해서 진로를 선택하는 것이 아니라 사회적으로 인정받는 직업이나 물질적 보상이 많은 직업을 얻고자 진로를 선택하고, 자신의 성적에 맞춰 대학과 학과를 선택하게 되기 쉽다.

자신이 '어떤 사람이 되어 어떤 일을 하며 어떻게 살 것인가?'에 대한 그림을 먼저 그릴 때 나만의 공부하는 이유를 찾을 수 있다. 고 김수환 추기경이 쓰신 책 제목처럼 '무엇이 될까'보다 '어떻게 살까'를 고민해야 한다.

무조건 열심히 공부하겠다는 생각은 한계가 있다. 이 과목 저 과목 마음 내키는 대로 열심히 한다고 해서 원하는 결과를 얻을 수 없는 것이다.

학습 목표가 분명해야 적절한 학습 전략을 선택하여 실행할 수 있고, 학습을 마친 후 목표 달성 정도를 검토하여 문제점을 분석하고 수정할 수 있다.

목표를 세우면 집중력을 높이고 노력을 많이 하게 되는 것뿐만 아니라 공부를 지속할 수 있는 힘을 높여준다. 다시 말해 자신의 현재 행동이 미래에 어떤 영향을 미칠지 알고 있기 때문에 목표를 이루기까지 학습의 방해요소를 이겨내고 지루함을 참아낼 수 있는 힘이 생기는 것이다.

예를 들어 중간고사 준비를 할 때 먼저 목표점수를 정하면 학습계획을 통해 그 점수를 얻기 위해서 효과적인 시간사용과 학습방법을 시도하게 된다. 시험공부 과정 중에 목표점수를 떠올리면서 공부시간을 빼앗는 스마트폰 사용을 자제할 수 있는 힘이 생긴다.

따라서 자기주도 학습의 과정에서 살펴본 바와 같이 스스로 주도권을 갖고 학습을 이끌어가기 위해서는 자신에게 적절한 목표와 그에 따른 계획을 세우는 것이 필수적인 것이다.

Ⅱ. 목표 지향성과 귀인(歸因) 성향

목표지향성(Goal Orientation)이란 학습을 하는 목적을 어디에 두고 있는지에 대한 방향성을 의미하는 것으로, 학습목표(숙달목표, learning 또는 mastery goal) 지향과 평가목표(수행목표, performance goal)지향으로 구분한다.

평가목표와 학습목표는 어떤 성취와 관련된 상황에서 학생들이 가질 수 있는 서로 다른 2가지 형태의 목표다.

학생이 학습활동에 대해 어떤 목표를 지향하느냐에 따라 학습에 대한 태도와 동기가 확연히 달라지고 실패에 대한 반응도 다르게 나타난다.

1. 학습목표(숙달목표)

지능을 비롯한 능력은 자신이 발달시킬 수 있는 것, 즉 자신이 배움을 통해서 향상시킬 수 있는 것이라고 생각하는 학생은 새로운 것을 배우고 싶어 하고 도전을 통해서 완전히 익히고자 하는 학습목표를 선택한다.

학습목표를 지향하는 학생은 자신의 능력을 신장시키는 것 자체에 목표를 두고 공부하므로 내재적 동기가 높아서 과제 자체에 흥미를 가지고 과제의 숙달이나 이해력을 높이는 것에 관심이 깊다. 즉, 배우는 것 자체에 가치를 두고 이를 목표로 삼는 것이다.

학습목표 지향의 학생은 성장과 발전으로 성공을 정의하며, 새로운 능력을 개발하고 새로운 상황을 숙달함으로써 자신의 역량을 키우는데 관심을 갖는다.

실패가 자신의 능력을 판단하는 것이 아니라고 생각하기 때문에 평가에 상관없이 과제수행 과정에서 충실한 모습을 보이며 자신감을 유지한다.

이들은 어렵고 많이 틀려도 무언가 배울 수 있는 문제를 좋아하며, 힘든 과제를 만나도 도전 자체에 흥미를 느끼고 끈기 있게 문제를 해결하려고 한다.

2. 평가목표(수행목표)

자신의 능력이 고정된 특성이라 생각하며 일정한 능력을 가지고 있을 뿐이라고 생각하는 학생은 평가목표를 선택하게 되고 자신의 능력이 다른 사람에 비해 우월하다는 것을 나타내고 싶어 한다. 평가목표를 지향하면 다른 사람과 비교하여 더 잘하는 것, 남에게 인정받은 것에 초점을 두며, 능력에 대한 타인의 인정과 같은 외적인 것에 가치를 둔다.

좋은 점수를 받고 싶어 하고 타인이 자신을 능력 있는 사람으로 생각해 주기를 바라는 것은 당연한 일이기에 어느 정도의 평가목표를 가지는 것은 정상적이다.

하지만, 지나치게 평가목표에만 집중하게 되면 문제가 된다. 자신의 성공이나 실패여부에 따라 자신의 능력이나 가치가 판단되는 것이라고 생각하며 배움의 즐거움을 잃게 된다.

학습의 이유가 단지 높은 성적을 받기 위한 것이라면 성적이 높지 못할 때 학습 동기를 잃어버리기 쉽다.

평가목표 지향의 학생은 자신의 능력을 다른 사람들에게 보여주는데 관심이 있기 때문에 도전하려고 하지 않으며 어떠한 위험부담도 피하려고 하고, 조금이라도 어려운 과제는 즐기지 못하고 자신이 해낼 수 있다는 것을 확실히 알고 있는 쉬운 선택만을 하려 한다.

평가목표를 가진 학생은 공부를 잘해야 한다고 생각하지만 학습목표를 가진 학생은 공부를 좀 더 열심히 해야 한다고 생각하는 것이다.

평가목표와 학습목표가 적절히 조합되는 것이 바람직한 목표라고 할 수 있다.

3. 귀인(歸因) 성향

행동의 결과, 특히 성공이나 실패를 설명하는 방법에 대한 인지적 접근을 귀인이론(attribution theory)이라고 하는데, 귀인(歸因)이란 결과의 원인(因)을 어디로 돌리느냐(歸)를 뜻한다.

귀인이론의 중심은 긍정적인 자아개념을 유지하고자 한다는 것인데, '잘되면 내 탓, 안되면 남의 탓'이라는 말이 이것을 잘 표현해 준다.

끊임없이 학생들에게 성공과 실패를 가져다주는 교육현실에서 결과에 대해 어떤 원인에 의한 것으로 생각하느냐에 따라 후속되는 행동을 촉진할 수도 있고 저해할 수도 있다.

성공과 실패의 원인이 주로 자신의 노력 정도에 달려 있다고 생각하는 학생은 현재 실패했다고 하더라도 후에 비슷한 과제가 주어지면 성공을 위해 더욱 열심히 노력을 기울이지만, 그 원인이 자신이 어쩔 수 없는 능력이라고 생각하면 후에 비슷한 과제가 주어져도 결과는 같은 것이라고 기대하므로 더 이상 노력하지 않는다.

2006년 방영된 EBS기획다큐멘터리 '동기'에서는 중학생을 대상으로 한 귀인실험을 실시하였는데 수영시험을 보는 중학생들에게 실제기록보다 저조한 기록을 알려준 후 재시도를 하게 했을 때, 귀인성향에 따라 어떤 결과가 나오는지를 알아보는 실험이었다.

실험결과 첫 번째 시도의 저조한 기록이 노력 부족 때문이라고 생각했던 학생은 재시도에서 기록이 향상된데 반해, 자신의 능력 부족 때문이라고 생각한 학생은 기록이 크게 떨어졌다.

어떠한 목표를 지니고 있는가에 따라 실패의 의미가 다르기 때문에 귀인성향은 목표지향성과 연관이 깊다.

자신의 능력을 증명해 보이고자 하는 평가목표를 지닌 학생은 실패를 자신이 능력 없음을 증명하는 것이라고 생각하므로 실패의 원인을 '능력 부족'으로 돌린다. 능력은 자신이 어쩔 수 없는 것이기에 좌절하고, 같은 과제가 주어져도 결과는 같을 것이라 생각하기 때문에 더 이상의 노력을 하지 않아 재시도 결과 기록이 떨어지게 된다.

과제를 해결할 자신감을 잃게 되므로 문제해결 능력이 없어지는 것이다.

평가목표 성향이 강해지면 학습된 무기력(learned helplessness)을 나타내는 경우가 많은데, 학습된 무기력은 자신의 부족함에 초점을 맞춤으로써 아무리 노력해도 실패할 것이라는 부정적 생각이 굳어져 포기해버리는 것으로 반응한다.

반면 새로운 것을 배우는 것에 초점을 둔 학습목표를 지닌 학생은 실패를 경험할 때 그 원인을 '노력 부족'이나 '부적절한 방법 사용'으로 돌려서 같은 과제가 주어졌을 때 성공하기 위해 다른 방법을 시도하며 더욱 노력하므로 재시도 결과 기록이 향상된 것이다.

이처럼 학생들이 학교에서의 학업성취 결과를 어떤 원인으로 돌리느냐에 따라 학습동기, 학업성취도, 후속학습에 대한 기대, 자아개념, 학습 결과에 대한 다양한 정서적 경험을 하게 되며 이것들이 복합적으로 학습 행동에 영향을 주기 때문에 귀인성향과 목표지향성이 학습에 미치는 영향력은 상당히 크다.

구분	학습목표(숙달목표)	평가목표(수행목표)
능력관	변화될 수 있다	변화가 어렵다
성공의 의미	발전, 성장, 창의성, 숙달	높은 성적, 남보다 우수한 수행
가치부여	노력, 도전적 과제 시도	실패 회피
귀인성향	실패는 노력 부족	실패는 능력 부족
동기	내재적 동기가 높다	외재적 동기가 높다
행동	도전적 과제 선택	쉬운 과제 선택
	타인의 도움 요청	타인의 도움 요청하지 않음

〈학습목표와 평가목표의 비교〉

따라서 부모나 교사는 학생들이 학습목표를 가질 수 있도록 도와주어야 한다.

가장 좋은 방법은 부모나 교사가 평가목표보다 학습목표가 가치 있는 것임을 보여주는 것이다.

'똑똑하구나'와 같이 능력에 대한 칭찬은 자신감을 감소시키고 평가에 집착하는 성향을 증가시킨다. 많은 부모나 교사들은 칭찬이 중요하다는 것을 알기에 칭찬을 하려고 노력하지만 그것이 능력 칭찬일 때 오히려 학생의 자신감을 떨어뜨리고 도전을 막는 결과를 가져온다는 것을 기억해야 한다.

'수학문제를 다 맞추다니 열심히 문제를 풀었구나.' 와 같이 능력이 아닌 노력과 도전을 칭찬해 주며 결과가 아닌 과정을 격려해주어야 한다.

무엇인가 발전하고 있다는 것을 알아채어 실제적 증거를 강조해 줌으로써 부모나 교사가 학습을 가치 있게 생각함을 보여주어야 한다.

Ⅲ. 3단계 목표 세우기

꿈과 다르게 목표에는 마감시간이 있고 행동계획이 뒤따른다.

목표를 세울 때는 무엇을 언제까지 어떻게 성취되어야 하는지 구체적으로 명시되도록 하는 것이 중요하다.

또한 목표가 얼마나 가까운 미래를 반영하고 있는가에 따라 목표달성을 위한 에너지가 집중되는데, 학년이 낮을수록 가까운 미래에 대한 목표가 효과적이다.

장기적인 큰 목표만 있으면 현실감이 떨어져서 바로 행동을 일으키지 못하는 반면 단기적인 작은 목표만 있을 경우 실행 중에 장애물을 만나면 극복하기 쉽지 않다. 큰 목표로 가고 있는 과정이라는 여유가 있어야 어려움을 참아낼 수 있는 것이다.

따라서, 목표를 세울 때 숲, 나무, 가지와 같이 3단계로 생각하면 구체적이고 행동지향적인 목표를 세울 수 있고 목표를 달성하는 과정에서 실행력을 키울 수 있다.

3단계 목표는 이상목표, 과정목표, 행동목표로 구분할 수 있는데, 이 3가지 목표는 하나의 세트와 같이 움직인다. 이루고 싶은 간절한 이상목표를 세웠다면 그것을 이루기 위한 과정목표를 세우고, 과정에 따른 구체적인 행동목표를 세우는 것이다.

이상목표가 종착역이라면 과정목표는 종착역까지 가는 도중에 서게 되는 정차역이며, 행동목표는 정차역과 정차역 사이를 잇는 길이라고 할 수 있겠다.

예를 들어, '마음이 상한 많은 사람들을 치유해주는 심리치료사가 되겠다'는 이상목표를 세웠다면 심리치료사가 되기 위한 과정으로 '○○대학의 심리학과를 졸업하고 언제 심리치료사 자격증을 취득하며 ○○대학원에서 상담심리학을 전공해서 학위를 취득한 후에 어디에서 심리치료사로 일할 것이다.' 와 같은 과정목표를 세운다.

각 과정마다 그 과정의 목표를 달성하기 위한 행동목표를 세우는데, ○○대학 심리학과에 입학하기 위해서 필요한 성적을 과정목표로 하여 그것을 얻기 위해 해야 할 구체적 실천사항을 정하면 그것이 행동목표인 것이다.

3단계 목표는 이상목표가 반영하고 있는 미래의 범위에 따라 과정목표, 행동목표가 계속 세분화 될 수 있다.

위의 예에서 범위를 좁혀 '어느 대학 심리학과 입학'을 이상목표로 세운다면 그 대학 입학을 위해 고등학교에서 학년별로 이뤄야 할 일이 과정목표가 되고, 각 학년에 따라 해야 할 일들이 행동목표로 세워진다. 좀 더 범위를 좁혀서 생각할 때 '고등학교 1학년 내신 1등급 받기'를 이상목표로 하여 1학기 중간, 기말고사 목표와 2학기 중간, 기말고사 성적을 과정목표로 세우고 각 시험 때마다 목표성적을 정해 구체적인 학습계획을 세우면 행동목표가 되는 것이다.

이와 같이 목표를 세울 때에는 이상목표 → 과정목표 → 행동목표의 순서로 진행되는데, 가까운 미래 범위에서부터 이상목표를 세우고 단계별로 에너지를 집중하여 목표를 달성하면서 실행력을 키운 후에 점차적으로 먼 미래에 이르기까지 그 범위를 확장하는 것이 바람직하다.

이를 테면 먼저 눈앞에 다가온 '중간고사에서 수학점수 10점 올리기'를 이상목표로 하여 중간고사를 준비하는 3주 동안 매주 해야 할 수학공부의 양을 과정목표로 정하고, 매일 문제집 몇 장 풀기와 같은 행동목표를 정하는 것이다.

한편 실행을 통한 목표달성은 행동목표 → 과정목표 → 이상목표 순서로 이루어지는데, 하부목표를 이루지 못하면 상부목표의 달성은 불가능하기 때문이다.

목표달성은 자신을 조절하고 제어하는 자기 통제력이 뒷받침될 때 가능해진다.

이와 같이 자신을 통제하고 몸을 움직여 행동목표를 달성하고 그것이 쌓여 마음으로 원하던 이상목표를 이루게 되는 기쁨을 경험하면 그만큼 실행력이 키워져서 좀 더 먼 미래를 향한 목표를 세울 수 있게 된다.

이러한 과정을 통해 키워진 실행력은 학습뿐만 아니라 삶을 살아가는 데 기초체력이 되는 것이다.

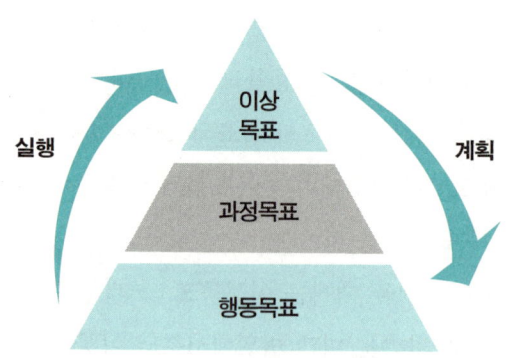

또한 3단계 목표는 장기, 중기, 단기 목표로 구분할 수도 있다.

하루, 한 주, 한 달, 한 학기, 한 학년 등 다양한 기간에 초점을 맞추어 목표를 세우는데, 장기, 중기, 단기의 기준을 1년→1학기→1개월로 목표를 세울 때와 1개월→1주일→1일을 기준으로 목표를 세울 때는 그 범위와 내용에 차이가 있다.

이상목표, 과정목표, 행동목표의 3단 목표와 마찬가지로 우선 1개월→1주일→1일의 짧은 기간에 초점을 맞추어 3단계 목표를 세우고 성공경험을 쌓아가며 점차적으로 기간의 범위를 확장하는 것이 좋다.

목표를 세울 때에는 자신의 능력을 파악하여 적당한 수준의 목표를 세우는 것이 중요하다.

대부분 쉬운 목표보다는 어려운 목표의 달성을 위해 더욱 많은 노력을 기울이지만 어려운 목표라고 해서 모두 달성할 수 있는 것은 아니다.

자신의 능력에 비해 너무 어려운 목표를 정하면 시작만 하고 지쳐서 포기하기 쉽다. 그렇다고 너무 쉬운 목표를 정하면 노력하지 않아도 달성할 수 있을 것이라고 생각하여 게을러지기 쉽다.

현재 자신의 능력을 잘 파악하여 달성하기에 약간 어렵다고 느껴지는 목표를 정하고 목표달성을 위해 열심히 노력하는 것이 바람직하다.

학생이 타인과의 비교를 의식하는 평가목표보다 배움을 통해 자신의 능력을 신장시키는 데 초점을 맞춘 학습목표를 지향하는 3단계의 구체적인 목표를 세우고 자신과 싸워가며 그것을 달성하기 위해 노력할 수 있도록 부모와 교사는 학생이 느끼는 자신의 한계에 대한 생각을 바꿀 수 있도록 도와주고 실행력의 중요성을 지속적으로 알려주어야 한다.

chapter 2

뇌가 즐거워지는
학습법

05

뇌 속에 숨어 있는
학습능력의 비밀

Ⅰ. 학습의 의미

학생들에게 "나에게 공부란 ＿＿＿＿＿이다."라는 질문을 던지면 다양한
답이 돌아온다.

'꿈을 이루기 위해서 꼭 필요한 것', '좀 더 나은 삶을 살기 위해서 해
야 하는 것'과 같이 긍정적인 답을 하는 학생들은 공부에 대한 스트레스
가 비교적 덜한 반면, '엄마랑 살기 위해서는 꼭 해야 하는 것', '피할 수
없는 감옥'과 같은 부정적 답을 하는 학생들은 공부가 주는 부담으로 인
해 힘들어 하면서도 어쩔 수 없이 공부는 해야 한다고 생각한다. 또한
'나에게 공부란 아무 것도 아니다.', '공부는 잠이다.'와 같은 답을 하는
학생들도 있는데 이들은 대부분 학습에 대한 무기력을 보인다.

안타까운 현실은 공부에 대한 긍정적인 답을 하는 학생들 보다 공부에 대한 엄청난 부담이나 무기력을 표현하는 학생들이 많다는 것이다.

학생들이 공부를 어떤 의미로 인식하고 있느냐에 따라 그것을 대하는 자세는 큰 차이를 보이고, 그 차이는 결국 성적의 차이로 나타난다.

따라서 학생들에게 공부(학습)의 의미를 바로 깨우쳐 주는 것이 공부에 대한 부담을 줄이고 스스로 공부할 수 있도록 이끄는 초석이 될 것이다.

1. 학습은 생존기술 훈련

학습(學習)의 사전적 의미는 배워서 익히는 것이다. 이처럼 학습이 배우고 익히는 것이라고 할 때 인간들만 학습을 하는 것일까?

학습은 동물세계에서도 일어난다. 동물들은 환경에 적응하며 생존하기 위해 먹이를 구하는 법이나 위험으로부터 피하는 법과 같은 것들을 배워서 익혀야 한다.

만약 새끼사자가 학습이 귀찮다고 먹이 잡는 법을 배우고 익히지 않는다면 그 사자는 죽고 말 것이다. 먹이를 잡기 위해서 자신의 생존도구인 날카로운 이빨과 발톱을 사용하는 법을 배우고 익혀야 한다. 다시 말해 동물세계에서 학습은 생존도구를 사용하는 법을 배우고 익히는 생존기술 훈련이라 할 수 있으며 이러한 학습은 생존을 위해서 선택하는 것이 아니라 반드시 해야 하는 것이다.

이렇게 학습을 통해 살아남는 방법들을 배우고 익혀서 기억하고 필요할 때 꺼내어 활용함으로써 치열한 생존경쟁에서 적응한 동물들만이 종족을 퍼뜨릴 수 있었기에 지금까지 다양한 동물들이 존재하고 있다.

2. 학습은 두뇌 사용기술 훈련

우리 인간들에게도 학습은 역시 생존기술 훈련이다. 다만 살아가는 환경이 동물과 다르고 생존도구가 다를 뿐이다.

생존도구를 사용하는 훈련이 학습이라면 인간의 생존도구는 무엇일까?

날카로운 이빨과 발톱 대신 인간에게 주어진 생존도구는 뇌이다. 인간의 뇌는 동물의 뇌가 가지고 있지 않은 대용량 기억장치와 함께 생각할수 있는 능력을 지니고 있다.

인간과 동물의 차이는 흔히 '불을 만들어 사용하는 것'에서부터 시작되었다고 하는데 이것을 다시 말하면 불을 만들어 낸 인간의 사고능력이라고 할 수 있다. 즉, 인간의 발달한 뇌가 가지고 있는 생각할 수 있는 능력이 인간을 동물과 구별된 존재로 만들고 있는 것이다.

따라서 우리에게 학습은 생존도구인 두뇌를 사용하는 기술을 배우고 익히는 훈련으로서 인간 뇌의 주요기능인 생각하고 판단하는 기술을 훈련하는 것이라 할 수 있다.

학습은 이제 더 이상 좋은 대학을 가기 위한 높은 성적을 얻기 위해서해야 하는 것이 아니라 우리에게 주어진 환경 가운데 적응하며 인간다운 삶을 살아가는 힘을 키우는 생존기술 훈련 즉 '생각 훈련'이라는 것을 학생들에게 인식시켜야 하겠다. 학생들이 해석하는 학습의 의미가 학습으로 이끄는 힘을 발휘하기 때문이다.

Ⅱ. 학습과 뇌의 구조

인간 뇌와 학습은 어떤 관련이 있는 것일까?

학습과 관련된 뇌의 구조와 기능을 파악하면 두뇌 사용기술을 훈련하는 학습을 더욱 효과적으로 잘 할 수 있을 것이다.

1. 뇌의 3중 구조

뇌는 몸과 마음을 지배하는 사령관으로 신체 가운데 가장 중요한 기관이다. 성인이 되었을 때 뇌의 무게는 전체 몸무게의 2%에 불과하지만, 뇌가 사용하는 열량은 인체가 사용하는 전체열량의 20%에 달하는데, 이것으로 볼 때 뇌가 감당하는 역할이 얼마나 큰지를 짐작할 수 있다.

신경생리학자 폴 맥린(Paul Maclean) 박사의 '삼위일체 뇌' 이론에 따르면 인간은 뇌의 진화과정을 통해 3종류의 뇌를 갖게 되었고, 각각의 뇌는 서로 다른 기능을 갖고 있으며 그 역할도 다르게 발달하였다.

3중 구조에서 가장 안쪽에 자리하고 있는 뇌간(파충류 뇌)은 호흡, 맥박, 혈압 등 생명유지에 필수적 기능을 담당하고 있는 '생명 중추'로서 내장운동, 하품, 재채기 등과 같은 생명활동에 기초적인 반사작용도 관장한다.

뇌간(腦幹)은 대뇌를 받치고 척수와 연결시켜주는 줄기로서 생명을 유지하는데 필요한 기본적인 신체기능과 감각을 조율하는 것이다.

중간부분에는 대뇌변연계(포유류 뇌)가 자리하고 있는데, 뇌의 중심부에서 원처럼 도는 신경회로 전체를 말하며 대뇌신피질에 의해 완전히 둘러싸여 있다.

변연계는 본능적 행동과 감정을 주재하며, 동기유발, 학습 및 기억과정에 관여한다. 특히 편도체는 감정처리의 중추이며 해마라 불리는 부분은 대뇌피질의 연합영역과 연결되어 있어 단기기억의 창고역할을 담당하며 인간의 기억을 관장한다.

가장 바깥부분에 위치한 대뇌신피질은 인간을 인간답게 하는 뇌로서 인간만이 할 수 있는 정신활동(지성적 사고)을 담당하며, 인간의 특징의 하나인 언어중추도 포함한다.

신피질의 사령관이라고 할 수 있는 전두엽은 원시적인 충동을 조절하고 이성적인 판단(인지)을 담당한다.

중요한 것은 감정을 관장하는 대뇌변연계와 이성을 관장하는 전두엽이 조화를 이루며 연결되어 있어 감정과 인지가 상호작용을 할 때 뇌가 최적상태를 유지하게 된다는 것이다. 즉, 인간의 인지작용은 감정과 관련되어 있다는 것을 기억해야 한다.

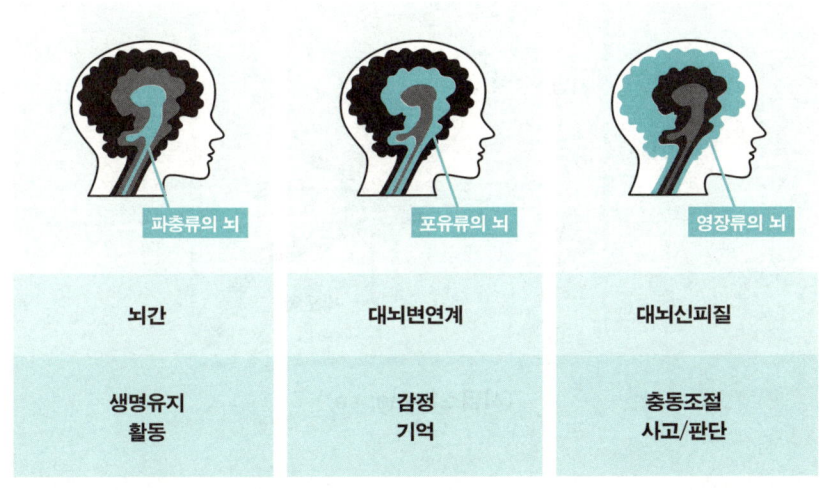

〈뇌의 3중 구조〉

2. 학습과 뇌의 기능

인간의 뇌는 약 1,000억 개의 세포로 이루어져 있고, 신경세포들은 서로 약 1,000개의 이상의 시냅스(synapse)를 통해 연결되어 있다. 이러한 시냅스에서는 신경 전달 물질에 의해 정보가 소통되는데, 시냅스는 후천적 경험에 의해 그 수가 늘어나기도 하고 연결의 모습이 변하기도 한다.

인간의 사고활동에 중심역할을 하는 시냅스는 끊임없이 증가, 감소하는 살아있는 네트워크로서 시냅스가 증식한다는 것은 사고, 기억, 학습 활동이 일어나는 신경 네트워크가 훨씬 커지고 복잡해진다는 것을 의미한다. 효율적으로 정보를 처리하고 저장하는 능력은 시냅스의 연결이 어떠한가에 달려있다.

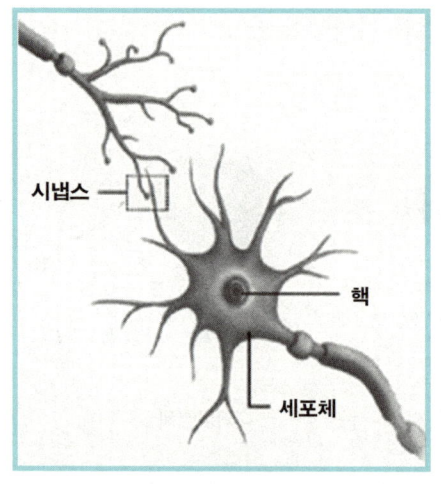

〈시냅스(synapse)〉

효과적인 학습은 결과적으로 시냅스를 증식시켜 신경세포간의 네트워크를 복잡하게 만들고, 이러한 시냅스의 형태변화는 전두엽의 성장과 함께 공부하는 힘, 즉 학습능력을 증진시킨다고 할 수 있다.

Ⅲ. 학습능력, 어떻게 키울 수 있을까?

학습능력은 지식과 기술을 배우고 익히는 능력을 말하는 것으로 학습에 영향을 미치는 모든 요소들의 총합이라고 할 수 있으며 성적을 만드는 힘이 된다.

우리가 그릇에 물을 받는다고 가정할 때 물을 받을 수 있는 양은 그릇의 크기에 따라 달라진다. 간장종지와 같은 작은 그릇으로 받느냐 양동이처럼 큰 그릇으로 받느냐에 따라 그것에 담기는 물의 양이 다를 것이다.

이처럼 학습능력은 지식을 담을 수 있는 그릇의 크기라고 할 수 있는데, 우리 머릿속에 많은 양의 지식을 집어넣기 전에 얼마만큼을 담을 수 있는 그릇인지를 알고 그릇의 용량을 키우는 것에 관심을 가져야한다.

1. 뇌의 에너지 공급순서

우리의 뇌는 기능적으로 서로 다른 3개의 뇌가 서로 조화를 이루면서 협력하여 종합적인 기능을 발휘하는 것이다.

3개의 뇌는 파충류 뇌(뇌간), 포유류 뇌(대뇌 변연계), 인간 뇌(대뇌 신피질) 순서로 발달했으며, 이러한 발달과정에 따라 뇌의 에너지도 공급된다.

생명을 유지하기 위해 뇌간에 우선적으로 에너지를 공급하며 다음으로 본능적 행동과 감정을 담당하는 변연계에 에너지가 충분히 채워진 후에야 인간의 특성인 지성, 사고, 언어 등을 관할하는 신피질에 에너지를 공급하게 된다.

이것은 인간에게 있어서 욕구의 우선순위와도 일치하는데, 신체가 건강하고 마음이 안정되어 행복할 때 학습을 관할하는 대뇌 신피질에 에너지가 충분히 공급되어 뇌의 기능을 잘 발휘할 수 있다. 다시 말하면 뇌가 즐거워야 학습도 즐겁게 할 수 있다는 것이다.

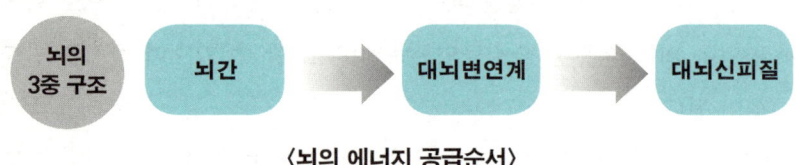

〈뇌의 에너지 공급순서〉

2. 학습능력의 구성요소

지금까지 뇌의 구조와 에너지 활용원리를 살펴보면 학습은 신피질(인간뇌)만을 사용하는 것이 아니라 신체, 감정이 함께 작동되는 것임을 알 수 있다.

학습능력을 구성하는 요소에 머리뿐만 아니라 몸과 마음이 포함된다는 것이다.

따라서 학습능력은 건강한 신체와 안정된 마음, 생각하는 힘으로 이루어진다고 할 수 있다.

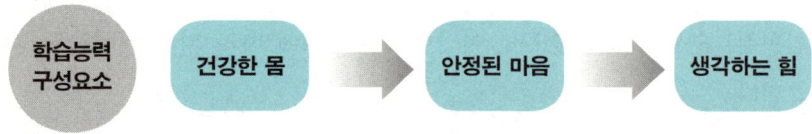

하지만 학생들은 공부를 잘하려면 머리가 좋아야 하기 때문에 자신은 머리가 안 좋아서 공부를 못한다는 평계를 자주 대곤 한다.

공부가 무엇인지도 왜 해야 하는지도 모른 채 입시 중심의 교육현장에서 엄청난 학습 부담에 눌려있는 것이 많은 학생들의 모습이다.

미래의 행복한 성공을 위한다는 명분 아래 학습능력의 기초영역인 신체와 감정의 욕구들은 무시당한 상황에서 성적에만 매달리는 학습을 하고 있는 것이 안타까운 현실이다.

그러므로, 이러한 학생들에게 무엇보다 학습과 학습능력의 의미를 바르게 인식시키고 그것을 키워가도록 도와주는 것이 시급한 과제인 것이다.

3. 학습능력을 키우기 위한 방안

학습능력을 키우기 위해서는 우선 학생이 학습은 성적을 받기 위한 것이 아니라 생각훈련을 통해 인간다운 삶을 살아갈 수 있는 힘을 키우는 과정임을 인식하고, 학습능력은 타고 나는 것이 아니라 훈련을 통해서 강화되는 것임을 알아야 한다.

뇌의 3중 구조에서 살펴본 것과 같이 먼저 건강한 몸을 만들기 위해서는 일정한 시간에 수면과 식사를 함으로써 규칙적인 생활을 습관화 하도록 한다. 규칙적인 생활로 신체리듬을 유지하는 것이다.

고등학생들과 수업을 할 때면 대학입시를 앞둔 상황에서 학습동기가 강하게 부여되는 경우가 많다. 자신의 성적으로 입학 가능한 대학들을 알고 나면 열심히 공부해서 빨리 성적을 올려 진학 대학을 바꾸고 싶은 마음이 커지기 때문이다.

이런 상황에서 가장 먼저 넘어야 할 산이 '잠과의 싸움'이다. 즉 수면시간을 규칙적으로 조절하는 것부터 어려움을 겪는 것이다.

성적을 올리기 위해 해야 할 것이 많다보니 늦게까지 공부하느라 그 다음날 수업시간에 졸기 일쑤이고 휴일에는 늦잠을 자느라 계획했던 학습시간을 놓쳐버리는 경우가 많다.

이와 같이 규칙적인 생활습관은 마음먹는다고 하루아침에 만들어지는 것이 아니다. 어렸을 때부터 몸으로 익혀야 하는 것이 습관이다.

따라서 공부하는 힘을 키우기 위해서는 초등학생 때부터 정해진 시간에 자고 일어나며 정해진 시간에 식사하는 규칙적인 생활을 몸에 익히는 것이 중요하다.

우리 뇌 속에는 대뇌변연계와 전두엽이 조화를 이루며 연결되어 있으므로 뇌가 최적의 상태를 유지하기 위해서는 감정과 새로운 지식을 습득하는 인지(認知)가 상호작용을 해야한다. 이 때 대뇌변연계에 위치한 감정처리의 중추 편도와 인간의 기억을 관장하는 해마의 역할은 상당히 중요하다.

감정이 기억에 미치는 영향에 대한 관심이 높아짐에 따라 최근 자신과 타인의 감정을 이해, 수용하고 자기감정을 조절하는 능력인 정서지능(emotional intelligence)에 대한 연구가 활발해지고 있다.

학습을 지속시키기 위해서는 자신과 다른 사람의 감정을 이해, 수용하고 자신의 감정을 조절하는 능력과 모든 상황을 자신에게 도움이 되는 방향으로 생각하는 긍정적 삶의 태도가 중요한 역할을 하는 것이다.

다시 말해 공부하는 힘을 키우기 위해서는 규칙적인 생활습관으로 공부하는 몸을 만들고, 감정을 조절하며 긍정적인 태도로 공부하는 마음을 만들어야 한다.

그리고 꾸준한 학습, 즉 생각훈련을 통해 뇌 속의 시냅스를 지속적으로 증식시키는 것이다. 청소년기는 전두엽이 폭발적으로 성장하는 시기이지만 이 때 전두엽을 자극해주지 않으면 성장하지 않는다. 생각훈련을 통해 전두엽을 자극해야 성장할 수 있다.

가르침 중심의 학습이 아니라 배움 중심의 학습으로서 학생 스스로 질문하고 답을 찾아가는 과정을 통해 전두엽을 성장시키고 공부하는 기쁨을 맛보아 알아갈 수 있도록 부모와 교사의 도움이 필요하다.

06

알면 공부가 쉬워지는
학습의 원리

Ⅰ. 뇌에서의 정보처리 과정과 학습의 원리

우리가 어떤 대상을 관찰하고 그 대상을 지각하며 새로운 사실을 배우고 익히고, 언어를 사용하며 문제를 해결하는 지적인 과정을 인지(認知)과정이라고 한다.

인지심리학(cognitive psychology)은 이와 같이 인간 뇌에 의하여 이루어지는 주의, 지각, 기억, 언어 및 사고 등의 정보처리 과정을 탐구하고 그 결과를 응용하는 학문으로서 정보처리 접근방법을 통해 인간의 정신 과정을 분석하는 역할을 한다.

우리 뇌가 컴퓨터 하드웨어라면 하드웨어를 작동시키는 소프트웨어는 무엇이며 어떤 기능이 있는가를 탐구하는 것이다.

우리가 배우고 익히는 학습의 활동은 뇌로 들어오는 정보들을 받아들여 모으고 분석하여 취사선택해서 저장한 후에 저장된 정보를 필요한 때에 적절히 꺼내어서 목적에 맞게 사용하는 일련의 과정이라고 할 수 있다. 컴퓨터로 비유하자면 키보드나 마우스로 '입력'하고 '저장'키를 눌러 작업한 것들을 저장하며 작업을 위해 하드디스크나 외부장치에 저장한 파일을 불러오는 인출의 과정과 같은 것이다.

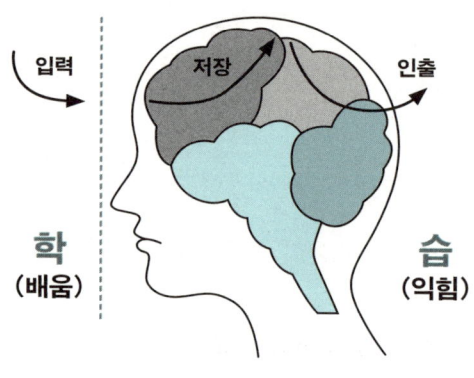

〈인지심리학 관점에서의 학습의 원리〉

뇌에서 습득한 정보를 처리하는 과정은 감각기억, 단기기억, 장기기억으로 구분된다.

감각기억은 아주 짧은 시간 동안 지속되는 기억으로서 엄청난 양의 정보를 저장할 수 있는데, 우리가 보고 듣는 모든 것들이 감각저장고에 저장되었다가 순간적으로 사라진다.

단기기억은 컴퓨터 화면상에서 지금 작업 중인 것과 같이 현재 우리의 머릿속에 떠올라 있는 기억이며, 장기기억은 현재 우리 머릿속에 떠올라 있진 않지만 저장되어 있는 방대한 양의 기억을 말하는 것으로 컴퓨터 화면상에 나타나지는 않지만 하드디스크에 저장되어있는 것과 같다고 할 수 있다.

심리학자 애트킨슨(Atkinson)과 쉬프린(Shiffrin)의 기억단계 모형에 따르면 우리가 보거나 듣는 외부의 수많은 자극은 모두 감각저장고에 들어오게 되는데, 이곳에서 주의(attention)를 받지 못하면 사라져 버리고(망각), 주의를 받은 것만이 단기기억으로 들어온다. 단기기억에서 처리된 자극은 장기기억으로 부호화되어 저장되거나 말 또는 행동으로 외부로 표현(출력)되기도 한다.

장기기억으로의 저장이 잘 안되면 되뇌기(rehearsal)를 하여 장기기억에 저장한다. 단기기억은 용량이 제한되어 있기 때문에 정보가 처리되어 장기기억에 저장될 기회를 잡지 못하면 이 역시 망각된다.

1. 주의(Attention), 학습의 시작

우리는 엄청난 양의 외부자극 중에도 우리에게 의미가 있는 것을 골라 그것을 처리하는데, 이러한 선별력을 주의(attention)라고 한다.

주의로부터 기억과정이 시작되어 순간순간 필요한 정보를 선택적으로 정보처리 체계로 입력시켜주며 불필요한 정보는 제거한다.

우리의 주의용량은 제한되어 있어 필요한 곳에 필요한 만큼의 주의를 배분하는데, 이 때 주의의 방향을 결정하는 것이 '동기'이다. 그래서 사람들은 보고 싶은 것을 보고 듣고 싶은 것을 듣게 된다.

따라서, 학습의 시작인 입력에 있어 주의력의 영향은 크며 이러한 주의력을 결정하는 것이 동기이므로 학습에 있어 흥미와 관심을 통해 학습동기를 부여하는 것이 최우선이라 할 수 있다.

2. 단기기억(Short-term memory)

단기기억이 우리 머릿속에 머무는 시간은 불과 20~30초이다. 그동안 아무 생각 없이 지나면 단기기억은 사라지는데 이것은 컴퓨터에서 작업을 한 후에 저장하지 않고 전원을 끈 것과 같다.

단기기억 내에 동시에 떠올릴 수 있는 정보의 양은 7±2개의 용량을 갖고 있다. 기억용량에서 이런 묶음의 덩어리를 청크(chunk, 의미덩어리)라고 하며, 더 큰 묶음의 덩어리로 묶는 것을 청킹(chunking, 의미덩어리 만들기)이라고 하는데, 기억에서의 청킹은 단기기억의 용량을 늘려주는 효율적 방법이다.

예를 들어 주어진 50가지의 단어를 기억할 경우, 단어 하나씩을 기억하기보다 과일, 색깔, 동물 등과 같이 분류하여 7±2개의 의미덩어리로 묶어서 기억할 때 더 많은 단어를 기억할 수 있다,

3. 장기기억(Long-term memory)

단기기억을 장기기억으로 저장하기 위한 방법은 우선 되풀이해서 외우는 것이다. 이것을 되뇌기, 즉 기계적 시연(route rehearsal)이라고 한다. 반복하는 되뇌기를 통해 그 정보는 뇌 속에서 중요한 것으로 인식되어 단기기억에서 장기기억으로 이전될 가능성이 커지지만 무조건 반복한다고 해서 장기기억이 잘 된다는 것은 아니다.

기억은 사진을 찍듯이 복사하는 것이 아니라 구성의 결과물로서 새로운 정보를 재구성하는 '부호화(encoding)' 과정이 장기기억을 만드는데 중요한 역할을 한다.

인간의 지식정보는 네트워크로 이루어져 있어서 새로운 정보는 기존의 지식을 통해 습득된다. '기억 속에 체계적, 조직적으로 저장되어 있는

지식의 구조'를 뜻하는 스키마(schema)를 근거로 새로운 정보를 이해하고 해석하는 것이다.

'사람'은 '얼굴, 팔, 다리, 몸통'과 같은 요소로 이루어진 것처럼 하나의 스키마는 그 스키마를 구성하는 여러 개의 하위 구성 요소를 가지고 있다. 또한 스키마들끼리 연관성을 가지고 있으며 그러한 연관의 정도에 따라 네트워크의 형태를 갖추게 된다. 즉, 인간은 받아들인 정보에 대해 네트워크 지식구조를 형성함으로써 지식을 처리하는 것이다

따라서 새로운 정보를 습득하면서 기존 지식과 연관을 많이 지을수록 오래도록 기억할 수 있으므로 반복할 때 우리가 이미 알고 있는 것에 그 정보를 관련시키는 것, 즉 정교화 시연(elaborative rehearsal)이 필요하다.

또한 새로운 정보를 마음속의 그림(이미지)으로 바꾸어 기억할 때 더욱 잘 기억되는데, 이러한 이유로 추상명사보다 구체적 명사가 더 잘 기억되는 것이다.

단기기억의 내용이 정교화의 단계를 거쳐 저장된 장기기억은 제한된 단기기억의 용량과는 달리 그 용량이 엄청나다. 이처럼 우리의 머릿속에는 엄청난 양의 기억이 저장되어 있지만 그 많은 기억 정보 중에서 우리는 어떻게 우리에게 필요한 것을 바로 꺼내어 쓸 수 있을까?

옷장 속에 옷들이 종류별로 잘 정리되어 있을 때 필요한 옷을 바로 꺼내어 입을 수 있듯이 우리 머릿속의 정보도 정리정돈이 중요하다. 저장할 때 정리정돈(조직화)을 잘해놓으면 인출할 때에 빨리 꺼내어 쓸 수 있는 것이다. 다시 말하면 정보의 인출체계를 만든다고 할 수 있다.

인간의 뇌는 입력된 정보만을 단순히 저장하는 것이 아니라 그것과 관련된 연합을 함께 기억하기 때문에 이러한 연관관계가 그 정보를 기억해 내는데 도움이 된다.

이전에 알고 있던 정보와 연결고리를 튼튼하게 갖추게 되면 나중에 인출하게 될 때 연결고리를 찾아낼 수 있는 통로가 많아져 인출이 쉬워진다.

이것은 컴퓨터에서 작업한 것을 저장할 때 폴더를 만드는 것과 유사한데 상위폴더 내에 하위폴더를 만들고 이 안에 파일을 저장하면 필요한 파일을 쉽게 찾을 수 있는 것과 같은 원리이다.

우리가 시험문제를 받았을 때 분명 공부한 것임에도 불구하고 생각이 나지 않다가 시험이 끝나고 나서 책을 넘기다 어떤 단어를 보자마자 관련된 내용들이 줄줄이 떠오를 때가 있다. 이것은 공부한 것을 잊어버렸다라고 하기보다 정보의 정리정돈에 실패하여 인출할 때 실마리를 찾지 못했기 때문이다.

이미 알고 있는 내용과 새로운 지식이 의미상 연관관계를 형성하고 조직화를 통해 정리정돈을 잘하면 저장된 내용을 꺼내어 낼 때에도 실마리를 찾기가 쉽다.

Ⅱ. 학습의 원리를 응용한 완전학습의 4단계 과정

분명 공부한 내용인데 시험문제를 풀 때는 기억나지 않는 것은 완전학습이 이루어지지 않았기 때문이다.

지금까지 살펴본 뇌 속에서 정보를 입력하고 처리하여 저장한 후에 인출하는 일련의 과정을 학습에 응용하면 우리가 필요할 때(시험) 인출하여 사용할 수 있는 상태의 완전학습을 성공적으로 할 수 있을 것이다.

학습의 원리	주의	입력	저장	인출
완전학습의 과정	예습	수업	복습	평가 (문제풀이)
단계별 학습목표	흥미 유발 핵심 찾기	집중 → 이해	부호화, 반복 → 장기기억	장기기억 → 확인

1. 주의력을 키우는 예습

위에서 살펴본 바와 같이 주의(attention)의 방향을 결정하는 것은 동기이므로 하기 싫은 학습을 억지로 하면 학습효과가 떨어질 수밖에 없다. 인간은 학습할 수 있는 능력을 태어날 때부터 지니고 있지만 그 능력이 학습에 대한 흥미와 관심이 있을 때 발휘되는 것도 주의력과 깊은 관련이 있다.

예습은 다음 수업시간에 배울 내용을 미리 살펴보는 것으로 새로운 배움을 효율적으로 받아들이기 위한 준비과정이라고 할 수 있다.

배울 내용에 대해 미리 살펴보고 핵심을 찾아본 후에 수업에 임하면 흥미와 관심을 갖게 되므로 수업에 집중하게 된다. 또한 앞서 설명한 바와 같이 인간은 사전지식(스키마, schema)을 통해 새로운 정보를 이해하고 해석하기 때문에 예습을 통해 사전지식을 만들어 놓으면 수업내용에 대한 이해가 쉬워진다.

예습 때 자신이 찾아본 핵심과 선생님이 강조하시는 내용을 비교하면서 수업을 듣게 되면 집중은 물론 이해가 잘된다. 예습을 하면서 모르는 단어나 개념은 찾아서 그 뜻을 알고 수업에 임하면 더욱 재미있는 수업이 될 것이다.

하지만, 예습과 선행학습을 분명하게 구분해야 한다. 사교육 열풍으로 인해 선행학습이 많이 이루어지다 보니 선행학습이 곧 예습인 것으로 오해하는 경향이 많기 때문이다.

예습은 내일 수업시간에 배울 내용을 미리 살펴보는 과정인 반면, 선행학습은 한 학기 이상 앞서서 배울 내용을 미리 배우는 것이다. 선행학습은 깊이 있는 학습을 하는 것이 아니라 미리보기에 지나지 않아 선행학습을 하고 난 후 학교수업을 통해 심화된 학습을 하여 완전하게 아는 것으로 만들어야 한다. 그러나 많은 학생들의 경우 선행학습을 하고 나서 마치 수업내용을 다 아는 것처럼 착각하여 오히려 수업의 집중도를 떨어뜨리는 부작용이 나타나고 있다.

따라서 지나친 선행학습은 피하고 예습을 통해 학습의 흥미를 높여주는 것이 중요하다.

2. 집중하여 이해하는 수업

수업시간에 배운 내용이 단기기억에서 잠시 머물다 사라지지 않도록 수업시간에는 집중하여서 이미 알고 있는 내용과 새로운 지식을 연결하는 정교화작업을 지속적으로 해야하는데, 이것을 다른 말로 이해(理解)한다고 말할 수 있다.

우리의 뇌는 이렇게 알고 있는 지식과 새로운 지식의 연관관계가 형성되어야 그것을 의미 있는 정보로 기억하며 장기기억 속에 오래 저장할 수 있기 때문이다.

이전에 알고 있던 정보와 연결고리를 튼튼하게 갖추게 되면 나중에 인출하게 될 때 연결고리를 찾아낼 수 있는 통로가 많아져 인출이 쉬워지는 반면 정보를 고립해서 기억하게 되면 저장되어 있다 하더라도 그 정보에 접근할 수 있는 통로가 줄어들어 정보를 인출하기 어려워지는 것이다. 이러한 이유 때문에 수업시간에 80% 이상 이해가 되지 않았을 경우, 복습은 독학이 되기 쉽다.

또한 수업내용을 최대한 이해하기 위해서는 바른 자세와 경청하는 태도로 주의집중력을 가지고 수업에 임해야 한다.

하지만, 사교육의 영향력이 커지면서 많은 학생들이 학교수업을 중요시 여기지 않고 모르면 학원에서 배우면 된다는 잘못된 태도로 수업에 임하고 있는 것이 안타까운 현실이다. 무엇보다 학교수업에 충실할 때 완전학습이 가능하며 사교육은 학교수업에서 이해가 잘 되지 않은 내용을 보완하는 것임을 인식하는 것이 중요하다.

3. 수업을 기억하는 복습

수업시간 배운 내용을 잘 이해했다면 그 내용을 기억하여야 완전학습을 할 수 있다. 복습은 배운 것을 반복하며 다시 구성하고 정리하여 기억하는 과정이다.

이해가 잘 되었더라도 그 정보를 반복하고 체계적으로 조직화하여 장기기억 속에 저장하지 않으면 망각 속으로 사라져버린다.

수업을 효과적으로 기억하려면 일정 시간간격을 두고 계속 반복해주는 주기적인 반복이 중요하다.

서커스 공연을 볼 때면 여러 막대기에 접시를 올려놓고 동시에 접시 돌리기를 하는 모습을 자주 보게 된다. 이 때 동시에 여러 개의 접시를 돌리기 위해서는 하나의 접시가 떨어지기 전에 계속 돌려주는 작업을 쉬지 않고 하는 것이다.

이처럼 복습할 때에도 한 번 기억하고 내버려두면 쉽게 잊어버리기 때문에 기억 속에 남아있는지 주기적인 점검이 필요하다.

또한, 기억 속에 저장된 내용을 효과적으로 인출하기 위해서는 인출단계에서 단서의 역할이 중요하기 때문에 정보를 정리하는 조직화 과정을 통해 인출체계를 만들어야 한다.

예를 들면 도서관 서고에 저장된 수십만 권의 책 가운데 내가 찾는 어떤 책을 찾아야 할 경우, 책들이 특정한 분류체계에 의해 정리되어 있기 때문에 그 분류기호를 통해 특정 책을 신속하게 인출할 수 있는 것과 유사하다.

이러한 조직화 과정에는 교과서의 목차를 중심으로 체계를 만드는 목차학습과 이를 활용한 마인드맵이 유용하게 사용된다.

4. 학습의 결과를 확인하는 평가

예습, 수업, 복습을 통해서 완전학습을 했다면 그 결과는 평가(시험)을 통해 표현된다.

장기기억에 저장해 놓은 정보를 필요할 때 제대로 꺼내어 사용하지 못한다면 그것은 완전학습을 했다고 할 수 없다. 다시 말해 정보를 잘 저장해 놓았다면 인출이 빨리 되어야 한다. 따라서 완전학습의 결과를 확인하기 위해 평가, 즉 문제풀이(시험)의 과정이 필요한 것이다. 예습, 수업, 복습을 통해 완전학습이 이루어졌는지 평가(문제풀이)를 통해 확인하고 부족한 점이 발견되면 그 부분을 보완하여야 한다.

많은 학생들이 시험 때 좋은 성적을 얻기 위해서 공부한다고 생각하는데, 시험은 자신의 완전학습 상태를 점검하고 보완하여 자신을 성장시키는 과정임을 인식하는 것이 중요하다. 시험은 완전학습의 결과를 확인하는 과정이지 학습의 목표가 아니기 때문이다.

완전학습을 목표로 하여 성실하게 예습, 수업, 복습 과정을 수행했다면 당연히 좋은 성적이 따라올 것이다. 예습, 수업, 복습을 성실하게 실행하는 것, 이것을 알고 있느냐가 아니라 실행하느냐가 좋은 성적을 만드는 공부의 왕도다.

07

망각 속에 숨어있는 기억전략

Ⅰ. 망각, 왜 일어나는 것일까?

우리가 살아가면서 모든 것을 기억하지 않고 잊어버리는 것은 참으로 다행스러운 것이지만 학습에 있어서 망각은 싸워 이겨야 할 적군과 같다.

망각의 원인을 알게 되면 망각을 하지 않을 수 있는 방법, 즉 기억을 잘 할 수 있는 방법을 찾을 수 있을 것이다.

기억전략을 찾기 위해 먼저 망각이 일어나는 원인을 설명하고 있는 여러 이론들을 살펴보기로 하겠다.

1) 소멸(decay) 이론

소멸이론은 사용되지 않는 정보는 시간이 지날수록 망각될 확률이 높아진다는 것으로서 이것은 처음으로 과학적인 기억연구를 시작한 에빙하우스(Ebbinghaus)의 망각 곡선으로 증명되었다. 무의미철자를 완벽하게 외운 상태에서 시간을 달리하여 검사함으로써 그 무의미철자들이 어느 정도 망각되는지 알아보는 실험을 한 결과, 학습 후 1시간이 지난 뒤에는 44%만 기억되고 하루 후엔 35%, 일주일 후엔 21%만 기억했으며 그 후로는 완만하게 망각이 진행되었다.

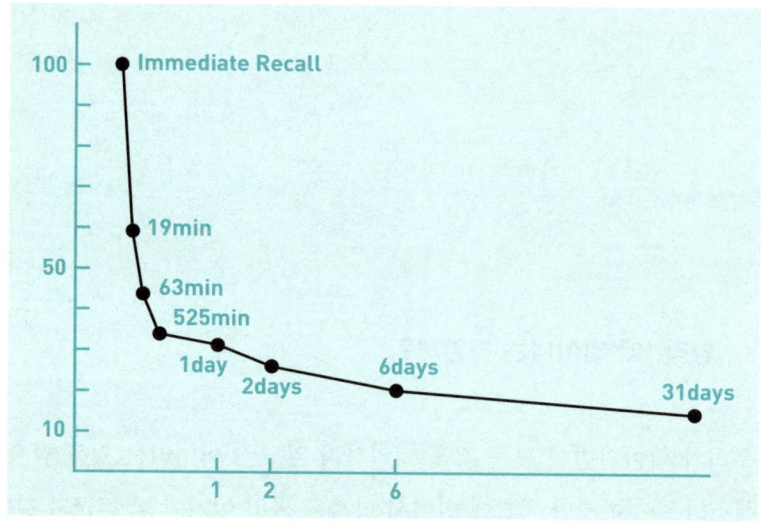

〈에빙하우스의 망각곡선〉

기억은 중추신경계에 어떤 변화를 일으켜 기억흔적을 남기게 되는데, 이 기억흔적은 사용하지 않으면 시간의 경과에 따라 신진대사과정에 의해 점차 희미해져 가고 결국에는 사라지게 된다. 사용하지 않으면 망각이 일어난다고 보는 점에서 이 이론을 불용(disuse)이론이라고도 한다.

이러한 소멸이론에 따르면 망각은 정보처리 과정 중에서 인출단계에서 일어나는 것이 아니라 저장단계에서 일어나는 것이다.

2) 간섭(interference) 이론

간섭이론은 어떤 정보가 다른 정보를 방해하기 때문에 잊어버린다는 논리이다.

이 이론은 기억과 학습에 관한 연구를 주도해 온 연합주의 틀에서 발달하였다. 연합주의는 자극과 반응 간에 형성된 연합적 연결을 강조하며, 이러한 연합적 연결을 간섭하는 경합 정보가 없는 한 이 연결이 장기기억에 유지된다고 강조한다.

간섭이 일어나는 원인은 인출단서의 효율성에서 찾을 수 있는데, 어떤 단서와 함께 저장된 항목이 많을수록 간섭으로 인해 특정 항목을 인출하는 것이 어렵다는 것이다.

예를 들어, 한 사람이 어떤 친구와 2개월 전에 만났던 장소를 기억하려고 한다고 하자. 그 친구와의 만남이 단 한번 뿐이었다면 그 친구는 그 장소를 기억해 내는데 효과적인 인출단서가 되겠지만, 그 친구와 전에 여러 장소에서 자주 만났다면 그와 만났던 여러 장소들이 2개월 전에 만난 특정 장소를 기억해 내는 것을 간섭하여 그곳을 기억하는 것을 어렵게 할 것이다.

3) 인출 실패(단서의존 망각, cue-dependent forgetting) 이론

학습한 내용을 기억하지 못하는 것은 이 정보의 기억흔적이 소멸하거나 간섭받기 때문이 아니라 저장된 정보에 접근하는 적절한 수단, 즉 인출단서가 없기 때문이며, 이것을 인출실패(단서의존 망각, cue-dependent forgetting) 이론이라고 한다.

인출 실패 이론은 머릿속에 기억이 있기는 하지만 어디 있는지 몰라 끄집어 내지 못하는 것이 망각이라는 것이다. 다시 말해서 기억에 저장된 정보와 부합되는 인출단서를 찾지 못할 때 망각이 일어난다는 것이다.

인출단서는 장기기억의 인출에 중요한 역할을 한다. 예를 들어 어떤 목록을 순서대로 외운 경우 첫 단어가 생각나지 않으면 그 목록이 잘 기억나지 않는데, 이 때 첫 단어를 알려주면 그 목록이 줄줄이 기억난다. 이것은 첫 단어가 인출단서의 역할을 했기 때문이라고 설명할 수 있다.

이 이론은 장기기억에 저장된 정보는 비록 인출이 불가능하더라도 기억에 남아있다고 간주한다. 따라서 망각은 부호화나 저장단계에서 일어나는 것이 아니라 인출단계에서 일어난다.

4) 동기적 망각 이론

이 이론은 정신분석의 창시자 프로이트(Freud)가 주장한 것으로 우리가 기억하기 싫은 것들, 예를 들어 고통스러운 것, 좋지 못한 기억 등을 의도적으로 잊어버린다는 것이다.

기억하기 싫은 것은 기억하지 않는다는 사실은 다시 말해 기억하려는 마음이 있어야 기억할 수 있다는 것을 알려준다.

동기적 망각이론을 통해 우리는 학습동기(의욕)이 학습능력에 미치는 영향을 예측할 수 있다. 하기 싫은 것을 억지로 한다면 그 효과는 결코 좋을 수 없는 것이다.

Ⅱ. 망각을 이기는 기억전략

지금까지 망각을 일으키는 원인들을 살펴보았다. 적군의 정체에 대해 알았으니 이제 적군에 대항하는 전략을 세워보도록 하자.

1) 주기적 반복(분산학습)

망각곡선에 나타난 소멸이론에 의하면 사용되지 않는 정보는 시간이 지날수록 망각될 확률이 높아진다.

에빙하우스는 여러 실험을 통해서 소멸에 의한 망각을 극복하는 주기적 반복의 효과를 밝혀냈는데, 10분 후에 반복하면 1일 동안 기억되고, 다시 1일 후 반복하면 1주일 동안, 1주일 후 반복하면 1달 동안, 1달 후 반복하면 6개월 이상 기억(장기기억)된다는 것이다.

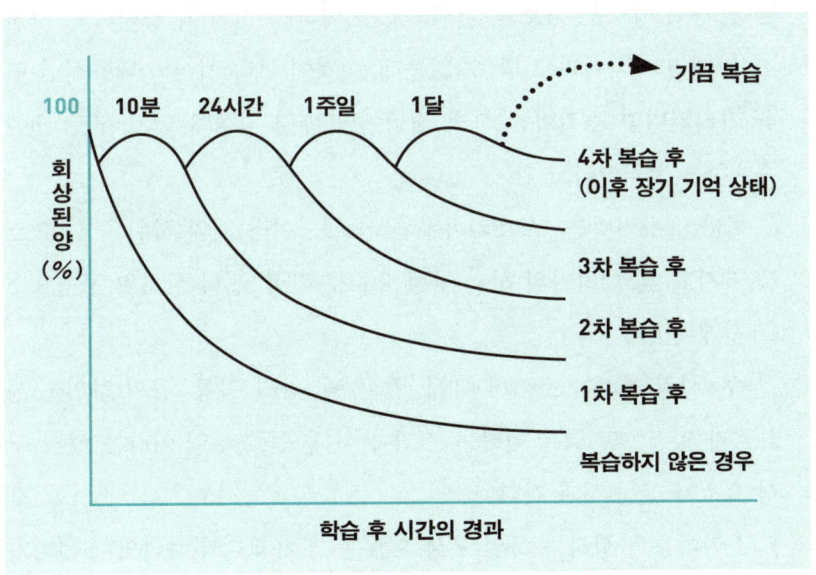

〈주기적 4차 반복(복습)의 효과〉

학습한 내용을 잊지 않고 장기기억으로 만들기 위해서는 주기적인 4회 반복(10분 후, 1일 후, 1주일 후, 1달 후)이 필요한데, 이것은 '한 번 종합하여 반복하는 것' 보다 '일정시간의 범위에 분산 반복'하는 것이 훨씬 더 기억에 효과적임을 말해준다.

2) 정교화(관련짓기)

기억을 잘하기 위해서는 반복이 중요하지만 반복이 정보를 장기기억 저장고로 자동적으로 옮겨주는 것은 아니다. 단기기억에서 장기기억으로 넘어가는 과정에서 얼마나 깊이 있게 정보를 처리했느냐가 중요하다.

새로운 정보는 기존의 지식을 통해 습득된다. 즉 '기억 속에 체계적, 조직적으로 저장되어 있는 지식의 구조'를 뜻하는 스키마(schema)를 근거로 새로운 정보를 이해하고 해석하는 것이다. 스키마는 사전 지식, 배경 지식이라고 할 수 있는데, 이것이 보다 지식의 내용적인 면을 가리킨다면 스키마는 사전 지식이나 배경 지식이 인지 구조 내에 존재하는 방식이라고 할 수 있다.

하나의 스키마는 그 스키마를 구성하는 여러 개의 하위 구성 요소를 가지고 있고, 하나의 하위 구성 요소는 각각 또 다른 하위 구성요소를 갖게 된다.

즉, '사람'이라는 스키마 아래 '얼굴, 팔, 다리, 몸통' 등의 하위 구성 요소가 있고, 또 '얼굴'이라는 스키마 아래 '눈, 코, 입'이라는 하위 구성 요소가 있는 것과 같다.

스키마를 구성하는 하위 구성 요소는 그 자체로서 하나의 스키마가 될 수 있고, 그 역시 다수의 하위 구성 요소를 갖고 있어서 이러한 관계는 그물망(network)구조를 형성하게 된다.

그러므로 학습은 새로운 정보를 스키마로 해석하고 재구성해 새로운 스키마를 만들어 가는 과정이라고도 할 수 있다.

주어진 정보를 그대로 기억하는 것이 아니라 그 정보와 기존 지식과 관련 지어 정보를 통합하면 더 효과적으로 기억할 수 있으며 이러한 작업을 '정교화'라고 한다.

이러한 기억과정으로 인해 장기기억에 있어 '부익부 빈익빈' 현상이 나타나게 된다. 새로운 정보와 관련지을 기존지식이 많으면 더욱 기억이 잘되어 새로운 정보가 쌓이는 반면, 기존지식이 없어서 관련짓기가 어려우면 그 정보는 장기기억으로 저장되지 못하고 사라지기 때문이다.

따라서 공부는 한 번에 성공을 이룰 수 있는 것이 아니라 하나씩 쌓아가야 하는 것이다. 그러나 학교 현장에서 '자신이 공부를 하지 않아서 성적이 낮은 것이지 언제든지 마음만 먹으면 금방 성적을 올릴 수 있다.'는 착각을 하는 학생들을 자주 만나게 된다.

이같은 학생들은 자신의 능력을 믿는 경우가 많은데, 이들에게 성적은 복권이 당첨되듯이 노력한다고 하루아침에 확 오를 수 있는 것이 아니라 하나씩 해당 학년에 해야 할 학습이 쌓아짐에 따라 상승하는 것임을 깨우쳐 주는 것이 중요하다.

3) 취사선택과 조직화

기억의 간섭에 의한 망각을 막기 위해서는 기억할 정보를 취사선택해야 한다. 즉 쓸데 없는 것을 기억하지 않아야 더 필요한 것을 기억할 수 있다는 것이다.

취사선택을 위해서는 그 정보가 기억해야 할 것인지 기억하지 않아도 될 것인지 구분을 잘해야 한다. 무엇이 중요한 것인지를 알아야 취사선택이 가능하다.

취사선택이 되었다면 더욱 중요한 것은 기억해야 할 것을 '정리'하는 것이다.

우리의 뇌는 책장과 같이 많은 정보를 분류, 정리해서 기억하면 더욱 강하게 흔적을 남긴다. 이와 같은 책장을 관계틀(frame of reference)이라 부르는데, 기억력이 좋은 사람은 이 관계틀의 정리가 분명한 사람이라고 할 수 있다.

정보를 저장할 때 정리가 잘되면 인출할 때에도 단서가 확실하여 쉽게 꺼내어 쓸 수 있다. 마구 집어넣는 것보다 정리해서 저장할 때 시간이 걸리지만 꺼내어 쓸 때 빨리 할 수 있기 때문에 필요할 때 찾지 못하는 시간낭비를 생각해보면 저장할 때 정리하는 것이 훨씬 이익이 된다는 것을 잊지 말자.

4) 기억을 잘하기 위한 마음가짐

위에서 살펴본 바와 같이 기억을 잘하기 위해서는 기억재료를 주기적으로 반복하고 취사선택하여 정교화하고 조직화해야 한다. 하지만 우리가 명심해야 할 것은 기억을 못하는 이유가 기억력의 좋고 나쁨이라기보다 기억하고자 하는 마음가짐에 있다는 것이다.

기억재료에 대한 흥미를 가지면 주의하여 관찰하게 되고 기억하겠다는 의욕을 높이게 된다. 또한 기억해야 할 것이 중요하다고 생각하면 기억이 더욱 잘된다.

반면에 불안이 심하면 기억이 잘 나지 않는다. 특히 시험에 대한 불안이 심하면 시험이 쉽다고 하더라도 머릿속에 저장해 놓은 것들을 인출하는데 실패하기 쉽다.

대뇌변연계에 위치한 편도체와 해마의 관계에 따라 긍정적인 마음은 기억력을 향상시키고 기억하고 싶다는 마음가짐이 기억의 성과를 좌우한다.

Ⅲ. 기억력을 높여주는 기억 기술

이제 위의 기억전략을 바탕으로 하여 학습에서 기억력을 높여주는 기억의 기술들을 알아보겠다.

1) 목차를 활용한 주기적 반복학습

에빙하우스의 망각곡선에서 살펴본 바와 같이 장기기억을 하기 위해서는 주기적인 반복학습(분산학습)이 필수요소인데, 이 때 목차를 활용하여 반복하는 것이 효과적이다.

목차는 대단원, 중단원, 소단원으로 구성되며 그 자체가 구조화된 틀을 가지고 있다. 따라서 목차를 활용하여 반복학습을 하면 반복 뿐 아니라 분류, 정리하는 조직화도 한 번에 할 수 있는 큰 장점이 있다.

예를 들어 하나의 대단원이 중단원 3개로 구성되고 중단원 하나가 소단원 2~3개로 구성되었다고 가정할 경우, 소단원 2~3개의 학습이 끝나면 중단원 단위의 복습을 하고 이러한 과정으로 중단원 3개의 학습이 끝나면 대단원 단위의 복습을 하는 것이다.

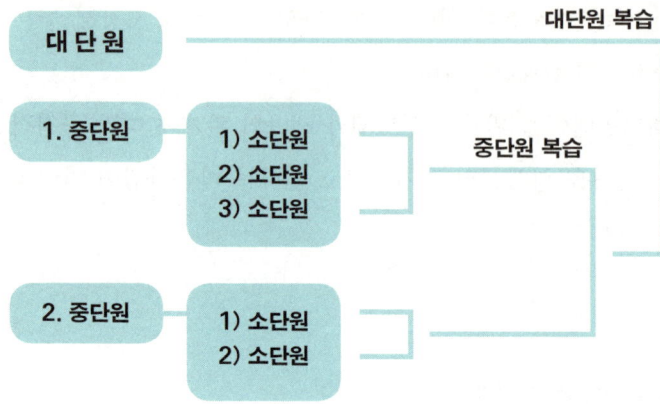

2) 관련짓기 방법들

기억재료를 연상하기 쉽도록 각종 관계를 부여하는 방법이다

① **두음(첫문자)기법 또는 약자법**: 기억해야 할 내용들을 단어나 문장
으로 만드는 것으로 조선시대 왕의 순서 '태정태세 문단세'가 대
표적 예이다.

② **운율법**: 노래가사로 만들어 기억하면 멜로디와 함께 기억하므로
좀 더 쉽다. 알파벳을 알파벳 송으로 기억한 것을 생각하면 이
방법이 쉽게 기억되고 잘 잊어버리지 않는 방법임을 알 수 있다.

③ **청킹(chunking)**: 여러 개의 기억해야 할 내용들을 단기기억의
용량 7±2 단위로 의미덩어리(chunk)를 만들어 기억하면 기억
이 훨씬 쉬워진다.

④ **이미지(심상화)**: 구체적인 사물의 이미지를 기억단서로 활용하는
방법으로 그림으로 그려서 기억하면 더욱 쉽게 기억할 수 있다.

3) 마인드맵을 활용한 조직화

기억해야 할 것들을 '분류, 정리'하는 조직화에 유용한 도구가 마인드맵이다. 지식, 정보, 생각, 느낌 등(마인드, mind)을 색, 이미지, 기호를 활용하여 방사상 구조로 표현한 '생각의 지도(map)'인 마인드맵은 개념간의 공간적 연결을 보여줌으로써 이해가 완성된 개념을 기억하기 쉽게 바꿔주는 역할을 한다.

마인드맵은 위계적인 구조로 이루어져 있기 때문에 관계틀(frame of reference)을 쉽게 만들어주고 각 키워드들 간의 상대적 중요도가 뚜렷하게 나타나므로 기억하기 쉬워진다.

위에서 설명한 목차를 활용한 반복학습을 할 때 마인드맵을 함께 활용하면 더욱 효과적이다. 목차를 마인드맵으로 그려서 머릿속에 틀을 만들어 놓은 후에 그 내용을 정리해서 그 틀 안에 넣음으로써 마인드맵을 확장시켜 나가는 것이다.

08

독해력을 키우는 읽기와 쓰기기술

Ⅰ. 독해력을 키우는 읽기 기술

이해(理解)의 사전적 의미는 '깨달아 알아서 받아들임'이다.

글을 읽고 그 내용을 이해하는 독해력(讀解力)은 학습의 중요한 기초 능력이며, 학습 성취도와도 밀접한 관계가 있다.

글을 읽고 이해한다는 것은 주어진 글을 단서로 하여 이해자의 기억 속에 있는 지식을 활성화시키고 문장들 간의 그리고 단락간의 의미적 연결을 파악하여 글 전체적으로 통일성 있고 응집성 있는 의미를 만들어내는 것이라고 할 수 있다.

이 때 '응집성'이란 글의 내용들이 어떻게 잘 연결되어 하나의 전체 주제를 중심으로 연결성 있고 통일된 내용으로 표현될 수 있는가를 의미한다.

글을 읽고 내용을 이해하는 것은 다음과 같이 단계별로 진행된다.

1. 읽기를 통한 이해의 단계

1) 단어 이해

전체적 내용을 이해하는데 기초가 된다. 따라서 글을 읽다가 모르는 단어가 나오면 사전을 이용해서 그 단어의 의미를 꼭 이해해야 한다.

2) 사실적 이해

객관적이고 기본적인 읽기 활동으로서 글의 내용을 사실 그대로 이해하고 의미화 하는 것이다.

3) 추론적 이해

사실적 이해를 기초로 하여 인과관계, 결론 및 의도를 추론하는 등 보다 발전된 정보를 창조적으로 구성해 내는 것이다. 학업성적이 높은 집단과 낮은 집단을 비교하면 사실적 이해 능력 보다 추론적 이해 능력에 있어 현저한 차이를 보이는 것을 볼 때 추론적 이해능력이 독해력에 미치는 영향이 큰 것을 알 수 있다.

4) 평가적 이해

지식, 경험 및 가치체계 등의 근거를 중심으로 읽은 내용의 정확성, 저자의 의도 및 정보의 유용성 등을 판단하는 것을 말한다.

5) 감성적 이해

읽은 내용에 대한 정서적 측면에 대한 반응으로서 자신의 관점에서 해석, 동일시 및 미적 가치의 내면화 등이 이루어진다.

2. SQ3R 전략

SQ3R전략은 1970년대 로빈슨(Robinson)이 효과적 읽기와 기억을 위해 제안한 방법으로 가장 오랫동안 광범위하게 사용되고 있다. 이 방법은 전체를 먼저 보고 그 구성을 파악한 후에 부분으로 들어가 읽음으로써 본 내용을 읽기에 앞서 무엇을 파악해야 하는가를 알게 해준다.

지금부터 교과서 읽기를 통해 SQ3R전략을 단계별로 살펴보기로 하자.

1) Survey(개관)

먼저 전체 목차와 학습목표를 보고 읽어야 할 내용의 주제와 구성이 어떻게 되어 있는지 파악한다. 제목과 굵은 글씨로 표현되어 있는 것들을 훑어 읽기로 본다.

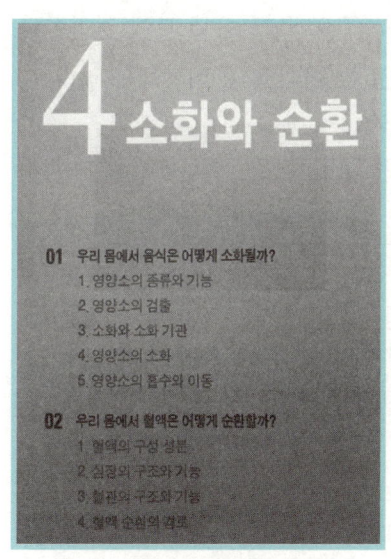

〈중2 과학교과서 목차의 예〉
비상교육 중2과학(2012)

〈학습목표의 예〉

2) Question(질문)

읽을 내용의 학습목표와 제목에 대해 스스로 질문을 해본다. 그와 관련하여 얼마나 알고 있는지 기존지식을 확인해보고, 궁금하거나 모르는 부분을 표시한다.

3) Read(읽기)

이때 읽기는 뜻을 새겨 가며 자세히 읽는 정독(精讀, Intensive Reading)을 말하는 것으로 내용을 정확하게 파악하기 위해 읽는 것이다. 속도가 중요한 것이 아니라 내용을 파악하는 것이 중요하므로 대충 읽어서는 안 된다.

정독을 할 때에는 기호를 사용하는 것이 효과적인데, 핵심어와 핵심내용에 표시를 하면서 읽고 요점과 주요개념들을 노트에 정리한다. 이 때 그림이나 도표도 지나치지 말고 그 의미를 잘 이해해야 한다.

키워드(개념목차)	☐
핵심문장(개념정리)	──
모르는 단어(개념어휘)	◯
접속사	△

〈정독 기호〉

학습은 새로운 개념을 획득해 가는 과정이라고 할 수 있기 때문에 정독을 통해 개념을 파악하고 정리하는 것이 중요하다.

다음은 중2 과학교과서의 일부분을 정독기호를 사용하여 정독하고 개념을 정리한 예이다. 눈으로만 내용을 읽는 것에 비해 이와 같이 정독하고 개념을 정리하면 그 내용을 더욱 깊이 이해할 수 있다.

다음 사례에서 보는 것처럼 그림이나 도표가 중요한 경우에는 정리할 때 그림이나 도표를 함께 첨부하는 것이 좋다.

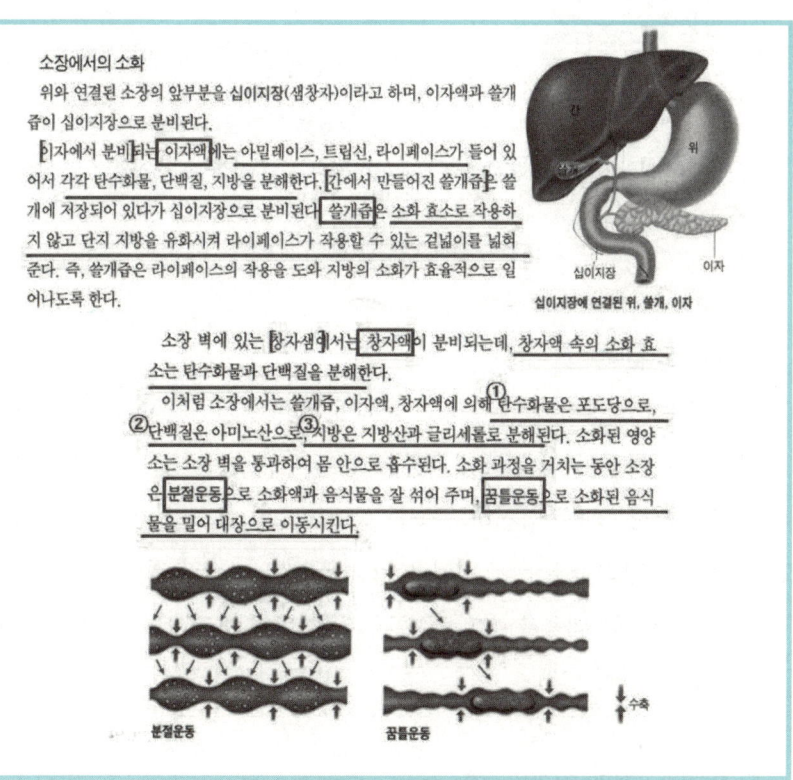

〈중2 과학교과서 정독의 예〉
비상교육 중2과학(2012)

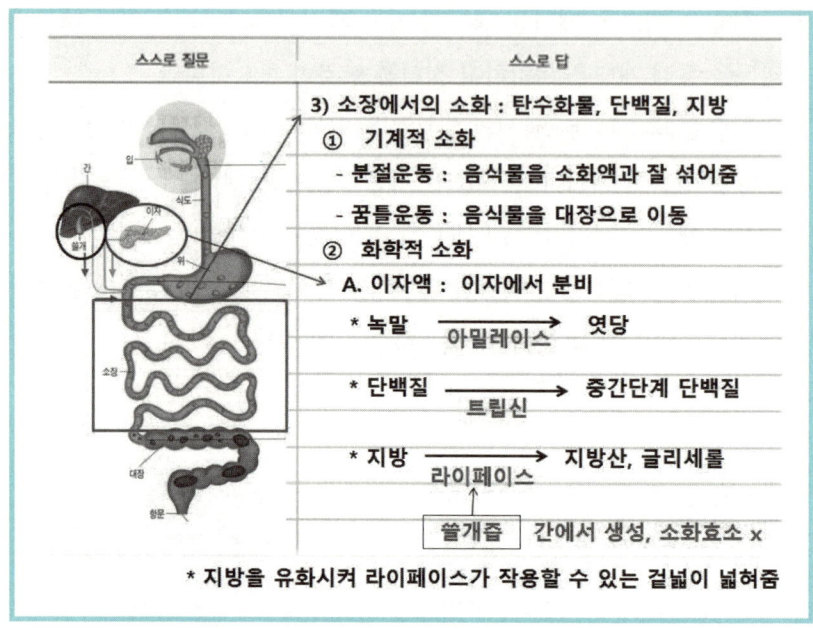

스스로 질문	스스로 답

3) 소장에서의 소화 : 탄수화물, 단백질, 지방

① 기계적 소화

　- 분절운동 : 음식물을 소화액과 잘 섞어줌

　- 꿈틀운동 : 음식물을 대장으로 이동

② 화학적 소화

　A. 이자액 : 이자에서 분비

　　* 녹말 ──아밀레이스──→ 엿당

　　* 단백질 ──트립신──→ 중간단계 단백질

　　* 지방 ──라이페이스──→ 지방산, 글리세롤

　　　쓸개즙 | 간에서 생성, 소화효소 x

* 지방을 유화시켜 라이페이스가 작용할 수 있는 겉넓이 넓혀줌

〈정독 후에 개념을 정리한 예〉

4) Recite(암송)

글을 읽고 정리한 내용을 말로 해보거나 써가면서 확인한다. 다른 사람에게 자신이 정리한 내용을 설명해 보는 것은 그것에 대해 완벽하게 이해했는지를 점검하는 좋은 방법이다.

개념을 정리한 노트에 빈칸을 만들어 채우는 빈칸 정리를 해보거나 노트에 정리한 내용을 기억하고 난 후 노트를 보지 않고 백지에 써보는 것도 효과적이다.

5) Review(점검, 정리)

읽은 내용을 종합정리 하는 단계로 마인드맵을 통해 조직화 해보고 학습목표에 답해본다. 스스로 문제를 내고 풀어보는 것도 좋다.

위의 SQ3R 전략에서 전체를 관찰하는 Survey(개관)와 Question(질문)은 예습하는 읽기 과정이라 할 수 있다. 숲을 보고 나무보기로 들어가는 것이다.

Read(정독), Recite(암송), Review(점검, 정리)는 복습하는 읽기로서 이 과정을 통해 중요한 것을 취사선택하고 선택한 내용들을 재구성하며 요약할 수 있다.

Ⅱ. 재구성하여 정리하는 쓰기 기술

SQ3R 전략에서도 볼 수 있듯이 '읽기'를 통해 알게 된 내용들은 '쓰기'를 통해 정리하는 과정이 필요하다.

우리의 뇌는 입력 - 저장 - 인출의 과정으로 정보를 처리하는데, 읽은 내용들을 재구성하여 적는 노트정리는 기억의 수단이자 인출단서를 남기는 중요한 행동이다.

지식으로 남는 기억은 서술기억(declarative memory)으로서 사실에 관한 기억인 의미기억(semantic memory)과 경험을 기억하는 일화기억(episodic memory)으로 구분된다.

의미기억은 반복하지 않으면 쉽게 잊혀지는 반면 경험한 사실에 관한 기억인 일화기억은 의미기억에 비해 잘 잊혀지지 않는다.

읽은 내용을 재구성하여 정리하는 '쓰기'활동을 통해 의미기억을 일화기억으로 변화시킴으로써 그 내용을 기억하기 쉬어지므로 쓰기 자체가 기억의 과정이며 기억의 단서를 제공하는 중요한 수단이 되는 것이다.

1. 노트정리 기술

노트정리를 하기 위해서는 읽은 내용을 먼저 '구분'할 수 있어야 한다. 기록해야 할 것과 하지 않아도 될 것을 구분하는 것이다.

학습의 원리에서 살펴본 바와 같이 저장과 인출의 과정에서 정보의 정리정돈은 중요한 역할을 하는데, 구분하는 것부터 정보의 정리정돈이 시작되며 이러한 구분을 잘해야 효과적으로 반복할 수 있다.

노트정리는 정독 후에 이루어지는데, 읽은 내용을 정리할 때 먼저 인출단서를 만드는 것이 중요하다. 인출단서란 읽은 내용을 떠올리기 위한 단서로서 주요개념이 인출단서가 될 경우가 많다. 그러나 반드시 주요개념이 인출단서가 되는 것은 아니며 읽은 내용을 기억하고 인출하기 쉽도록 자신만의 단어나 문구로 만들어도 좋다.

정독기호를 사용하여 주요개념과 그 내용에 표시를 하며 읽으면 정리하기가 수월하다.

노트정리를 할 때에는 원래의 설명을 그대로 적는 것이 아니라 내용을 확실히 알고 난 후 자신만의 부호나 줄임말에 따라 줄여 쓰는 것이 필요하다. 부호나 줄임말을 쓰면 정리시간을 줄일 수 있고 능률 또한 높일 수 있다.

이해하기 쉽고 알아보기 쉽도록 중요한 문장을 중심으로 문장을 재구성 하는 것도 중요하다. 문장을 재구성하기 위해서는 핵심내용을 파악해야 하며 중요하지 않은 부분이나 되풀이되는 내용들은 빼고 중심내용만 요약할 수 있어야 한다.

2. 코넬식 학습노트

코넬 노트법은 미국 코넬 대학교 교수인 월터 포크(Walter Pauk)에 의해 개발된 방법으로서 세계 각국의 많은 학교에서 활용하고 있다.

이 방법은 다양한 장점을 갖고 있는데, 내용을 한눈에 알아볼 수 있고 제목영역, 키워드영역, 정리영역, 요약영역 등으로 분리되어 있어서 체계적으로 정리하고 조직화하는데 도움을 준다.

제목영역: 단원명, 학습목표	
키워드 영역 (인출단서): 중심개념	정리영역: 학습내용
요약영역: 핵심내용 재구성	

〈코넬 노트 작성법〉

코넬 노트를 작성할 때 제목영역에는 단원명과 학습목표를 적고, 키워드 영역엔 인출단서가 되는 중심개념을 , 정리영역에는 학습내용을 적고 나서 전체 학습내용의 핵심을 재구성하여 요약영역에 적는다.

두뇌가 좋아하는 그림
마인드맵 활용법

Ⅰ. 마인드맵의 특징

마인드맵은 1970년대 미국 캘리포니아 대학의 로저 스페리 박사의 대뇌피질의 두 반구의 기능이 서로 다르다는 두뇌 이론에 기초한 것으로서 영국의 심리학자인 토니 부잔에 의해 창안된 좌우 뇌 담당 기능의 통합을 통한 창의력과 사고력 신장을 위해 고안된 방법이다.

토니 부잔의 설명에 따르면 우리가 생각하고 기억하고 그리고 정보를 정리하고 나누는 일을 돕는 두뇌가 좋아하는 그림이다. 다시 말하면 지식, 정보, 생각, 느낌 등(마인드, mind)을 색, 이미지, 기호를 활용하여 방사상 구조로 표현한 '생각의 지도(map)'이다.

1. 마인드맵의 원리

마인드맵은 언어적, 분석적, 이성적인 좌뇌의 기능과 이미지, 비언어적, 공간적, 예술적인 우뇌의 기능을 함께 활용한다. 즉, 대뇌 신피질의 전 기능을 최대한 활용하는 것이다.

자신이 생각하는 중심 주제를 정해 거미줄처럼 사방으로 뻗어나가는 방사상 구조로 입체적인 사고를 표현하는데 이것은 뇌 속의 뉴런이 신호를 교류하는 패턴과 같다.

좌뇌의 기능으로 요소간의 관계를 파악하고 분석, 통합하여 조직화하며 우뇌의 기능인 이미지 사고로 연상 결합 능력을 향상시킨다.

2. 마인드맵의 작성방법

① 백지와 여러 가지 색깔 펜을 준비한다.

② 준비된 종이를 가로로 놓고 중앙에 중심 주제를 적는다. 중심 주제나 제목은 글이나 이미지로 표현한다.

③ 중심 주제에서 가지를 뻗어 1단계 가지(주가지)를 그린다. 각 가지들을 비슷한 길이로 하면 각 가지의 설명이 보다 명확하게 보인다.

④ 1단계 가지(주가지)에서 다시 하위가지(부가지)를 만들어 간다. 하위 주제는 앞의 주제를 더운 세분화한 것으로 서로 관련을 가지면서 연결된다.

3. 마인드맵의 작성규칙

① 하나의 가지에는 하나의 단어나 이미지를 사용한다.

② 가지의 굵기는 중심 주제에서 멀어질수록 가늘게 그린다.

③ 가지선은 주제별로 같은 색깔을 사용한다.

④ 공간을 적절하게 두고 한쪽으로 몰리지 않도록 보기 좋게 가지들을 배치한다.

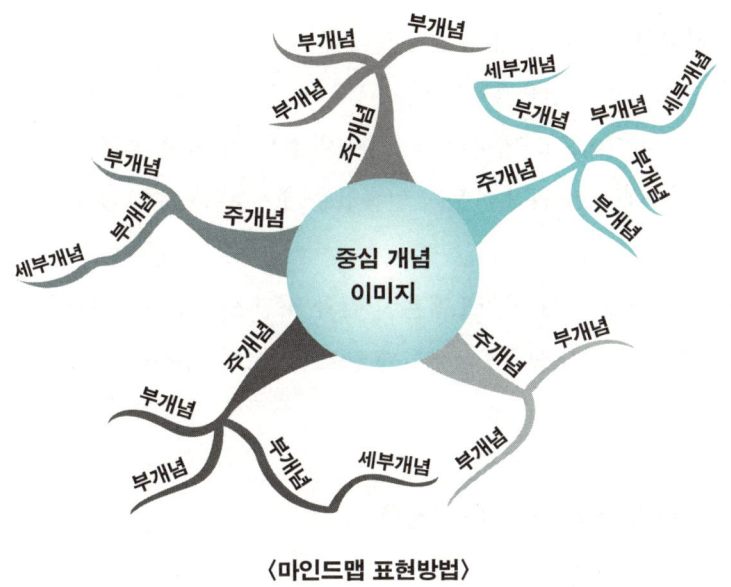

〈마인드맵 표현방법〉

4. 마인드맵의 장점

마인드맵은 좌뇌와 우뇌를 자연스럽게 골고루 활용하게 함으로써 두 뇌의 능력을 최대한 발휘하게 할 뿐만 아니라 방사구조로 입체적 사고를 도와주므로 창의력과 종합적 사고력을 키워준다.

요소간의 관계를 파악하고 분석, 통합하여 조직화하기에 쉽고 연상결합 능력을 향상시켜 주기 때문에 효과적인 복습수단이 된다. 마인드맵이 개념간의 공간적 연결을 보여줌으로써 이해가 완성된 개념을 기억하기 쉽게 바꿔주는 역할을 하는 것이다.

위계적 조직화로 이루어져 각 키워드들 간의 상대적 중요도가 뚜렷하게 나타나므로 기억하기 쉬워진다.

또한 한 장의 종이에 전체 내용을 일목요연하게 볼 수 있어서 큰 틀에서 전체를 보는 안목을 기를 수 있는데, 즉 숲을 보면서 나무를 보는 사고를 가능하게 하는 것이다.

한눈에 전체 그림을 볼 수 있고 생각을 쉽게 확장시켜 나갈 수 있어다양한 아이디어를 반영하게 되고, 빠진 것은 언제라도 가지 하나를 쳐서 그 위에 적으면 되기 때문에 빈틈없는 체계를 잡을 수 있다는 장점이있다.

노트 필기에 비해 마인드맵은 공간과 시간활용에 있어 훨씬 절약할수 있으며, 문장이 아니라 핵심어를 강조함으로써 집중이 잘 된다.

Ⅱ. 마인드맵의 활용(1) - 계획

1. 진로계획에서의 활용

진로계획에서 꿈을 찾는 것은 필수적인 부분인데, 꿈(비전)을 찾는데있어 학생들은 그 과정을 어려워하거나 막연하게 생각하는 경우가 많다.

이 때 다양한 생각을 하며 구체적으로 그려볼 수 있도록 마인드맵을활용하면 좋다.

자기 탐색의 단계에서는 나에 대한 분석을, 비전을 세울 때는 '어떤 사람이 되어 어떤 일을 하며 어떻게 살 것인가'에 대한 질문을 마인드맵으로 표현할 수 있으며, 직업에 대한 정보탐색, 꿈을 이루기 위한 구체적인준비과정 등 진로교육에 있어 단계별로 다양하게 마인드맵을 활용할 수있다.

자기 탐색, 직업정보 탐색, 진학정보 탐색, 비전설정 등 진로계획 단계별로 그려진 마인드맵을 한 장에 모아서 다시 큰 범위의 마인드맵을 그리면 진로 로드맵이 만들어진다.

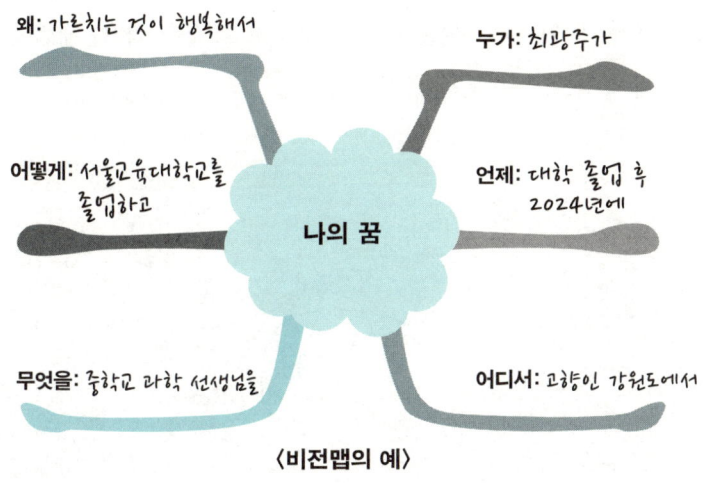

왜: 가르치는 것이 행복해서

누가: 최광주가

어떻게: 서울교육대학교를 졸업하고

언제: 대학 졸업 후 2024년에

나의 꿈

무엇을: 중학교 과학 선생님을

어디서: 고향인 강원도에서

〈비전맵의 예〉

2. 학습계획에서의 활용

학습에 있어 시간 관리는 대단히 중요한 부분이지만, 학습계획을 세우는 것은 많은 학생들이 어려워하는 부분이기도 하다.

학습계획을 세울 때 마인드맵을 사용하면 쉽게 이해하고 재미있게 세울 수 있게 된다. 이 때 마인드맵을 사용하는 방법도 여러 가지인데, 월간, 주간, 일일계획에 이르는 3단계계획을 마인드맵으로 표현할 수 있고, 과목별 학습해야 할 내용들을 마인드맵으로 정리하여 계획할 수 있다.

특히 시험대비 학습계획을 세울 때는 학습해야 할 내용을 주어진 시간에 배분하여 실천하는 것이 더욱 중요하다.

이를 위해서 예상 시험범위에 따른 총 학습량을 파악하는 것으로부터 시험대비 학습계획이 시작되는데, 이 때 한 장의 마인드맵에 전과목 시험범위를 표현하면 한 눈에 시험범위를 볼 수 있고 시간을 배분하기에 용이하여 효과적이다.

이외에 방학계획을 세울 때에도 마인드맵이 유용하게 쓰인다. 방학 동안에 해야 할 일과 하고 싶은 일을 구분하고 그것을 학습, 체험활동, 봉사활동, 독서 등으로 세분하여 계획한다.

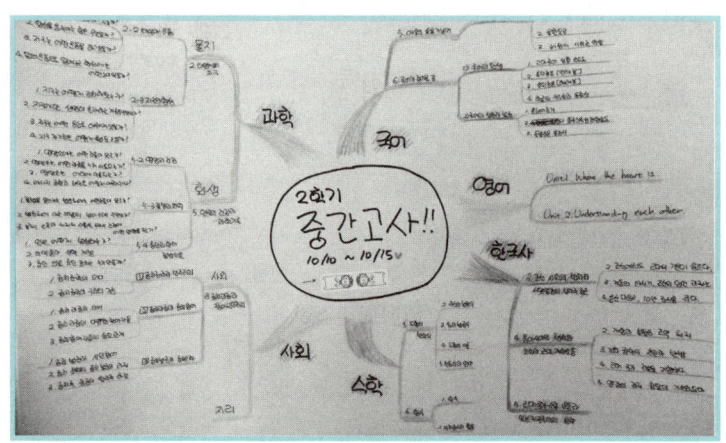

〈시험범위 마인드맵의 예〉

Ⅲ. 마인드맵의 활용(2) - 예습, 복습

우리 뇌 속에서 단기 기억을 장기기억으로 저장할 때 기존지식과 관련짓는 정교화와 함께 조직화 과정이 필요하다. 저장할 때 인출단서를 만들어야 인출할 때 편하게 꺼내어 쓸 수 있기 때문이다.

이러한 과정에서 마인드맵은 요소간의 관계를 파악하고 분석, 통합할 뿐 아니라 연상결합 능력을 향상시켜 주기 때문에 위계적 조직화에 중요한 역할을 한다.

따라서 마인드맵을 학습에 어떻게 활용하느냐가 효율적 학습에 큰 도움을 주게 된다.

1. 마인드맵을 활용한 예습

예습의 목표는 배울 내용에 대한 핵심(중요한 것)을 찾아봄으로써 수업에 대한 흥미와 관심을 갖는데 있다. 따라서 예습할 때 목차 마인드맵을 그려보면 미리 전체 목차를 살펴보고 단원의 구조를 파악하는데 큰 도움이 된다.

대단원을 중심에 놓은 후에 중단원을 주가지에, 소단원을 세부가지에 배치하고 세부가지에 소단원별 학습목표를 적어주면 단원의 구조가 한눈에 보이고 핵심을 찾기가 쉽다.

이렇게 목차를 마인드맵으로 그려본 후에 교과서 훑어 읽기를 하면 효과적인 예습을 할 수 있다.

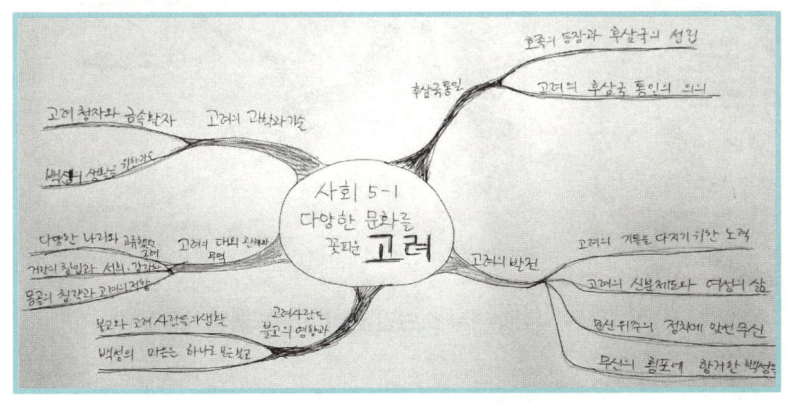

〈초등 사회교과서 목차 마인드맵의 예〉

2. 마인드맵을 활용한 복습

교과서 정독을 하며 개념을 정리한 후 마인드맵을 활용하여 조직화한다. 교과서 내용을 다양한 방법으로 정리할 수 있는데, 이미지를 결합하면 더욱 기억하기 쉽다.

예습-수업-복습과정을 통해 완전학습을 하고 나서 이것을 확인, 점검하는 수단으로 마인드맵을 활용한다. 복습한 내용들을 교과서나 노트를 보지 않고 마인드맵으로 표현하다보면 학습이 완전하게 되지 않은 부분이 드러나며, 그 취약한 부분을 다시 학습하여 보완하는 것이다.

특히 시험을 앞두고 총정리 할 때 시험범위와 내용에 대한 마인드맵을 그리며 점검하면 취약부분을 빨리 파악할 수 있어 효과적이다.

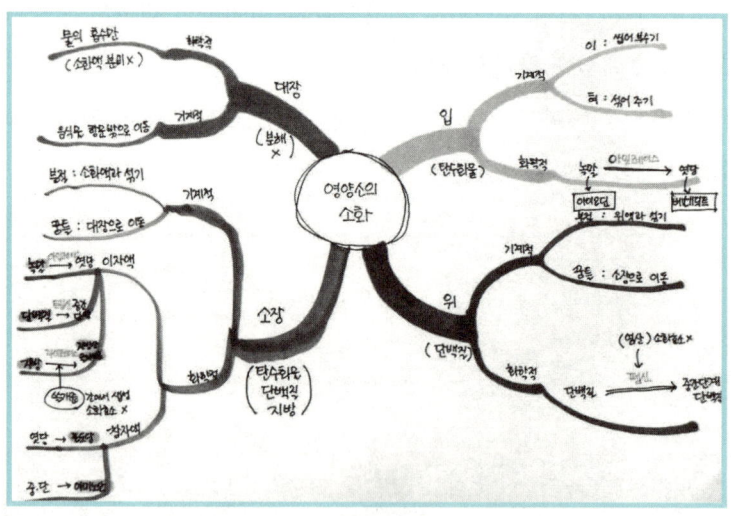

〈중등 과학교과서 소단원 정리 마인드맵의 예〉

10

오감활용 학습법

Ⅰ. 카드 학습법

1946년 에드거 데일이 만든 경험 역삼각형을 기초로 브로스 하일랜드가 고안한 학습 역삼각형에 따르면 무엇인가를 배우고 나서 2주 후에 우리가 기억하는 정도는 학습 방법에 큰 영향을 받는다.

우리가 읽은 것은 10%, 들은 것은 20%, 본 것은 30%를 기억할 수 있고, 영상이나 실제상황을 통해 보고 들은 것은 50% 정도 기억이 가능하다. 이에 비해 이야기나 토론을 통해 말한 것은 70%를 기억할 수 있고, 실제경험이나 시뮬레이션, 역할극을 통해 말하고 행동한 것은 90% 이상 기억이 가능하다는 것이다.

이처럼 정보를 입력할 때 여러 가지 감각의 자극이 어우러질수록 더욱 기억이 잘되는 것을 알 수 있다.

카드를 이용해서 학습하게 되면 카드를 손으로 잡고 한 장씩 넘기면서 외우므로 손(촉각)을 자극하게 되고 카드 한 장을 집중해서 보게 되므로 눈(시각)을 자극한다. 보면서 카드에 적힌 내용을 소리 내어 읽으면 입이 자극되며 동시에 자신의 목소리를 듣게 되기 때문에 귀(청각)도 자극할 수 있어서 다양한 감각을 자극하며 기억을 강화한다.

1. 학습카드 만들기

학습카드를 만들 때는 '구분'이 가장 중요하다.

양면을 이용하여 한 쪽에는 외울 대상, 다른 쪽은 뜻이나 설명을 적는다. 영단어의 경우 앞면에는 영단어, 뒷면에는 한글 뜻과 예문을 적고, 공식이나 개념카드를 만들 때는 개념을 앞면에, 뒷면에 그 설명을 적는 것이다.

이 때 학습카드는 글자를 크게 써도 충분할 만큼 적당한 크기를 사용하고, 한 장의 카드에는 외울 내용을 한 가지만 적는 것이 좋다.

adventure

〈영단어 암기카드의 예 - 앞면〉

[ədˈventʃə(r)]
1. 모험
2. 모험심

〈영단어 암기카드의 예 - 뒷면〉

퀴즈와 같이 한 면에는 답, 다른 면에는 답을 얻기 위한 문제를 적으면 게임처럼 외울 수 있으며, 교과서를 그냥 한 번 더 읽는 것보다 퀴즈 형식으로 답을 떠올려가면서 복습하면 에피소드 기억이 되어 더 강하게 기억에 남는다.

카드에는 주로 학습문제, 학습목표와 관련 있는 내용, 수업 시간에 선생님이 강조하신 내용, 교과서에 진한 글씨나 밑줄로 강조된 내용을 적고, 이해하지 못한 것이나 암기하지 못한 것을 구분하여 카드로 만든다.

Q. 이산화탄소가
화합물인 이유는?

A. 2가지 이상의
원소(탄소, 산소)로 이루어진
물질이기 때문에

〈퀴즈형 암기카드의 예 – 앞면〉　　〈퀴즈형 암기카드의 예 – 뒷면〉

2. 카드를 활용한 암기

학습카드를 만들 때 중요한 것이 '구분'이었다면 카드를 이용해 암기할 때는 '반복'이 중요하다. 누적반복, 주기적 반복이 함께 이루어지는 것이다.

카드를 활용하여 암기하는 것은 지루함을 극복해야 하는 암기를 게임처럼 즐길 수 있는 좋은 방법이다.

학습카드 묶음을 한 손에 모아들고 카드 앞면의 내용을 보고 테스트를 하면서 내용의 뜻이나 설명이 기억난 카드와 기억나지 않는 단어카드를 분리해서 내려놓는데, 기억이 난 카드는 오른쪽에 놓고 기억이 나지 않은 카드는 왼쪽에 내려놓는 것이다.

기억한 것과 기억하지 못한 것을 구분해놓았다면 기억하지 못한 카드를 다시 들고서 암기한다. 암기가 다 되었으면 그 카드들을 무작위로 섞어서 다시 손에 들고 이전과 같은 방법으로 테스트하여 구분한다. 이 과정을 모든 카드가 기억될 때까지 반복하는 것이다. 이 때 스탑워치(stop watch)를 사용하여 시간을 정해놓고 하면 더욱 집중할 수 있다.

앞면을 보고 암기했다면 같은 방법으로 뒷면을 보고 암기하도록 하고, 자신의 목소리를 들을 수 있도록 암기할 내용을 읽으면서 하는 것이 효과적이다.

3. 카드 학습법의 장점

여러 가지 감각을 활용하여 학습하기 때문에 기억이 잘 되는 것 외에도 카드 학습법은 많은 장점을 가지고 있다.

① 암기할 때 외워야 할 것과 외우지 않아도 되는 것을 구분하여야 모르는 것에 시간을 투자하고 아는 것에 소비하는 시간을 줄일 수 있다. 카드를 활용하여 암기하면 테스트를 통해 바로 카드를 구분하기 때문에 모르는 내용과 아는 내용을 구분하기 쉬우며 모르는 것에만 집중할 수 있어서 학습 효율을 높이고 시간을 절약할 수 있다.

② 카드를 직접 만들고 활용하며 자기주도 학습 습관을 기른다. 스스로 학습내용을 선택하여 카드를 만들게 되므로 자기 주도성이 키워지고, 이미 학습카드를 만들 때부터 자신이 외워야할 것과 중요한 것을 파악하는 능력도 키워진다.

카드를 학생이 스스로 직접 만들기 위해서는 학교수업 중에 집중하여 중요한 부분에 관심을 가지고 메모를 하게 되고 스스로 만든 카드를 외우기 위해 노력하면서 자연스럽게 자기주도 학습 습관이 형성되는 것이다.

③ 카드는 책과 다르게 수북이 쌓이게 되고 쌓인 카드를 보면 자기가

학습한 양을 눈으로 확인할 수 있기 때문에 뿌듯함과 성취감을 느낀다. 또한 잘 외워지지 않은 카드는 그대로 남아있어서 남아있는 카드를 빨리 없애기 위해 스스로 반복하여 외우려고 하기 때문에 동기를 유발시키게 된다.

성취감은 내재적 동기를 부여하므로 공부를 즐겁게 할 수 있는 힘이 된다.

④ 암기할 양이나 시간으로 목표를 정해서 암기하다보면 자연스럽게 집중력이 향상된다. 혼자서 할 때는 스탑워치(stop watch)를 사용하여 목표시간을 정해서 하고, 그룹으로 하는 경우 목표를 정해서 함께 하면 서로 경쟁심을 자극해서 효과가 더욱 잘 나타난다.

⑤ 암기할 때 반복의 지루함을 느끼지 않고 게임처럼 즐겁게 할 수 있다. 배운 내용을 기억하기 위해서는 반복하지 않으면 안 된다. 하지만 이해가 되었으면 다 안다고 생각하고, 같은 내용을 여러 번 반복해야 하는 암기를 재미없다, 힘들다는 이유로 제대로 하지 않는 경우가 많다.

카드를 활용하여 암기하면 손을 계속 움직이고 입으로 말하며 하기 때문에 책을 보고 가만히 앉아서 하는 암기보다 활동적이고 재미를 느낄 수 있다.

예를 들어 수업시간에 학생들에게 학습한 내용에 대해 문제를 내서 카드에 적게 한 후에 그것을 한 곳에 모아 한 모둠이 문제카드를 하나씩 꺼내어 문제를 내고 다른 모둠이 답하도록 하여 모둠별 대항전을 할 경우, 수업시간에 더욱 집중하고 경쟁적 분위기가 더해져 수업분위기가 훨씬 활기차게 된다.

⑥ 카드는 휴대가 간편하기 때문에 휴대하고 다니면서 이동시간, 쉬는

시간과 같은 자투리 시간을 활용하기 쉽다.

시간 관리에 있어서 자투리 시간을 잘 활용하는 것이 중요한데, 짧은 시간동안 카드를 이용하여 학습하게 되면 자투리 시간을 효과적으로 보낼 수 있다.

II. 파트너 학습법

타고난 기질이나 성격에 따라 혼자서 공부하기를 어려워하는 학생들이 있다. 이를 테면 사교적이며 활발한 성격의 학생들은 친구들과 함께 어울리는 것을 좋아하는 반면, 조용한 곳에서 혼자서 공부하기를 어려워한다.

공부는 혼자 하는 것이라며 이들을 격려하기보다 누구와 함께 공부하는 파트너 학습법을 활용하는 것이 좋다.

파트너 학습법은 친구나 형제자매 또는 부모가 파트너가 되어 서로 묻고 답하며 학습하고 평가하는 학습방법이다.

파트너 학습법의 장점은 파트너와 함께 서로 질문하고 답하는 학습과정을 게임처럼 즐길 수 있어서 혼자서 책을 보며 공부하는 것에 비해 재미있다는 것이다.

모르는 것을 서로 가르쳐주다보면 더욱 이해가 잘된다. 배운 내용을 다른 사람에게 설명할 수 있을 때 그 내용을 완전히 아는 것이라고 할 수 있다. 서로 질문하고 답하는 과정은 표현력과 발표력 향상에 도움이 된다.

카드 학습법을 친구와 같이 하게 되면 파트너 학습이 될 수 있다. 각자 학습카드의 내용을 암기한 후에 서로 암기한 것을 평가해주는 것이다.

스스로 카드 앞면의 내용을 보고 뒷면의 답을 말하며 모르는 것과 아는 것을 구분하는 과정을 파트너와 함께 할 경우, 파트너가 앞면의 내용을 보여주면 내가 답을 말하고 파트너가 모르는 것과 아는 것을 구분한다.

또한 파트너와 학습하다보면 선의의 경쟁을 통해 서로에게 자극이 되어주기 때문에 집중력과 학습동기가 높아진다.

입시경쟁이 치열해지면서 학생들의 이기심이 보다 강해졌고 공동의 목표를 위해 서로 협력하는 행동은 더욱 찾아보기 어려워졌다. 그러나 파트너 학습은 서로의 완전학습을 위해 협력하는 과정을 통해 상대방을 배려하는 마음을 키우고 부족한 부분을 채워주는 나눔의 인성을 키우게 된다. 학습능력 뿐만 아니라 성품도 형성되는 것이다.

학습계획을 세웠지만 실행력이 부족하다면 학습 파트너와 서로 학습계획의 실천상황들을 점검해주는 것도 좋은 방법이다.

부모가 파트너가 되어줄 경우, 서로 질문하고 답하는 학습과정에만 충실하고 이외의 평가는 하지 않아야 파트너의 역할을 제대로 담당할 수 있다. 파트너가 되어서 질문하는 가운데 학생이 대답을 못할 경우, 왜 기억을 못하는지에 대한 질책을 하게 되면 학생의 학습을 도와주는 것이 아니라 오히려 방해하는 것이 되어버린다.

Ⅲ. 갤러리 워크(gallery walk) 학습법

공부는 책상 앞에 앉아서만 할 수 있는 것일까?

몸을 움직이기 좋아하고 한 곳에 가만히 앉아있는 것을 답답해하는 학생들은 책상 앞에 앉으면 얼마 지나지 않아 엉덩이가 들썩거리거나 앉아있더라도 손이나 발 등 신체일부를 계속 움직이게 된다.

부모나 교사는 이런 학생들에게 산만하다, 집중력이 없다며 그렇게 하면 공부가 되냐고 지적할 때가 많다.

학습컨설팅을 하다보면 이런 성향의 학생들을 종종 만나게 되는데, 그들은 오히려 호기심이 많고 남과 다른 창의적인 생각을 많이 할 수 있음에도 불구하고 한 곳에 가만히 앉아서 공부하기 어렵다는 이유 때문에 자신을 '공부에 재능이 없다.'라고 판단한다.

하지만, 가만히 책상 앞에 앉아서 하지 않아도 공부할 수 있는 방법이 있다.

갤러리 워크(gallery walk) 학습법은 마치 갤러리에서 그림을 감상하듯 학습하는 방법으로서 붙였다 떼는 것이 가능한 메모지(포스트잇)에 자신이 암기해야 할 내용들을 기록하여 학습카드를 만들어 공부방 벽에 그림을 전시하는 것처럼 붙여놓고 그것을 둘러보며 학습하는 것을 말한다.

벽에 붙여놓은 카드를 보면서 그 내용을 모션을 취해가며 말로 설명해보기도 하고 내용을 이미지로 연상해보는 것이다.

카드를 보고 그 내용에 대해 말로 설명하는 것에 성공할 때마다 학습카드를 떼어내는데, 벽에 붙어있는 카드가 다 없어지면 완전히 암기한 것이 된다.

〈갤러리 워크 학습법의 예 1〉

〈갤러리 워크 학습법의 예 2〉

다시 말하면 벽을 이용한 카드학습법이라고도 할 수 있다.

역사 과목의 경우 시대 순이나 연도순서로 붙여놓고 걸어가면서 붙여진 메모의 내용을 설명하면 시대흐름이나 사건의 순서를 더욱 기억하기 쉽다.

예를 들어 중학교 2학년 역사과목의 경우, 한국사와 세계사가 한 권의 교과서에 모두 담겨있다. 대단원 도입부분에 한국사와 세계사를 하나의 연대 그래프에 시대와 주요사건들을 담아 보여주고 있는데, 이 그래프를 벽을 이용해 순서대로 카드를 붙여놓고 걸어가면서 카드에 적혀있는 내용을 설명하면 연도순서는 물론 한국사와 세계사의 흐름을 통합적으로 이해하는데 도움이 많이 된다.

특히 역사과목은 집중 이수제 과목으로서 진도가 빨리 나가며 한 번에 공부해야 할 시험범위가 많기 때문에 학생들이 학습에 부담을 느끼는 경우가 많다.

시대별로 목차가 구성되어 있으므로 갤러리 워크 학습법을 이용하여 목차와 학습목표를 카드에 적어 벽에 붙여놓고 마치 박물관의 학예사가 설명해 주듯이 걸어 다니며 그 내용을 설명하면서 학습하면 재미있게 이해와 암기를 할 수 있다.

또한 과목별로 벽에 영역(zone)을 나누어 카드의 색깔도 영역별로 다르게 하여 붙여놓고 갤러리 워크 학습법으로 학습하여도 좋다.

학습컨설팅을 하면서 책상 앞에 앉아서 공부하는 것을 힘들어하기 때문에 자신은 공부에 재능이 없다고 생각하는 학생들을 만나면 그렇게 하지 않고서도 학습할 수 있음을 갤러리 워크 학습법을 통해 알려준다. 책상 앞에 가만히 앉아있지 않고 방안을 걸어 다니면서도 공부할 수 있다는 것에 학생들의 표정이 밝아지면서 갤러리 워크 학습법을 해보겠다는 의지를 표현한다.

어떤 학생은 창의력을 발휘하여 몸을 움직여가며 할 수 있는 자신만의 공부 방법을 개발하기도 한다.

그들은 자신에게 맞는 학습법을 찾지 못해서 공부를 못한 것이지 공부에 재능이 없는 것이 아니다. 자신에 대한 잘못된 생각을 바꿔주는 것이 우선이며 자신에게 맞는 학습법을 찾을 수 있도록 부모와 교사의 격려가 필요하다.

11

수업 미리보기, 예습

Ⅰ. 예습의 효과와 목표

학습의 원리에서 살펴본 바와 같이 예습, 수업, 복습, 평가의 4단계 과정을 통해 완전학습을 할 수 있다.

예습의 사전적 의미는 '앞으로 배울 것을 미리 익힘'으로서 곧 배우게 될 것을 익히는 것을 말한다. 한 학기 이상 앞서서 배울 것을 익히는 것이 아니라 다음 수업에 배울 내용을 미리 익히는 것이다. 즉 선행학습은 예습과 다르다는 말이다.

학생들이 예습을 어렵다고 느끼고 잘하지 않는 데에는 무리한 선행학습의 영향이 크다.

선행학습은 선생님에게 의존하는 경향이 많고, 학생들에게 수업의 내용을 다 알고 있다는 착각을 하게 만들어 오히려 수업시간에 집중과 이해를 방해하는 경우가 많다.

이러한 선행학습과는 달리 예습은 다음 수업의 내용을 미리 보는 것으로 학습의 '준비'단계라 할 수 있으며, 예습은 선생님의 도움 없이 학생 스스로 하는 것이기 때문에 자기 주도적으로 학습하는 힘을 키우는데 중요한 역할을 한다.

1. 예습의 효과

만약 우리가 새로운 곳으로 여행을 가게 된다면 아무 정보도 없이 낯선 곳을 여행하는 것보다 미리 지도를 찾아보고 각종 자료를 통해 그 곳에 대한 정보를 알고 나서 여행할 때 낯선 곳에서 더 풍성한 경험을 할 수 있을 것이다.

학습에 있어서도 이와 마찬가지로 수업시간에 배울 것을 미리 보고 간다면 수업시간이 더욱 풍성해 진다.

이와 같이 머릿속에 존재하는 사전지식이 새로운 내용을 이해하는데 도움이 되는 것은 스키마이론으로 설명할 수 있다.

스키마(schema)는 '기억 속에 체계적, 조직적으로 저장되어 있는 지식의 구조'를 의미하며 단순한 언어적 지식뿐만 아니라 이미 경험을 통해 획득한 세상 지식을 모두 포함하는 개념이다. 사람, 대상, 사건, 역할 등에 대해 있는 그대로 인지하고 기억하지 않으며 스키마를 통해서 주관성을 개입시킨다는 것이 스키마의 중요성이다.

기존에 가지고 있는 지식이 앞으로 학습하게 될 내용에 중요한 영향을 미치게 되는데, 어떤 새로운 정보가 기억 속에 새로운 자리를 마련하였거나 기존의 정보에 수용됨으로써 이해가 이루어지기 때문이다.

예습은 수업시간에 배울 내용을 미리 알고 가는 것이라기보다 수업을 하기 위한 준비를 하는 것으로서, 이미 배운 지식과 새로 배울 지식의 연관을 찾고 새로 배워야할 것이 무엇인지 아는 것이다.

예습을 하면 기존의 지식이 활성화돼 새로운 지식을 습득하기 쉬워지므로 학습 효과가 커질 수밖에 없다. 또 예습을 하면 무엇을 학습해야하는지 목표의식이 생겨 수업시간에 집중할 수 있다.

다음 날 배울 부분을 미리 살펴보거나 훑어보면 정확히 이해가지 않을 수 있지만 다음날 수업에서 선생님께 그 부분을 설명 들으면 이해력이 더 높아진다. 수업의 이해력이 높아지면 공부에도 흥미를 느끼게 되고, 수업 시간에 한눈을 팔거나 딴 짓을 하지도 않게 된다.

수업에 대한 이해도와 집중력이 높아지는 것뿐만 아니라 예습을 통해 얻을 수 있는 중요한 것은 성취감이다. 예습을 통해 수업내용에 대한 흥미를 갖고 수업시간에 목표한 지식을 얻게 되는 것은 학생에게 중요한 성공 경험인 것이다.

이런 성공 경험들이 쌓이면 자신감을 갖게 되고, 이렇게 쌓여진 자신감은 학습의 즐거움을 느끼게 해준다.

또한 예습은 학생 스스로 주도적으로 하는 것이므로 능동적 학습을 하게 되며, 지적 호기심을 갖게 하고 창의력을 키워준다.

예습을 하면서 우선 자신이 아는 것과 모르는 것을 구분하게 되는데, 모르는 것이 무엇인지 알면 수업시간에 그 부분에 집중할 수 있다. 예습은 스스로 생각을 해야 한다. 자신이 아는 내용인지 모르는 내용인지 끊임없이 머리를 쓰고 자신에게 질문을 던져봐야 하기 때문이다. 따라서 예습은 학습능력의 핵심인 생각하는 힘을 키워준다.

예습을 하고 나서 수업을 들으면 자기가 알아낸 부분은 반복할 수 있고 모르는 부분은 확실히 알 수 있게 된다. 따라서 예습을 하고 수업을 들은 후에 자기 생각과 선생님의 생각이 다른 부분을 확인하는 정도의 복습만 해도 내용들을 오랫동안 기억할 수 있는 것이다.

EBS 공부의 왕도 53회 '두뇌관리의 핵심, 예습과 복습' 편에서는 일반 고등학교 학생들을 대상으로 예습의 효과에 대한 실험을 했다. 1학년 비슷한 성적의 학생들을 36명 모아서 2학년 화학 수업을 듣게 했는데, 그중 반은 예습을 하지 않은 그룹, 반은 예습을 한 그룹으로 나누었다. 예습을 한 그룹을 다시 반으로 나눠 반은 수업 하루 전에 예습을 하게하고, 또 다른 반은 수업 5분 전에 예습을 하도록 한 후에 수업을 듣도록 하였다.

그 결과 예습을 하지 않은 그룹의 학생들은 2학년 화학 수업내용을 이해하지 못해서 졸거나 집중을 하지 못한 반면, 예습을 한 그룹의 학생들은 예습을 하지 않은 그룹의 학생들과 비교하여 수업시간에 집중을 잘했으며 특히 하루 전에 예습을 한 학생들은 예습하면서 몰랐던 부분을 선생님께서 설명해주시니까 이해가 잘되었다고 답하였다.

수업을 듣고 나서 2일 후와 일주일 후에 수업한 내용을 얼마나 기억하고 있는지 테스트를 해 보았는데, 예습을 한 그룹이 예습을 하지 않은 그룹보다 평균점수가 약간 높았고, 2일 후에 비해 일주일 후 테스트한 점수의 하락폭이 적었다. 예습을 한 그룹에서도 수업 5분전에 예습한 그룹에 비해서 하루 전에 예습한 그룹의 성적이 높아서 더 오랫동안 기억하는 것으로 나타났다.

실험결과로 볼 때, 예습을 하면 자신이 이미 가지고 있는 지식을 통해서 선생님의 수업을 받아들이기 때문에 오랫동안 기억할 수 있게 되고, 수업시간에 주의집중도 잘되며 예습하면서 궁금했던 것들을 선생님이 가르쳐주시는 정보가 해결해 주므로 수업을 듣는 동안 예습을 통해 형성해 놓은 지식과 선생님이 가르쳐주시는 정보가 지속적으로 상호작용을 하게 된다. 이처럼 기존 지식과 새로운 정보의 상호작용을 통해 기억된 정보들은 오랫동안 기억할 수 있는 강한 정보가 되는 것을 알 수 있다.

2. 예습의 목표

예습은 다음 수업 시간에 배울 내용을 미리 보면서 수업을 준비하는 것이다.

따라서 새로 배울 내용을 미리 이해하는 것보다는 이미 배운 것을 다시 정리해 놓는 것이 더 필요하다고 할 수 있다. 새로 배울 내용에 대해서 이해가 어려운 부분이 있다면 수업시간에 선생님의 설명을 듣고 이해하면 되는 것이고, 지금까지 배운 내용 중에 새로 배울 내용과 연관된 개념을 정리하는 것이 예습에서 중요하다.

예를 들어 다음 수업시간에 상태의 변화에 대해 배운다면 예습할 때 융해, 액화, 기화 등의 개념을 이해하려고 하기보다 물질의 상태에 대해 이미 배운 것을 정리하는 것이다. 즉, 고체, 액체, 기체의 특징을 다시 정리하고 수업을 들으면 융해, 액화, 기화의 개념이 더욱 쉽게 이해된다.

예습의 목표는 목차를 중심으로 하여 전체 구조를 파악하고 다음 수업의 핵심을 찾는 것과 자신이 아는 것과 모르는 것을 구분하는 것이다.

교과서에는 예습을 도와주는 여러 단서가 있는데, 먼저 목차를 살펴보면 단원의 구조를 파악할 수 있고, 제목은 단원 가운데 현재 공부하고 있는 위치를 말해주며 학습목표와 단원정리는 수업의 핵심내용을 알려준다.

이와 같은 단서들을 통해 다음 수업시간에 배울 내용을 예상할 수 있으며 교과서 훑어 읽기를 통해 대략적인 내용을 살피는 것이다.

읽는 중에 모르는 용어나 단어가 있다면 사전이나 참고서를 미리 찾아서 그 뜻을 알고 수업에 임해야 수업시간에 더욱 집중하고 이해할 수 있다.

과목의 특성에 따라 학습에 중점을 두어야 할 부분이 조금씩 다른데, 사회나 역사 과목은 전체구조를 파악하고 기억하는 것이 중요하며, 국어나 영어 과목은 내용보다 원리나 분석에 초점을 두어 글의 내용을 분석할 수 있어야 한다. 이에 비해 수학이나 과학 과목은 구조와 원리를 적용하여 문제를 해결하는 것에 중점을 두어야 한다.

예습은 짧은 시간에 효과적으로 할 수 있는 것으로 선행학습과는 다르게 쉬운 것이다.

그러나 학생들은 예습을 선행학습과 같이 부담스러운 것이라고 잘못 알고 있어서 시도하지 않는 경향이 있다.

따라서 부모나 교사는 학생들에게 예습이 선행학습과는 다른 것이며 수업에 집중하고 이해를 잘 할 수 있도록 준비하는 과정임을 인식시키고, 수업시간에 집중과 이해가 어려운 과목부터 예습을 통해 그 효과를 경험할 수 있게 격려해 주어야 한다.

Ⅱ. 예습의 방법

예습은 교과서를 중심으로 다음 수업 내용에 대해 준비하는 학습으로 긴 시간에 걸쳐서 그 내용을 이해하고 암기하는 것이 아니기 때문에 짧은 시간을 활용해 효과적으로 할 수 있다. 잠자기 전이나 아침 등교 전에 수업 시간표에 맞춰 예습을 할 수 있고, 수업 전 쉬는 시간을 이용하여 전체 구조와 오늘 배울 내용과의 관계를 확인하고 간단하게 내용을 살펴볼 수 있다.

지금부터 중1 사회과목을 예로 예습방법을 구체적으로 알아보겠다.

먼저 목차를 살펴보면 대단원, 중단원, 소단원으로 구성되며 소단원별로 학습목표와 개요, 몇 개의 작은 제목으로 구성된다.

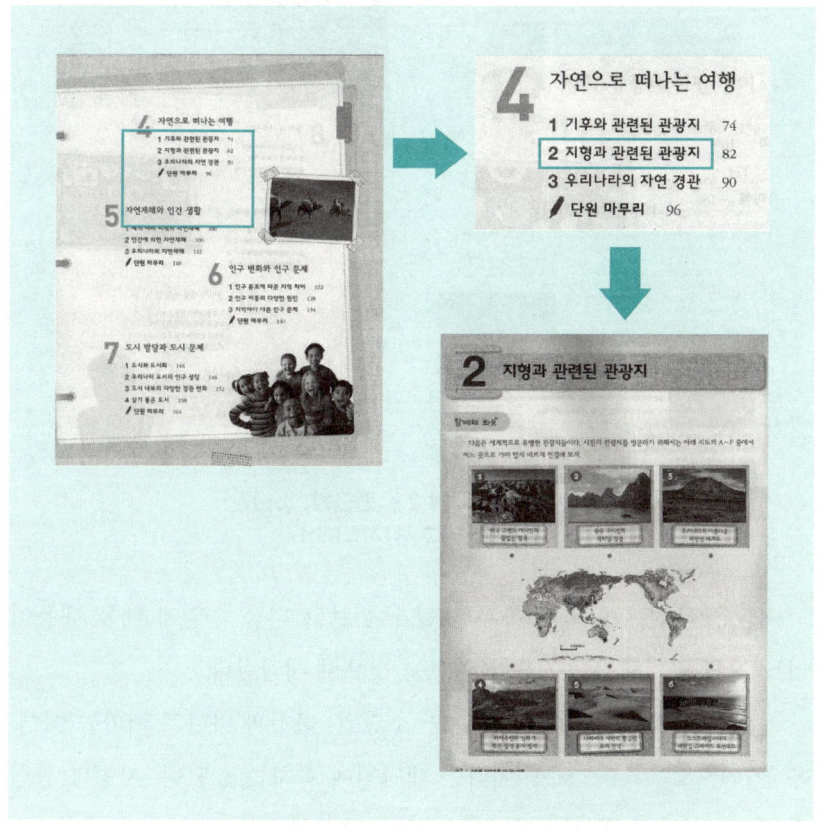

〈목차의 구조체계 1 - 대단원, 중단원〉
좋은책 신사고 중1사회(2014)

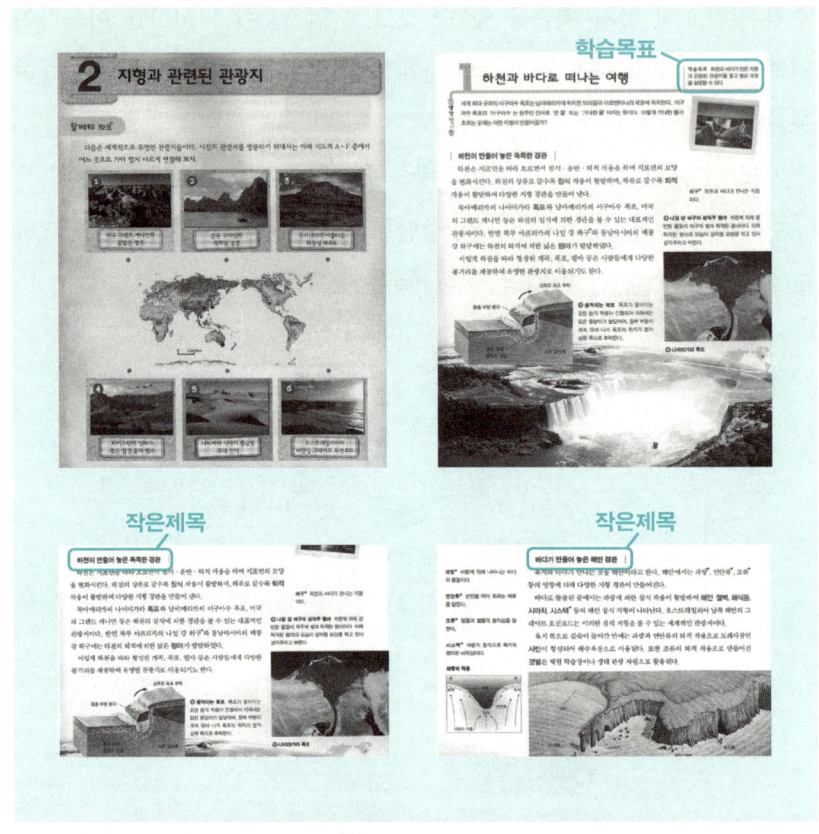

〈목차의 구조체계 2 - 중단원, 소단원〉
좋은책 신사고 중1사회(2014)

예습은 우선 목차와 제목과의 관계를 보고 다음 수업에 배울 내용이 어느 곳에 위치해 있는지를 살펴보는 것으로 시작한다.

예를 들어 위의 목차를 살펴보면 소단원 '하천과 바다로 떠나는 여행' 은 '자연으로 떠나는 여행'이라는 대단원에 속하는 중단원 '지형과 관련된 관광지' 에 속해있는 것이다. 이렇게 구조를 파악하고 나서 학습목표를 보면 그 단원에서 꼭 알아야 할 핵심을 알 수 있다.

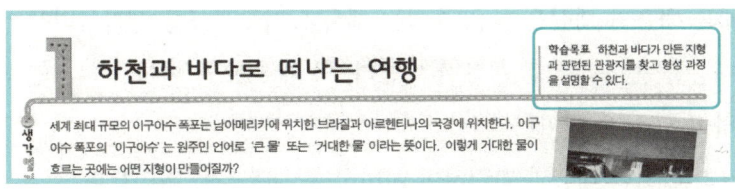

위의 예를 보면 소단원 제목은 '하천과 바다로 떠나는 여행'이며 이 단원의 학습목표는 하천과 바다가 만든 지형과 관련된 관광지를 찾고 형성과정을 아는 것이다.

목차구성과 함께 학습목표를 한 눈에 볼 수 있도록 정리하면 구조와 핵심을 파악하기 쉬운데, 이 때 다음과 같이 마인드맵을 활용하면 좋다.

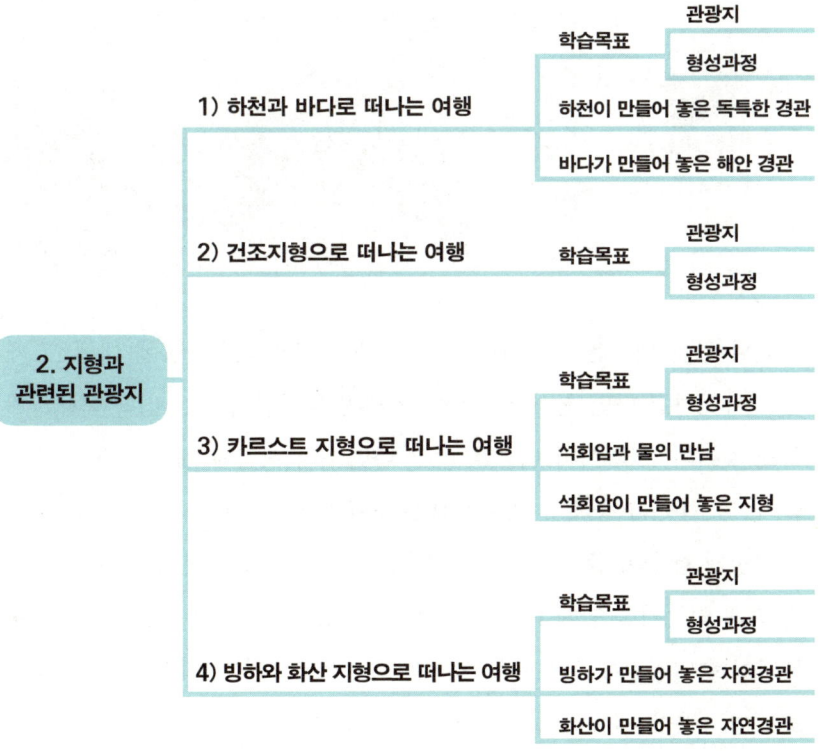

배울 내용의 핵심을 찾은 후에는 제목과 학습목표를 생각하면서 교과서 내용을 훑어 읽기를 통해 살펴본다. 이 때 모르는 단어가 나오면 표시를 하고 그 뜻을 찾아본다.

그리고 읽은 내용과 관련하여 이미 배운 내용들을 확인한다.

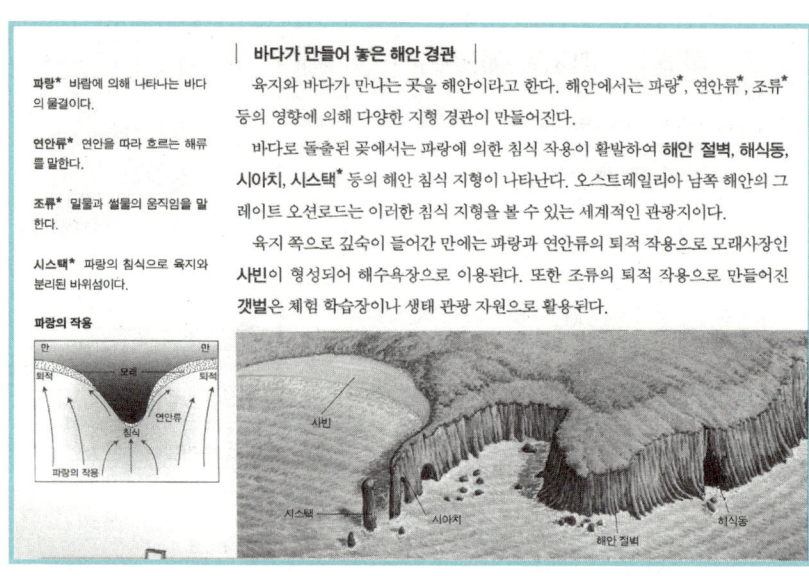

| 바다가 만들어 놓은 해안 경관 |

파랑* 바람에 의해 나타나는 바다의 물결이다.

연안류* 연안을 따라 흐르는 해류를 말한다.

조류* 밀물과 썰물의 움직임을 말한다.

시스택* 파랑의 침식으로 육지와 분리된 바위섬이다.

파랑의 작용

육지와 바다가 만나는 곳을 해안이라고 한다. 해안에서는 파랑*, 연안류*, 조류* 등의 영향에 의해 다양한 지형 경관이 만들어진다.

바다로 돌출된 곳에서는 파랑에 의한 침식 작용이 활발하여 **해안 절벽, 해식동, 시아치, 시스택** 등의 해안 침식 지형이 나타난다. 오스트레일리아 남쪽 해안의 그레이트 오션로드는 이러한 침식 지형을 볼 수 있는 세계적인 관광지이다.

육지 쪽으로 깊숙이 들어간 만에는 파랑과 연안류의 퇴적 작용으로 모래사장인 **사빈**이 형성되어 해수욕장으로 이용된다. 또한 조류의 퇴적 작용으로 만들어진 **갯벌**은 체험 학습장이나 생태 관광 자원으로 활용된다.

위와 같은 내용을 읽었다면 이미 배운 침식과 퇴적작용에 대해 그 개념을 확인하고 나면 침식과 퇴적에 의해 만들어진 경관을 더욱 이해하기 쉬울 것이다. 교과서의 내용을 읽고 나면 수업시간에 배울 내용을 예상할 수 있으며, 그 중에서 모르는 내용을 구분할 수 있다.

이렇게 예습이 끝나면 다음 수업에 배울 내용이 전체 구조 속에 어디에 속해 있는지를 알게 되고, 자신이 알고 있는 내용과 모르는 내용이 구분되어 수업시간에 선생님의 설명을 들으며 알고 있는 내용을 확인하고 모르는 내용에 집중하여 이해할 수 있게 된다. 이해가 부족한 부분은 질문을 통해 확실하게 알 수 있다.

따라서 예습을 하지 않고 선생님의 수업을 들을 때보다 수업이 훨씬 재미있어지고 생각을 많이 하게 되며, 수업내용에 대한 기억이 잘된다.

앞에서 설명한 과목의 특성에 따라 예습의 방법에도 약간의 차이가 있다.

전체 구조파악이 중요한 사회나 역사 과목은 위에서 설명한 방법으로 예습을 하는데 비해 원리와 분석이 중요한 국어 과목은 목차보다 학습목표가 더 중요하다.

'단원의 길잡이'에 나와 있는 학습목표와 이를 쉽게 설명하는 도입글을 충분히 이해한 후에 각 소단원별로 작품을 읽고 분석하는데, 이 때 '학습활동'을 잘 활용하는 것이 좋다.

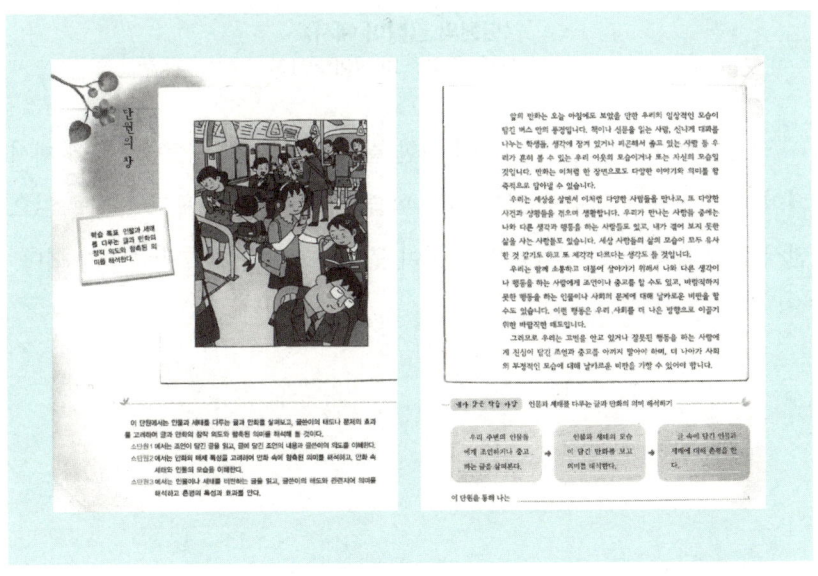

〈단원의 길잡이 예시〉
비상교육 중3(3-2) 국어(2013)

〈단원의 길잡이 예시〉
비상교육 중3(3-2) 국어(2013)

'학습활동'에는 작품의 내용에 대한 질문과 분석을 돕는 질문들이 제시되어 있기 때문에 작품을 읽기 전에 학습활동의 질문을 보고 작품을 읽으면서 그에 대한 답을 찾는다면 자신이 무엇을 모르는지 파악하기가 쉽다.

12

공부의 승부처, 수업

Ⅰ. 수업시간 집중하기

공부를 잘하는 학생들에게 그 비결을 물어보면 언제나 빠지지 않는 것이 '수업시간에 집중했다'는 답이다. 수업시간에 충실한 것은 우등생의 기본원칙이라고 할 수 있다.

왜냐하면 뇌에서의 정보처리는 입력 → 저장 → 인출의 과정을 통해 이루어지는데, 수업시간은 입력의 시간으로 입력이 잘 되어야 저장과 인출이 잘 될 수 있기 때문이다.

따라서 수업시간에 집중하여 수업내용을 완전히 이해하는 것이 학습에서 가장 중요하다.

학생들이 가장 많은 시간을 보내는 곳은 학교이며 학교 활동 중에서도 가장 많은 시간을 차지하는 것은 바로 수업이다. 그렇다면 학교 수업을 어떻게 보내는가에 따라 학습의 승부가 결정될 수밖에 없다. 이 수업시간을 낭비하면, 나머지 공부시간에 아무리 열심히 보충해도 역부족이기 때문이다.

성적을 잘 받기 위해서는 어떠한 시험공부보다도 시험 출제자인 선생님이 직접 가르쳐주시는 수업에 집중하는 것이 가장 중요한 것은 당연하다. 시험문제의 답은 수업시간에 숨어있는 것이다.

그렇지만 실제 수업시간의 풍경은 어떠한가?

멍하니 앉아있거나 수업 과목과는 전혀 다른 공부를 하거나 아니면 조용히 있지 못하고 주변 친구들과 수업시간 중에도 잡담을 하기도 하고 엎드려 자기도 한다.

무리한 학원 수강 탓에 수업시간에 졸거나 학원 숙제를 하는 등 수업시간을 흘려보내는 학생들을 쉽게 찾아볼 수 있다.

학교 수업의 중요성을 깨닫지 못하니까 수업시간을 소홀히 대하는 것이다.

또한 선생님이 좋으면 수업에 열심히 집중하지만 선생님이 맘에 들지 않으면 수업시간에 집중하지 않는다거나 자신이 좋아하는 과목 수업은 열심히 듣는 데 비해 싫어하는 과목 수업시간엔 선생님의 설명을 듣지 않고 다른 과목 공부를 하는 학생들이 있다.

이처럼 수업과목에 따른 집중도의 차이는 당연히 성적의 차이를 가져온다.

뿐만 아니라 선행학습으로 인해 수업에 대해 이미 잘 아는 내용이라고 '착각'하는 태도가 집중도를 떨어뜨리는 경우가 많다.

선행학습을 했다고 해서 그 내용에 대해 깊이 알고 있는 것이 아니라 맛보기를 했을 뿐인데, 학생들은 마치 수업내용을 다 아는 것으로 착각해서 수업시간에 집중하지 않게 되고 그 결과 선행학습이 성적향상을 가져오는 것이 아니라 오히려 그 반대의 결과를 가져오는 경우가 발생한다.

선행학습을 했더라도 복습하는 자세로 선생님의 설명에 집중해야 하며, 선행학습에서 얻은 지식을 토대로 수업시간을 통해 더욱 심도 깊은 이해를 해야 한다. 말 그대로 선행학습은 미리 배운 것이지 완전히 아는 것이 아니기 때문이다.

수업의 내용을 반드시 이해하겠다는 마음을 가지고 적극적 태도로 수업에 임해야 하는데, 수업에서 다 이해하지 못해도 학원이나 인터넷강의, 과외 등 사교육을 통해 다시 하면 된다는 안일한 태도가 수업의 집중도를 떨어뜨리고 있다.

따라서 무엇보다 학교 수업이 공부의 시작이자 승부처라는 사실을 진심으로 인정해야 수업 집중에 방해가 되는 각종 요인들을 없앨 수 있다.

학교 수업이 가장 중요하다는 점을 마음속에서 깨닫고 받아들여야만 수업에 집중할 수 있는 것이다.

1. 올바른 자세

수업시간에 집중하기 위해서 먼저 바른 자세로 앉아야 한다. 자세에는 학습의지가 담겨져서 열심히 공부하겠다는 마음을 지니면 자세가 쉽게 흐트러지지 않는다.

자세가 중요한 이유는 각 신체부분의 에너지 쓰임새를 결정하고 그 유지시간을 좌우하기 때문이다.

수업시간 학생들의 자세를 살펴보면 몸이 책을 향해 앞으로 쏠리면서 동시에 머리 또한 앞으로 쭉 빼고 등을 구부정한 상태로 있는 경우가 많다.

이럴 경우 목과 어깨의 긴장도가 높아지면서 근육이 뭉치게 되는데 이는 뇌로 향하는 혈관을 좁히게 되어 원활한 혈액순환이 되지 않아 오히려 뇌에 필요한 산소공급을 충분히 해주지 못해서 집중력을 떨어뜨리게 된다.

이와 같이 자세는 집중력과 관계가 깊다. 허리를 곧게 펴야 척추가 똑바로 되며, 척추에는 모든 신경이 밀집되어 있기 때문에 어느 한 부분도 눌리지 않아야 장시간 앉아 있어도 집중력을 유지할 수 있다.

수업시간에 집중을 유지하는 올바른 자세는 먼저 허리를 곧게 펴서 엉덩이를 의자 뒤에 붙이고 눈은 선생님께 고정하는 것이다.

2. 선생님과 소통하기

수업시간에는 선생님이 설명하는 내용을 경청하는 것이 중요하다. 경청(傾聽)은 몸과 마음을 말하는 사람에게 기울여 주의 깊게 듣는 것으로 이를 위해서는 선생님과 눈을 마주치도록 노력해야 한다.

선생님과 눈을 마주치는 것은 자신에게 새로운 정보와 지식을 전해주는 선생님의 설명을 놓치지 않고 자신의 것으로 만들 수 있는 가장 기본적인 방법이다.

뇌의 정보처리 과정을 살펴보면 주의(attention)를 기울일 때 새로운 정보가 단기기억에 머무르게 된다. 일단 단기기억에 정보가 남겨져야 장기기억으로 저장할 수 있으므로 수업시간에 최대한 주의를 기울여 단기기억에 남기는 것이 중요하다.

선생님과 눈을 맞추고 듣다 보면 이해가 잘 되었을 때에는 고개를 끄덕이거나 잘 모를 땐 고개를 갸웃거리는 등과 같이 선생님의 설명을 들으며 반응을 나타내게 된다.

선생님의 설명에 열심히 반응을 보이던 학생이 고개를 갸웃거리게 되면 선생님은 다시 설명해 주시거나 보완설명을 통해 충분히 이해할 수 있도록 돕게 되므로, 학생은 선생님과 자신이 일대일로 수업하는 것과 같은 느낌을 갖게 된다.

EBS 특별기획 '학교란 무엇인가' 제작팀이 실제 교실에서 상위 1% 학생과 보통 성적의 일반 학생의 수업 집중도를 아이트랙커(Eyetracker, 동공의 움직임을 추적하는 기계)를 이용해 실험하였다. 수학수업 시간에 두 학생의 눈 움직임을 측정한 결과 상위 1% 학생의 시선은 수업시간 동안 계속 선생님께 집중하고 있는데 반해 일반 학생의 시선은 시간이 지나갈수록 고개를 떨구고 선생님으로부터 멀어졌다.

이처럼 수업에 대한 집중도는 시선이 얼마만큼 선생님께 고정되어 있는가로 나타난다.

또한 수업시간에 배운 내용은 반드시 이해하겠다는 마음가짐을 갖고 이해가 되지 않은 부분이 있다면 선생님께 질문하여 완전하게 이해하도록 해야 한다.

성적이 좋은 학생일수록 선생님께 질문하기를 주저하지 않는다. 질문할 때에는 자신이 이해가 되지 않는 부분을 구체적으로 질문하도록 하고, 수업 중에 질문할 경우 선생님의 수업흐름을 끊지 않도록 주의가 필요하다.

개인적인 질문은 수업 후에 복도나 교무실로 찾아가서 하는 것이 좋다.

3. 수업의 준비, 예습

수업 때 배울 내용을 잘 알지 못하는 상태에서 수업을 듣는 것과 어떤 내용에 대한 수업이라는 것을 알고 듣는 것은 집중도에 큰 차이가 있다.

수업의 내용은 잘 알지 못한 상태에서 수업을 들을 때에는 어떤 내용인지 파악하는데 급급하게 되는 반면, 예습을 통해 수업내용의 핵심과 자신이 모르는 부분을 알고 나서 들을 때에는 핵심내용과 자신이 모르는 부분에 초점을 맞춰 듣게 되므로 자연스럽게 수업에 집중하게 된다.

예습을 선행학습과 혼동하여 수업내용을 미리 다 알아야 한다는 생각에 부담스러워하는 학생이 많은데, 집에서 예습시간을 따로 갖지 못했다고 하더라도 수업 직전에 지난 시간에 배운 내용과 이번 시간에 배울 내용을 제목과 학습목표 위주로 잠깐 훑어보는 것으로도 집중도를 높일 수 있다.

보통 수업시간에 배우는 내용 중 모르는 것이 5% 정도면 즐겁게 수업을 들을 수 있고, 15%가 되면 수업에 부담을 느낀다고 한다. 또한 25% 이상 모르는 내용이면 수업에 대한 거부감이 생기고, 30%면 우리 뇌는 듣기를 거부하게 되어 머릿속에 수업내용이 잘 들어가지 않는다고 한다.

따라서 수업내용의 80% 이상을 이해하지 못한다면 수업을 이해하기 위해서 수업 전에 예습을 통해 수업의 핵심내용을 파악하는 준비가 필요하다고 하겠다.

학년이 높아질수록 학교에서의 수업은 내용을 이해하는 학생들에게 수준이 맞춰져서 진행되기 때문에 수업내용을 이해하지 못하면 복습이 독학을 하는 것처럼 어려워져서 안하게 되고, 이러한 악순환이 쌓이면 수업시간에 선생님이 마치 외국어로 말하는 것처럼 답답한 시간이 되어 버린다.

하위권 학생들과 학습컨설팅을 하다보면 자신도 공부를 잘하고 싶은데 수업시간에 이러한 답답함 때문에 어려움을 겪고 있다고 토로하는 학생들을 많이 만나게 된다.

부모나 선생님은 성적이 낮으면 공부하기 싫어하고 게을러서 그렇다고 꾸짖기만 하는데, 그들이 다시 공부하겠다는 의지를 가지고 공부하려고 해도 이러한 어려움 때문에 힘들어하고 있다는 것을 알고 도와주어야 한다.

현재 성적은 낮지만 열심히 노력해서 역전을 꿈꾸는 학생들에게 수업시간에 선생님의 설명이 외국어처럼 들리는 답답함을 극복하는 것은 시급한 과제이다. 부모나 선생님은 이들의 답답한 마음을 공감해주고 할 수 있다는 자신감을 심어주어야 한다. 그리고 한 과목씩 예습을 통해 수업을 준비하게 하여 예습의 효과를 경험하도록 도와주어야 수업시간에 활력을 조금씩 회복해 나갈 수 있다.

4. 집중력을 높이기 위한 방법

집중력을 높이는 방법으로는 여러 가지가 있지만, 스탑워치(Stop watch)를 사용하면 집중력을 높이는데 많은 도움이 된다.

스탑워치는 2가지 방법으로 사용하는데, 먼저 스탑워치를 사용하여 자신의 주의집중 시간을 체크한다. 공부를 시작할 때 스탑워치를 눌러 시작하고 딴 생각이 나거나 공부에 집중이 되지 않는 순간 멈추게 하고 집중한 시간을 기록하는 것이다.

그러면 자신의 집중시간을 알게 되는데 시간을 체크한 대부분의 학생이 자신이 생각했던 것보다 집중시간이 짧다는 것을 깨닫는다.

많은 학생들은 자신이 집중력이 어느 정도인지 잘 모르는데, 이렇게 스탑워치를 사용하여 자신의 집중시간을 시각적으로 확인하게 되면 자신의 부족함을 깨닫고 그것을 향상시키기 위한 노력을 스스로 하게 되는 경우가 많다.

자신의 집중시간을 측정한 다음엔 스탑워치로 일정시간을 세팅해 놓고 그 시간동안 집중하는 훈련을 한다. 이 방법은 마치 시험 보는 상황과 같은 긴장감을 만들어서 집중력을 높일 수 있다. 시간을 10분 단위로 정해놓고 그 시간에 수학문제를 풀거나 영어단어를 외우면 집중력을 높일 뿐만 아니라 자신의 시간당 학습량을 파악할 수 있다.

예를 들어 '30분에 영어단어를 30개 외운다, 수학문제를 10문제 푼다'와 같이 자신의 학습량을 파악하고 나면 학습계획을 할 때 좀 더 구체적인 계획을 세울 수 있는 것이다.

이 훈련을 할 때 처음부터 무리하게 긴 시간을 목표하기보다 5~10분 간격으로 조금씩 집중시간을 늘여가는 것이 좋다.

집중력 향상의 첫 번째 목표는 학교 수업시간동안 집중도를 유지하는 것으로 초등학생은 40분, 중학생 45분, 고등학생 50분을 집중하는 것이다.

"너는 왜 그렇게 집중력이 부족하냐?"고 학생에게 잔소리하기에 앞서 학생이 자신감을 가지고 집중력 향상 훈련에 도전할 수 있도록 부모와 교사의 도움과 격려가 필요하다.

공부하다가 딴 생각이 나는 것은 집중력이 떨어졌다는 증거라고 할 수 있다.

이 때 휴식 시간을 이용하여 잠시 집중력향상을 위한 간단한 스트레칭을 하는 것도 좋다.

Ⅱ. 수업시간 기록하기

수업은 뇌 속에 많은 정보가 입력되는 시간으로서 이 때 다양한 경로로 입력되는 정보일수록 저장이 잘 된다.

따라서 가만히 앉아서 귀로만 수업을 듣기보다 손을 움직여 쓰고 입을 움직여 말을 하면서 수업할 때 더욱 효과적인 입력이 이루어져서 기억하기 쉬워진다.

손을 움직여서 기록하는 것은 기억의 단서를 제공하는 중요한 수단이 된다. 에빙하우스의 망각곡선에 따르면 수업을 듣는 가운데 망각이 시작되어 1시간이 지나면 50% 이상을 잊어버리기 때문에 수업을 기억하기 위한 단서를 기록을 통해 남겨야 한다. 수업 때 선생님이 설명하신 내용을 수업 후에 최대한 기억하기 위해서 기록하는 것이다.

수업시간에 기록한다고 하면 먼저 노트필기를 떠올리게 된다. 그러나, 선생님께서 칠판에 판서한 내용을 생각 없이 그대로 옮겨 쓰는 것은 기록이라고 할 수 없다.

또한 어떤 학생은 선생님의 설명은 듣지 않고 색색의 펜을 들고 예쁘게 노트를 꾸미는 것에 정성을 기울이는데, 이것도 역시 수업의 기록이 될 수 없다.

수업시간에는 무엇보다 선생님의 설명에 집중하는 것이 가장 중요하다.

수업시간 선생님의 설명을 들으면서 기억의 단서를 남기기 위해 빠르게 기록하는 것은 노트필기가 아닌 메모로서 예쁘고 깨끗하게 하는 것은 중요하지 않다.

수업시간에는 메모를 통해 선생님께서 강조한 내용을 표시하고, 연관되어서 떠오르는 내용이나 확인해야 할 내용 등을 기록한다.

수업내용과 관련된 예화나 선생님의 농담도 간단하게 기록해 두면 수업내용을 떠올리는데 도움이 된다.

이와 같이 선생님의 설명을 들으면서 메모하는 과정 전체가 에피소드(episode) 기억으로 머릿속에 저장되어 오래도록 기억에 남는다.

에피소드 기억은 경험을 통해 얻은 기억으로서 책을 통해서 얻은 의미기억보다 오랫동안 기억된다. 예를 들어 수업시간에 책의 오른쪽 부분 위쪽에 빨간 색 펜으로 메모를 했다는 에피소드가 메모한 내용을 기억하는 데 단서가 되는 것이다.

수업을 듣는 동안 자신이 이미 가지고 있는 지식과 선생님이 가르쳐주시는 정보가 지속적으로 상호작용을 하면서 이해하게 되고, 이처럼 기존 지식과 새로운 정보의 연합작용을 통해 기억된 정보들은 오랫동안 기억할 수 있는 강한 정보가 된다.

따라서 수업시간에는 선생님께 집중하여 완벽하게 이해하면서 빠르게 메모로 흔적을 남겨놓고, 수업이 끝난 후에 복습을 통해 수업내용을 노트에 정리하면서 자신의 것으로 소화해서 저장할 때 완전학습이 이루어진다.

13

수업 기억하기, 복습

Ⅰ. 복습의 중요성

정보를 입력하는 수업시간에 가장 중요한 것은 집중해서 그 내용을 이해하는 것이다. 수업내용을 완벽하게 이해하기 위해서 예습으로 수업을 준비한다.

하지만 수업시간에 입력되는 정보를 완벽하게 이해했더라도 그것들이 우리 기억 속에서 사라져버린다면 아무 소용이 없을 것이다.

복습은 수업을 통해 입력된 정보들을 저장하는 과정으로 학습된 정보를 재확인하고 정리하는 과정이다.

다시 말해 배운 것을 소화하여 내 것으로 만드는 단계로서 학습한 내용이 뇌의 단기기억에서 장기기억으로 넘어가는 과정을 말한다.

우리가 음식물을 섭취하였을 때 그것이 소화되지 못하면 영양소를 공급받을 수 없는 것처럼 수업을 통해 입력된 정보들을 소화해서 내 것으로 만들어야 '진짜 아는 것'이 되는 것이다.

따라서 배운 것을 내 것으로 만들기 위해서는 배우는 학(學)보다 익히는 습(習)의 시간이 많아야 하는데, 습(習)의 시간이 바로 복습인 것이다.

그러나 요즘 학교 현장에서 학(學)보다 스스로 익히는 습(習)의 시간을 많이 갖는 학생을 만나기란 쉽지 않다. 많은 학생들이 학교수업이 끝난 후에도 사교육 현장에서 학(學)의 시간을 더하고 있기 때문에 오히려 습(習)의 시간보다 학(學)의 시간이 훨씬 많은 것이 현실이다.

서울대 재학생들에게 고등학교 시기의 공부시간을 조사한 결과를 살펴보면 그들은 하루 평균 3시간 이상의 자신만의 공부시간을 가졌다고 한다.

또한 EBS특별기획 〈학교란 무엇인가〉의 '0.1%의 비밀'편에서는 상위 0.1% 학생들의 생활과 공부법을 소개했는데, 그들은 모두 수업에 충실하고 복습하는 것이 중요하다고 말했다. 0.1% 학생들에 대한 설문결과 하루 4시간 이상 자신만의 공부시간을 갖고 있는 것으로 나타났고, 성적이 떨어졌을 때는 60%가 넘는 학생들이 사교육을 찾기보다 자신만의 공부시간을 늘린다고 답했다.

이와 같이 공부를 잘하는 학생들은 그렇지 못한 학생들보다 수업시간에 배운 것을 내 것으로 소화하는 자신만의 공부시간을 많이 갖는 것이다. 자신만의 공부시간, 즉 복습이 학습의 효율성을 결정하며 성적의 차이를 만들기 때문이다.

복습을 하면서 반복, 정교화, 조직화와 같은 기억전략을 사용하여 입력된 정보들을 장기기억으로 옮긴다.

예습과 수업을 하는 동안 기존에 알고 있는 정보를 바탕으로 새로운 정보를 나름대로 쪼개어 자신에게 맞게 받아들이게 되면 그것들을 기억 속에 유지시키는 것이 복습이다.

다시 말해 이해된 학습내용을 반복하고 구분하고 정리하는 시간이 복습인 것이다.

이처럼 수업시간에 이해된 내용을 복습을 통해 완전하게 기억할 때 완전학습이 이루어진다.

Ⅱ. 체계적으로 반복하기

단기기억을 장기기억으로 저장하는 과정에서 중요한 부분이 단기기억의 보관창고인 해마이다. 해마에서 단기기억을 보관하고 있다가 꼭 기억해야 할 정보만을 대뇌 신피질로 보내는데, 지속적인 자극을 주어서 관심을 보이는 정보를 중요한 것으로 생각해 장기기억 창고로 보낸다. 이 때 지속적인 자극을 주는 것이 반복인 것이다.

따라서 반복을 해야만 장기저장을 할 수 있으며, 이 때 반복은 주기적 반복이 필요하다.

에빙하우스는 망각곡선을 통해 사용되지 않는 정보는 시간이 지날수록 망각될 확률이 높아진다는 것뿐만 아니라 여러 실험을 통해서 망각을 극복하는 주기적 반복의 효과를 밝혀냈다. 10분 후에 반복하면 1일 동안 기억되고, 다시 1일 후 반복하면 1주일 동안, 1주일 후 반복하면 1달 동안, 1달 후 반복하면 6개월 이상 기억(장기기억)된다는 것이다.

그러므로, 복습은 배운 후에 되도록 빨리하고 주기적으로 반복하는 것이 중요하다.

1. 직후 복습

직후 복습은 수업시간이 끝나면 쉬는 시간을 활용하여 바로 복습하는 것이다. 수업시간에 배운 핵심내용을 짧게 정리하는 것으로 제목과 핵심어를 재확인한다.

수업시간 후에 바로 하지 못했다면 방과 후에 시간표를 보며 하루 수업을 돌아본다.

이 때 '수업일지'를 사용하면 도움이 된다.

하루의 수업들을 돌아보며 과목명, 단원명, 학습내용, 집중도와 이해도 등을 기록하는 것이다. 이것을 기록하기 위해 수업시간에 더욱 집중하게 되고 바로 복습할 수 있어서 2가지 효과를 얻을 수 있다.

교시	과목	단원명	핵심내용	이해도	집중도
1				A B C	A B C
2				A B C	A B C
3				A B C	A B C

〈수업일지의 예〉

직후 복습을 위한 수업일직 작성은 복습훈련을 할 때 가장 먼저 수행하는데, 학생들의 성적에 따라 작성범위가 달라진다.

상위권 학생들은 대체적으로 과목과 단원명을 잘 기억하고 핵심내용도 기록하지만, 성적이 낮은 학생일수록 처음부터 과목, 단원명, 핵심내용을 모두 기록하기는 어렵다.

처음 시작할 때는 수업일지에 익숙하지 않기 때문에 1~7교시까지 과목명도 잘 기억하지 못하는 학생들이 많다. 하지만 계속 격려하며 한 칸씩 채워 나가다보면 수업일지를 기록하기 위해 더욱 수업에 집중하게 되고, 핵심내용에도 핵심어만 몇 개 적는 수준에서 서술형으로 핵심내용을 정리하는 데까지 이르게 된다.

집중도, 이해도의 차이에 따라 단원명과 핵심내용을 기록하는 정도에 차이를 보이므로, 학생들에게 수업시간에 집중과 이해를 잘할 수 있도록 방법을 알려주고 도와주는 것이 병행되어야 수업일지 작성의 효과를 높일 수 있다.

학생들이 수업일지 작성에 익숙해질수록 범위를 확대하여 수업의 핵심내용을 짧은 문장으로 요약하여 정리하도록 하면 쓰기 능력도 향상시킬 수 있다.

2. 시스템 5회독 복습

시스템 5회독 복습은 누적반복을 통해 체계적으로 저장할 수 있도록 도와주는 시간관리 시스템이라 할 수 있는데, 횟수가 증가할 때마다 복습 시간은 1/2씩 줄어든다는 전제하에 5회를 연속적으로 복습하는 것이다.

예를 들어 매일 영단어를 1시간씩 외운다면 1일차에는 새로운 단어를 외우는데 그 시간을 다 사용하지만, 2일차부터는 1일차에 외운 단어를 다시 외우고 새로운 단어를 외우고, 3일차에는 1일차, 2일차에 외운 것을 다시 보고 새로운 단어를 외운다.

반복횟수가 늘어날수록 복습 시간은 1/2로 줄어들기 때문에 누적으로 복습한다고 해서 복습시간이 늘어나지 않는다. 즉, 다음 그림에서 볼 수 있듯이 학습시간의 1/2은 언제나 새로운 단어를 외우고 1/2은 외웠던 단어를 체계적으로 반복하는 것이다.

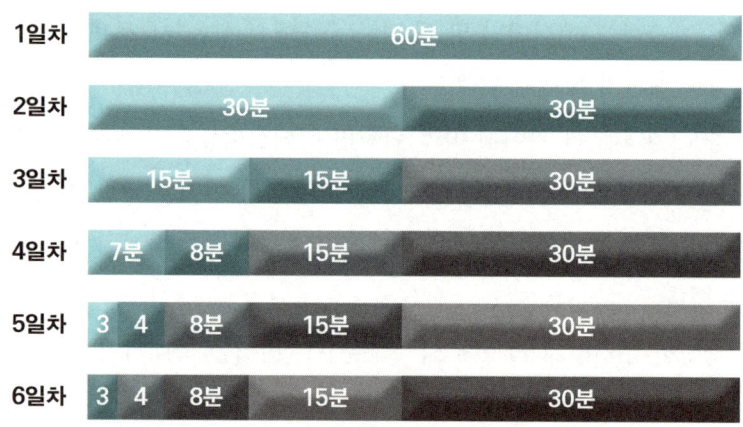

| 1일차 | 60분 | | | |

〈시스템 5회독 복습의 예〉

이 복습법은 이미 다 알고 있는 내용을 먼저 빠른 시간에 반복하고 새로운 내용을 학습하는 시스템으로 성취감을 더욱 높일 수 있으며, 복습 주기가 자동적으로 결정되기 때문에 효율적으로 시간을 관리할 수 있다.

복습하는 주기는 학습하는 주기에 따라 달라지므로 매일 학습하는 과목의 경우, 위의 그림과 같이 매일 복습하게 되지만 일주일에 2번 학습하는 과목이라면 2번 복습하게 된다. 복습할 때마다 지난 시간에 학습한 내용을 누적해서 5회까지 반복해가는 것이다.

이와 같이 시스템 5회독 복습은 간편하고 체계적인 복습주기로 최대의 기억효과를 낼 수 있다.

실제로 학생들에게 시스템 5회독 복습을 실습해보면 같은 시간을 학습했어도 시스템 5회독 복습을 했을 때와 하지 않았을 때의 결과 차이는 크게 나타난다.

특히 5회독 복습을 통해 영단어나 사자성어를 외울 때 그 위력을 빨리 느끼게 되는데, 단어를 외울 때마다 누적복습 없이 새로운 단어를 외웠을 때와 5회씩 누적복습을 하면서 외웠을 때 기억에 남아있는 단어의 수는 확연하게 다르게 나타나기 때문이다.

이렇게 시스템 5회독 복습의 효과를 경험한 학생들은 스스로 다른 과목 학습에도 이 방법을 활용하게 된다.

3. 목차 복습

목차 복습은 목차를 활용하여 주기적으로 복습하는 것으로 소단원 → 중단원 → 대단원의 순서로 수업 진도에 따라 진행된다.

옆의 목차를 예로 볼 때 소단원 1, 2, 3, 4, 5의 진도를 마치면 중단원 01의 소단원 5개의 내용을 다시 복습하고, 중단원 01. 02의 진도를 마치고 나면 대단원 4의 중단원 2개를 다시 복습하는 것이다.

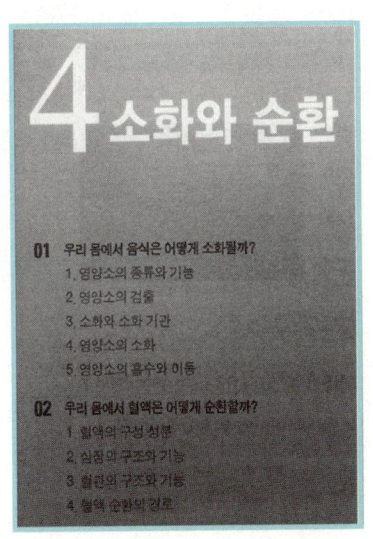

이와 같이 목차 복습을 하면 내용을 체계적으로 반복하여 뇌 속에 관계틀(frame of reference)을 형성하여 구분과 정리가 잘 되기 때문에 장기저장에 효과적이다.

이 때 마인드맵을 함께 활용하면 더욱 좋다.

Ⅲ. 재구성하여 정리하기

인간의 지식구조는 일정한 네트워크 체계를 이루는 구조로 되어있다. 새로운 정보는 기존의 지식(스키마, schema)을 통해 해석되고 재구성하여 체계화되기 때문에 기존 지식과 연관을 많이 지을수록(정교화) 오래도록 기억할 수 있는 것이다.

우리의 뇌 속에서는 정보를 저장할 때 관련된 것들을 순식간에 연결하려고 하며, 이 때 뇌세포와 뇌세포 사이에 새로운 연결, 즉 시냅스(synapse)가 만들어진다.

이해하고 기억하는 동안 시냅스가 계속 생겨나며 시냅스의 수가 많아질수록 학습능력이 향상된다. 복습을 통해서 학습내용을 재구성하며 정리하여 장기기억에 저장하는 동안 우리의 뇌 속에서는 시냅스가 증식되며 활발하게 활동하고 있는 것이다.

1. 개념노트 작성

서울대 의대에는 다음과 같은 표어가 걸려 있다.

'남에게 설명할 수 없다면 나도 모르는 것이다.' 이 표어는 남에게 설명할 수 있어야 완벽하게 이해한 것임을 말해준다. 왜냐하면 남에게 설명을 하려면 우선 해당 개념에 대해 완벽하게 이해하고 있어야 하고, 나만의 언어로 알고 있어야 하기 때문이다.

학습내용에 대한 이해가 완성되었을 때 기억하기가 쉬워진다. 따라서 복습할 때에는 학습내용에 대한 이해가 어느 정도 이루어졌는지를 점검하는 것이 중요하다.

이 때 개념학습을 통해 개념노트를 작성하면 이해를 완성하는데 효과적이다.

개념노트를 작성하기 위해서는 먼저 교과서를 읽는다. 예습할 때는 핵심 내용을 살펴보는 '훑어 읽기'를 하지만, 복습할 때는 완벽하게 이해하기 위해 정독을 한다.

정독을 통해 교과서 내용들을 재구성하여 재구성한 내용을 개념으로 일반화하는 것이다.

다음의 예를 통해 개념노트 작성방법을 살펴보겠다.

먼저 정독기호를 사용하여 교과서를 읽는다. 주요개념은 박스로 표시하고 그 개념에 대한 설명엔 밑줄을 긋는다.

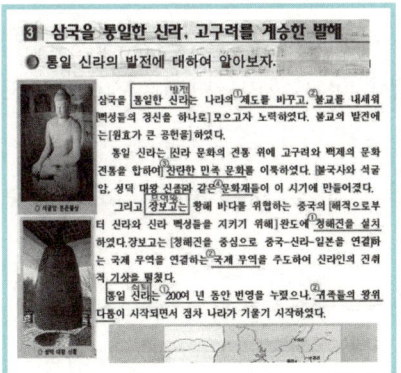

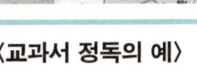

〈교과서 정독의 예〉

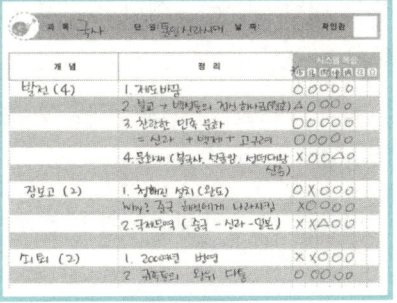

〈개념노트의 예〉

예를 살펴보면, 통일신라의 발전에 대한 부분으로 주요개념은 통일신라의 발전, 장보고, 통일신라의 쇠퇴로 나눌 수 있다. 주요개념에 대한 설명을 찾고 번호를 붙여서 개념을 정리한 후에 개념노트를 작성한다.

이를 테면, 첫 번째 주요개념 통일신라의 발전의 내용은 제도 바꿈, 불교, 찬란한 민족문화, 문화재 이렇게 4가지로 정리할 수 있는 것이다.

이와 같이 교과서의 내용을 재구성하여 요약하며 개념 노트를 작성함으로써 수업시간에 배운 내용을 내 것으로 소화하여 정리하게 된다.

개념노트를 작성할 때 개념과 개념 사이에는 한 줄을 비워놓아야 개념의 구분이 쉽게 된다. 개념노트를 작성하고 그 내용을 남에게 설명할 수 있다면 완벽하게 이해했다고 할 수 있다.

2. 마인드맵 복습

마인드맵은 개념학습을 통해 이해가 완성된 개념을 기억하기 쉽게 바꿔주는 역할을 한다. 위계적인 구조로 이루어져 있기 때문에 관계틀을 쉽게 만들어주고 각 키워드들 간의 상대적 중요도가 뚜렷하게 나타나기 때문이다.

개념노트의 내용을 마인드맵으로 표현하기도 하고, 교과서를 정독한 후에 개념노트를 작성하지 않고 내용을 바로 마인드맵으로 정리하기도 한다.

목차 복습을 하고나서 목차를 마인드맵으로 표현하여 정리하면 더욱 기억하기 쉽다.

다음은 위의 개념노트의 내용을 마인드맵으로 표현한 것이다.

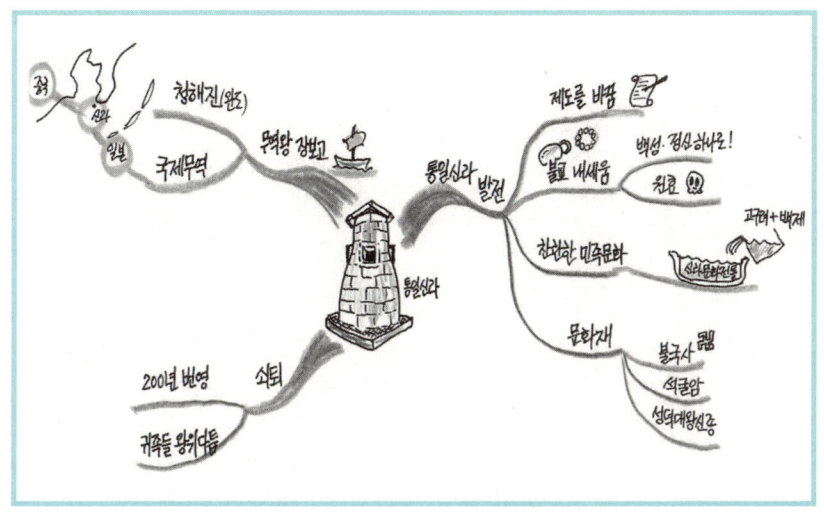

〈개념노트를 마인드맵으로 표현한 예〉

마인드맵을 그릴 때 먼저 중앙에 단원명이나 핵심어를 표시하고 주가지는 주요개념을 부가지는 주요개념의 설명을 기록한다.

개념노트와 비교해볼 때 마인드맵으로 표현하면 개념의 구조가 더욱 쉽게 파악된다.

14

참고서, 문제집 활용 길잡이

Ⅰ. 참고서 활용 길잡이

2010년 문화체육관광부가 조사한 결과를 보면 초·중·고교생의 한 학기 평균 학습참고서 구입비용이 6만8000원에 이르는 것으로 나타났다. 참고서 한권 평균 가격을 1만원이라고 해도 6권 이상의 참고서를 샀다는 것이다. 이렇게 학생들은 많은 참고서를 가지고 있지만 제대로 그것을 학습에 활용하고 있을까?

자기주도학습은 학습자가 학습에 필요한 자원들을 적절하게 활용하는 것도 포함하고 있다. 참고서와 문제집을 효과적으로 활용하는 것은 자기주도학습을 완성하는데 꼭 필요한 부분인 것이다.

참고서가 많으면 공부를 잘하는 것처럼 보이지만 참고서에만 의존하면 학습능력이 떨어질 우려가 있다.

완전학습의 과정에서 살펴본 바와 같이 학습의 기본은 교과서이다. 많은 학생들이 교과서는 교실 사물함에 보관해놓고 참고서를 기본으로 학습하는 경향이 있는데 이것은 바람직하지 않다.

교과서는 전문가들에 의해 검증된 교재로 핵심이 되는 원리와 개념이 쉽게 설명되어 있다. 교과서를 통해 원리와 개념을 이해한 후에 설명이 부족하거나 이해가 잘 안되었을 때 참고서를 활용하는 것이다.

참고서는 교과서의 내용을 풍부하고 다양하게 설명하고 있으며 핵심을 잘 찾을 수 있도록 구성되어 있다.

교과서로 기본뼈대를 구성하고 나서 참고서로 살을 붙이는 형태로 학습하는 것이 바람직하다.

예를 들어 국어과목의 경우, 교과서가 작품 위주로 내용이 구성되어 있어서 이론적인 설명이 부족할 수 있기 때문에 참고서를 활용해 부족한 부분을 보완하여 스스로 내용을 정리하는 것이다.

또한 학생의 학습 수준이나 공부 목적에 따라 참고서 활용방법은 달라진다.

예습용인지 복습용인지 또는 기본 개념 학습용인지 시험 대비용인지 그 목적에 따라 참고서 선택과 활용방법이 달라지는 것이다.

예를 들어 성적이 하위권이라면 교과서의 개념이 이해되지 않는 경우가 많으므로 개념을 쉽게 설명해 주는 참고서를 통해 개념이해에 중점을 두어야 한다.

참고서는 각 출판사마다 치밀하게 기획해서 만든 교재이므로 구성이나 특징 등이 조금씩 다르다. 모든 교재의 앞부분에는 그 교재의 구성과 특징, 활용법에 대해 설명해 놓았는데, 대개 교재의 압축보기와 함께 구성 요소별 특징 등을 잘 나타낸다.

참고서를 효과적으로 활용하기 위해서는 교재의 구성과 특징 등을 살피고 제시된 활용법을 따라 학습하는 것이 좋다.

Ⅱ. 문제집 활용 길잡이

완벽한 이해와 기억을 통해 필요할 때 인출할 수 있는 상태의 학습을 하기 위한 완전학습의 마지막 과정은 복습을 통해 장기기억에 저장된 것을 확인하는 문제풀이다. 문제풀이는 학습한 내용의 저장여부를 점검하는 동시에 인출을 연습하는 것이다.

이해하고 암기한 개념들이 어떻게 활용되는지를 문제집을 통해 확인하고 자신의 취약부분을 파악하여 보완하는 것이다.

하지만, 학습의 목표를 문제풀이로 오해하고 있는 학생들이 있다. 이런 학생들은 시험준비를 할 때에도 문제집부터 손에 잡는다. 시험공부를 문제집을 몇 권 풀 것인가로 결정하는 것이다.

이와 같은 잘못된 습관을 바로 잡기 위해서는 우선 문제풀이는 학습의 목표가 아니라 예습, 수업, 복습 후에 이루어지는 하나의 학습과정이라는 것을 인식해야 한다.

문제풀이 전에 장기기억 속에 저장하는 과정이 선행되어야 하고 그렇게 저장된 것들을 확인하는 과정이 문제풀이인 것이다.

학생들에게 문제풀이 방법을 알려주겠다고 하면 문제풀이는 문제집을 사서 열심히 풀면 되는 것이지 무슨 방법이 필요한 것이냐고 질문하는 학생이 있다.

문제집은 열심히 푸는 것보다 효과적으로 푸는 것이 중요하다.

학생들에게 문제풀이가 중요한 과목인 수학 문제집을 어떻게 풀고 있는지 물어보면 다양한 답을 들을 수 있다.

문제집에 직접 풀고 답만 체크하는 학생이 있고, 문제를 풀고 채점하면서 틀린 문제는 정답지의 해설을 읽어보고 넘어가는 학생이 있는가 하면 채점하고 나서 틀린 문제를 다시 다른 종이에 풀어보고 해설과 비교해보는 학생이 있다. 한편, 틀린 문제에 표시해가면서 정답을 맞힐 때까지 반복해서 푼다는 학생도 있다.

이와 같이 학생들이 수학문제집을 풀이하는 방법은 다양하고 그에 따라 학습 성과도 차이가 나타난다.

문제집을 활용할 때 어떻게 문제를 풀이하느냐 하는 방법이 그 효과를 결정한다. 문제집을 풀면서 틀린 문제는 시험 볼 때 다시 틀릴 위험이 높기 때문에 틀린 문제를 다시 틀리지 않도록 관리하는 것이 문제집을 활용하는데 있어 최대과제라고 할 수 있다.

이것을 위해서는 답을 맞힌 문제와 틀린 문제를 구분하고, 틀린 이유를 분석해야 하는 것이다. 효과적인 문제풀이 방법을 알아야 아는 것에 소비하는 시간을 절약할 수 있고 문제집의 효율을 높일 수 있다.

무조건 문제집을 많이 사서 다양한 문제를 푸는 것은 바람직하지 않다. 개념과 원리가 제대로 정리되지 않은 상태에서 문제만 많이 푸는 것으로는 성적 향상에 한계가 있기 때문이다.

얼마나 많은 문제를 풀었느냐가 아니라 문제를 어떻게 풀었느냐 하는 것이 성적향상을 좌우한다. 여러 권의 문제집을 한 번 푸는 것보다 한 권의 문제집을 반복하여 완벽하게 풀 수 있는 것이 중요하다.

1. 수학 문제집 100% 활용하기

수학은 '개념과 문제해결'의 학문으로서 다른 어떤 과목보다 문제를 많이 풀어보는 것이 중요한 과목이기 때문에 학년이 올라갈수록 수학에 할애하는 학습시간은 더욱 증가하게 된다. 먼저 기본 개념에 대한 완벽한 이해가 되어야 다양한 응용문제들을 해결할 수 있다.

수학적 개념은 수학자들이 '필요에 의해서 인위적으로' 만든 약속들이다. 기본 개념을 이해한다는 것은 이 약속을 왜 만들었는지 그 목적과 원리를 이해하는 것이다.

교과서나 참고서를 보고 개념의 탄생배경 및 목적과 원리를 잘 찾아내어 이해하는 능력을 '수학적 사고력'이라고 하며, 이것은 저학년 때부터 기본 개념을 꼼꼼하게 이해하는 습관을 통해서만 길러진다.

그러므로, 시험대비가 아닌 평소 실력향상을 목표로 문제집을 풀 때에는 문제를 많이 푸는데 초점을 두지 말고 문제를 분석하는데 집중하도록 한다.

왜 틀렸는지, 개념과 공식이 왜 그렇게 쓰이는지 분석을 잘해야 문제 통찰력과 응용력을 키울 수 있다.

수학 문제집은 기본-응용-심화에 이르기까지 문제의 난이도에 따라 그 수와 종류가 매우 다양하기 때문에 문제집을 선택할 때부터 자신의 수준에 맞는 것을 고르는 것이 중요하다. 인터넷서점에서 구입하기보다 서점에 가서 문제집을 직접 살펴보고 선택하는 것이 좋다. 전반적인 문제 난이도가 자신의 수준에 맞는지, 분량은 적당한지, 편집방식은 좋은지 등을 중심으로 살펴보는데, 저학년의 경우 부모가 함께 살펴보고 추천하더라도 선택은 학생 스스로 하도록 하는 것이 좋다.

문제집의 난이도는 70~80% 정도의 문제를 풀 수 있는 것으로 선택한다. 그 이하면 틀린 문제가 많아서 자신감을 잃게 만들고, 그 이상이면 문제를 푸는 것이 아는 것에 시간을 소비하는 것이 되고 실력 향상에 큰 도움이 되지 않기 때문이다.

3권의 문제집을 한 번 보는 것보다 1권의 문제집을 3번 보는 것이 더 효율적인 방법으로 문제집 안에 있는 모든 문제를 능숙하게 풀 수 있도록 반복해서 연습하도록 한다.

반복연습을 통해 주어진 문제집의 문제를 능숙하게 풀게 되면 풀었던 문제집보다 난이도가 한 단계(기본-응용-심화) 높은 문제집을 선택해서 문제를 푼다.

문제를 풀기 전에 반드시 개념과 원리에 대해 충분히 숙지한 후에 문제를 풀어야 한다.

반복적으로 문제를 풀기 위해서는 직접 문제집에 풀이를 하는 것이 아니라 문제풀이 노트를 만들어 따로 풀고 틀린 문제에 표시를 하여야 한다.

수학 문제를 틀리는 이유는 크게 응용력 부족과 계산력 부족으로 구분할 수 있다.

수학문제는 응용력이 성적을 좌우하기 때문에 식을 정확히 계산해서 답을 끌어내는 능력인 계산력이 부족하여 틀리는 경우는 상대적으로 적다.

응용력 부족은 3가지로 나타나는데, 첫째는 문제에서 요구하는 것이 무엇인지를 제대로 파악하지 못하거나 주어진 조건을 제대로 구분하지 못하는 경우로 이런 능력을 '문제 분석력'이라고 한다.

둘째는 문제분석은 잘했으나 어떤 개념을 가져다 써야 하는지 판단하지 못해서 틀리는 경우로 이런 능력을 '발상력'이라고 한다. 개념이 왜 만들어졌는지를 깊이 이해해야 발상력이 길러진다.

마지막으로 문제를 잘 분석해서 연관되는 기본 개념까지 잘 생각했으나 식으로 제대로 표현하지 못해서 틀리는 경우로 이런 능력을 '논리 구축력'이라고 한다.

따라서 채점할 때는 단순히 맞고 틀린 것 정도만 체크할 것이 아니라 풀이과정을 잘 살펴서 위의 3가지 응용력 부족과 계산력 부족 중 무엇이 원인이었는지 구분하여 표시하는 것이 중요하다. 또한 틀린 횟수를 표시해서 틀린 문제는 계속 반복하여 끝까지 맞힐 수 있도록 힘써야 한다.

자신의 풀이노트와 정답지 해설의 풀이과정을 비교해보고 틀린 부분을 체크하여 분석하고 반드시 다시 풀어서 확인하도록 한다. 이를 위해서는 그냥 문제의 풀이과정을 알아보기 쉽도록 깨끗하게 쓰는 것이 좋다.

그냥 정답지 해설의 풀이과정을 읽어보는 것만으로는 아무 도움도 되지 않는다.

평소에는 이와 같이 실력향상을 위한 분석위주의 문제풀이를 하지만 시험기간이 되어 시험을 위한 문제풀이를 할 때에는 방법이 달라진다.

분석보다 유형파악 중심으로 공식을 암기하고 유형별로 많은 문제를 풀며 감을 익히는 것이다. 틀린 문제는 시험에서도 틀릴 위험이 높기 때문에 완전히 맞힐 수 있을 때까지 계속 반복하여 풀도록 한다.

시험 전날에는 시험시간을 맞춰놓고 그 시간 내에 풀 수 있도록 연습해야 한다. 수학 성적은 주어진 시간 내에 문제를 풀 수 있는 능력으로 나타나기 때문이다.

2. 효과만점 문제풀이 방법(수학 외 과목)

문제풀이는 예습, 수업, 복습의 과정을 통해 학습했던 내용을 확인하는 과정으로서 문제를 풀면서 핵심내용을 다시 확인하고 문제가 어떤 형태로 출제 되는가 유형을 파악하는 것이 중요하다.

즉, 교과서를 충분히 읽어서 개념을 이해하고 참고서의 풍부한 설명을 통해 살을 붙인 후에 문제를 풀면서 개념을 다시 확인하며 응용력을 키우는 것이다.

아는 것에 소비하는 시간을 절약하며 효과적으로 문제집을 활용하기 위해서는 문제를 풀 때나 채점할 때 표시를 하는 것이 필요하다.

문제를 풀 때 헷갈리거나 확실하게 모르는 것은 '?'표시를 하고, 채점할 때는 틀린 원인을 구체적으로 쓰는 것이다. 이해가 완전하게 되지 않은 것인지, 암기를 확실하게 못한 것인지, 실수인지 표시하고, 어떤 개념을 모르는 것인지 구체적으로 알 수 있어야 한다.

객관식 문제를 주관식 문제처럼 풀이하는 것은 개념 확인에 도움이 된다.

예를 들어 '고구려에 대한 설명으로 옳지 않은 것은?'이라는 문제가 주어지고 객관식으로 답이 제시되었다면, 옳지 않은 것만 고르는 것이 아니라 옳지 않은 문항은 어느 시대에 해당하는 것인지 설명해보는 것이다.

틀린 문제를 다시 틀렸다면 그 횟수를 표시한다. 예를 들어 틀린 문제에 표시를 하고 틀린 문제를 또 틀렸을 때 표시를 하는 것이다. 표시가 많은 문제일수록 시험 전에 반드시 알아야하는 특별관리 대상이 된다.

틀린 문제를 다시 풀기 위해서 문제에 바로 답을 표시하지 말고 시험 때 OMR카드에 답을 기록하듯이 문제집 하부에 또는 포스트잇을 이용하여 답을 적고 채점결과만 문제에 표시한다.

틀린 문제는 틀린 원인을 파악하여 보완한 후에 다시 풀어서 확인한다. 문제집을 풀면서 틀린 문제를 시험에서 또다시 틀리는 일이 없도록 해야 하는 것이다.

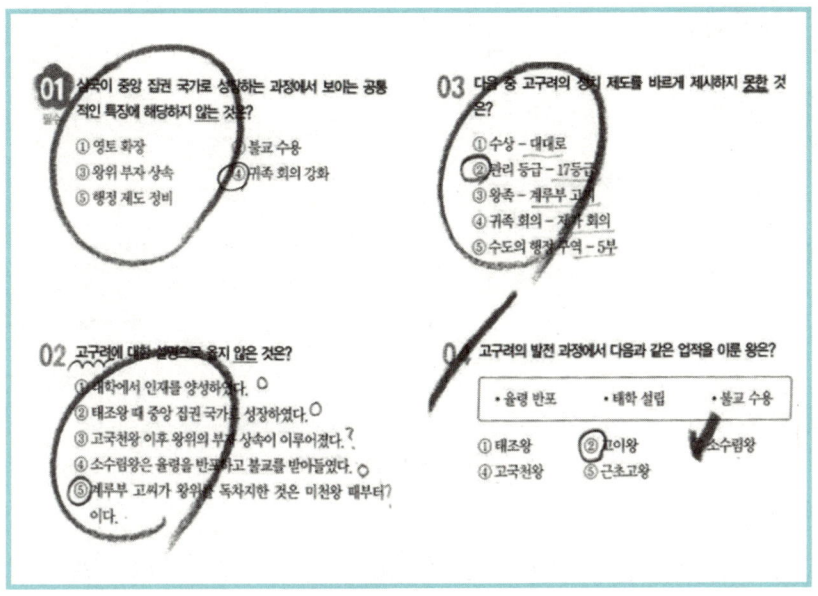

〈일반적인 문제풀이의 예〉

3. 오답관리

틀린 문제를 어떻게 관리하느냐가 성적 향상에 큰 영향을 미친다. 문제집을 풀 때 틀린 문제는 시험에서 틀릴 수 있는 위험성이 높기 때문에 오답을 관리하는 것이 무엇보다 중요한 것이다.

오답을 관리하기 위해서 가장 많이 사용하는 방법이 오답노트를 작성하는 것이지만 오답관리를 위해서 오답노트를 반드시 작성해야 하는 것은 아니다. 오답노트를 작성하지 않더라도 틀린 문제를 반드시 분석하고 확인하는 과정이 있어야 한다.

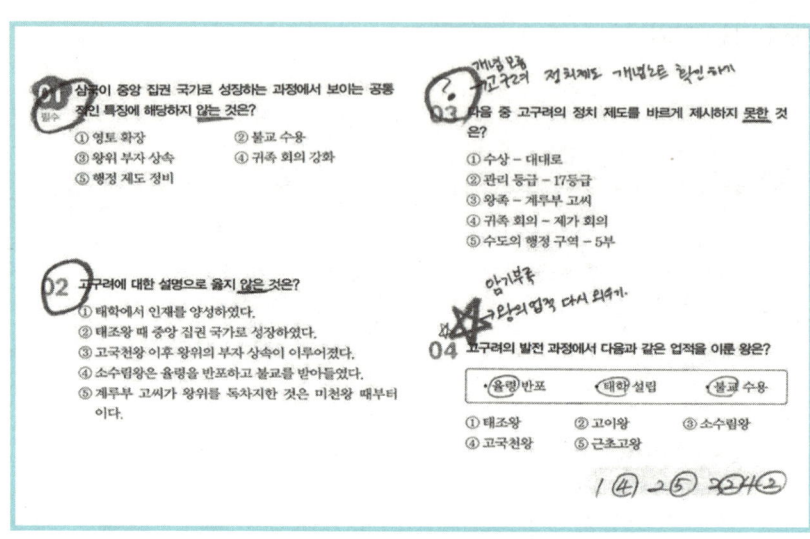

〈효과적인 문제풀이의 예〉

　틀린 문제가 많을 때에는 오답노트를 작성하는 데 시간이 오래 걸리고 힘들게 정리해놓고도 양이 많아서 안보는 경우도 있어서 오답노트의 효과를 얻기 어렵다.

　이때는 틀린 문제를 모두 오답노트에 작성하려고 하지 말고 2~3번 정도 틀린 문제를 반복해서 풀어본 후에 끝까지 틀리는 문제 위주로 정리하는 것이 효율적이다.

　오답노트의 작성여부보다 틀린 문제에 대하여 그 답을 선택한 이유나 틀린 이유(why)를 파악하고, 바른 풀이과정이나 그 문제를 풀기 위한 핵심개념(how)을 아는 것이 오답관리의 핵심이다.

　오답노트를 정성스럽게 작성하고도 제대로 활용하지 못하고 방치하는 경우가 많은데, 시험 전에 오답노트에 정리된 문제를 다시 풀어보아야 한다.

한 번 틀렸던 문제는 시험에서도 틀릴 가능성이 있으므로 반드시 다시 풀어보고 시험에서는 틀리지 않도록 하는 것이 중요하다.

〈오답노트의 예〉

15

시험대비 전략과 피드백

Ⅰ. 시험대비 학습계획 세우기

학생이라면 누구나 한번쯤은 시험 없는 세상에서 살고 싶다는 생각을 해보았을 정도로 시험은 학생들의 스트레스 주범일 것이다.

시험이 몰고 오는 스트레스는 시험에 대한 잘못된 개념으로부터 시작된다.

그러므로, 시험대비 전략을 세우기에 앞서 시험이란 과연 무엇인지 그 의미에 대한 올바른 인식이 필요하다.

1. 시험이란 무엇일까?

학생들의 머릿속에 '시험'이란 단어와 함께 떠오르는 것은 '성적'이며,

시험이 스트레스를 몰고 오는 이유도 성적 때문일 것이다.

성적 위주의 교육환경으로 인해 학생들은 성적에 의해 자신의 능력이나 가치가 판단된다는 생각을 하게 되었고, 공부의 목표가 높은 성적을 받기 위한 것이 되어버렸다.

이와 같은 상황은 점수나 석차와 같은 평가목표를 지향하게 만들고 성적이 떨어지는 실패를 경험하면 그 원인을 자신의 능력이 부족함으로 돌리게 되면서 공부의 즐거움을 잃어버리게 되었다.

시험은 자신이 학습한 내용을 얼마나 잘 이해하고 기억하고 있는지를 확인하는 과정이며, 그 결과 얻는 성적은 그동안 학습에 대한 노력의 정도를 보여주는 것이지 결코 자신의 능력이나 가치를 반영하는 것이 아니다.

시험을 통해 부족함이 드러난 부분을 빨리 보완함으로써 시험이 성장과 발전의 기회가 되도록 하는 것이 중요하다.

시험의 목표는 학습을 통해 장기기억에 저장해 놓은 지식을 완벽하게 표현하는 것이다.

다시 말해 저장한 내용을 인출하는 것이 시험이므로, 시험을 대비하기 위해서는 우선 저장을 잘해놓아야 하며 인출을 미리 연습해야 한다.

2. 지난 시험 되돌아보기

시험대비 학습플랜을 세우기 전에 지난 시험을 되돌아보고 반성하는 것이 필요하다. 지난 시험에서의 과목별 성적뿐만 아니라 시험을 준비하는 과정에서 무엇이 부족했는지 돌아보고 이번 시험을 대비할 때 더욱 효과적인 계획을 세울 수 있기 때문이다.

우선 지난 시험의 과목별 점수를 분석하여 이번 시험에서 성적을 올려야 할 과목을 중심으로 우선순위를 정하는 것이 바람직하다.

지난 시험을 준비하는 동안 자신의 수면시간은 어떠하였는지, 계획을 세워서 학습하였는지, 계획을 세웠다면 어느 정도 실행했는지를 돌아본다.

지난 시험대비 학습에서 학원과 같은 사교육을 통한 학습시간과 자기주도 학습시간은 어느 정도였는지, 과목별 시험범위를 몇 번 정도 반복하여 학습하였는지, 교과서와 문제집을 어떻게 활용했는지를 돌아보고 부족했던 부분을 파악하여 이번 시험을 준비할 때에는 그것을 보완하여 개선하는 것이다.

이번 시험이 지난 시험보다 발전하도록 노력하는 것이 시험대비의 첫 시작이다.

3. 예상 시험범위 파악하기

시험대비 학습계획을 세우려면 먼저 과목별로 시험범위를 파악해야 한다. 시험범위가 발표되고 난 후에 시험대비 학습계획을 세우면 학습할 시간이 많지 않다.

학습계획은 대개 시험 3~4주전에 세워야 하는데 이 시기는 학교에서 시험범위가 발표되기 전이므로 예상 시험범위를 기준으로 계획을 세운다.

이 때 시험과목의 예상 시험범위를 마인드맵을 이용하거나 표를 이용하여 한 눈에 볼 수 있도록 기록하면 이번 시험에서 공부해야 할 전체 학습량을 파악하기가 쉽다.

시험을 위해 필요한 전체적인 학습의 양을 파악하면 학습계획을 세울 때 학습시간을 확보하고 과목별로 시간배분을 하는데 도움이 된다.

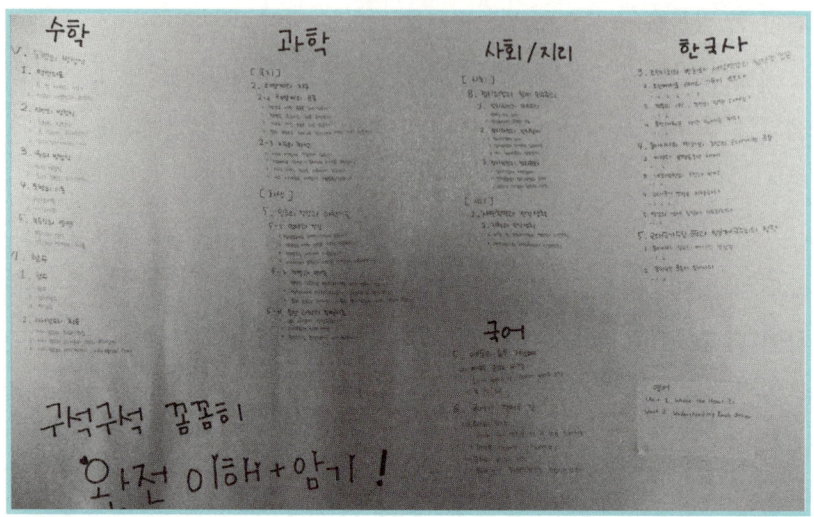

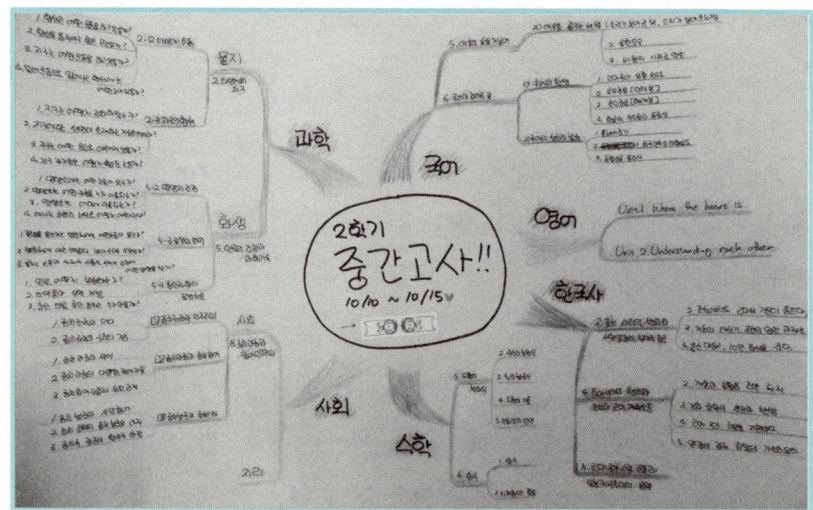

4. 이번 시험 목표 정하기

시험의 목표는 시험범위의 내용을 완전하게 이해하고 기억하는 것이지만, 목표점수를 정하면 더욱 에너지를 집중할 수 있다.

'국어 90점 이상', '평균 5점 향상'과 같이 구체적인 목표점수를 정하는 것 외에도 목표점수를 얻기 위해 '스마트폰 사용시간 1시간 줄이기', '매일 직후 복습하기', '교과서 3번 이상 읽기' 등과 같이 구체적인 행동목표를 함께 정하는 것이다.

학습을 방해하는 요소를 제어하고 구체적인 학습이 뒤따를 때에만 목표달성이 가능하기 때문이다.

5. 고정시간과 가용시간 파악하기

시험대비 학습계획을 세우기 위해 먼저 고정시간을 파악한다. 고정시간은 자신이 사용할 수 없는 시간으로 수면, 식사, 학교, 학원, 이동시간 등이 포함된다.

고정시간을 제외한 나머지 시간이 가용시간으로 이 시간에 시험대비 학습시간을 배치하여야 실천 가능한 계획을 세울 수 있다.

학습시간은 상황에 따라 변동이 있는데, 이를 테면 시험 2주전까지는 방과 후 수업이 있고 그 후에는 없는 경우 시험 2주전보다 1주전의 학습시간이 늘어날 수 있다. 또한 요일별로 방과 후 활동 및 사교육 상황에 따라 학습시간의 차이가 있을 수 있다.

학습계획을 세울 때에는 이와 같이 상황에 따라 차이가 있는 학습시간을 고려하여 학습량을 조절하여 배분하는 것이 중요하다. 이러한 과정 없이 달력만 놓고 학습량을 배분하면 실천하기 어려운 계획이 되어버린다.

6. 시험대비 학습계획 세우기

학습계획을 세울 때 먼저 해야 할 것은 우선순위를 정하는 것이다. 우선순위를 정해서 중요한 과목에는 시간을 많이 투자하고, 자신 있거나 덜 중요하다고 생각한 과목에는 시간을 적게 투자하는 요령이 필요하다.

주별로 학습시간을 파악하고 과목별로 학습할 내용을 교과서 및 프린트, 노트, 참고서와 문제집 등 세부적으로 정리한 후에 총 시험대비 학습시간을 우선순위를 고려하여 과목별로 배분한다.

이 때 시험범위 목차를 활용하면 계획하는데 도움이 많이 되는데, 과목별로 시험범위를 몇 회에 걸쳐 학습할 것인지 목차를 보며 다음과 같이 배분하는 것이다.

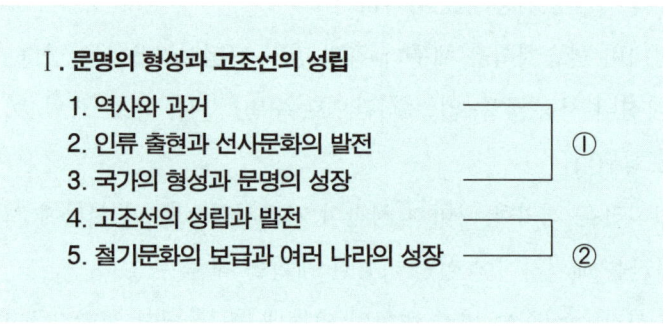

우선순위가 높은 과목일수록 시험범위 반복학습을 3회 이상 할 수 있도록 시간을 배정하고 단원별 학습을 기준으로 하여 배분한다.

〈시험대비 학습계획의 과정〉

과목별 학습계획을 세운 후에 주별로 학습계획을 세우고 그것을 세분화하여 21일 시험계획을 작성한다.

과목	시험범위	주	주별 학습내용	피드백
		D-3		
		D-2		
		D-1		
		D-3		
		D-2		
		D-1		
		D-3		
		D-2		
		D-1		

〈시험대비 주별 학습로드맵〉

21일 시험계획을 작성할 때 시험 전 주에는 시험시간표를 참고하여 첫째 날 시험과목을 시험 전날, 둘째 날 시험과목은 시험 2일전과 같이 시험날짜와 역순으로 배치하는 것이 좋다. 만약 시험시작일이 월요일이 아닐 경우에는 시험 전날이 평일이어서 학습시간이 주말에 비해 적으므로 첫째 날 과목의 성적이 시험 기간에 미치는 영향력을 고려하여 학습시간을 하루 더 배치한다.

	월	화	수	목	금	토	일
	D-7	D-6	D-5	D-4	D-3	D-2	D-1
1주전			5일 과목	4일 과목	3일 과목	2일 과목	1일 과목
시험 기간	1일	2일	3일	4일	5일		

〈21일 시험계획의 예〉

21일 시험계획은 과목별 계획과 주별 계획을 날짜별로 배분하는 것이며, 매일 해야 할 범위를 기록한다.

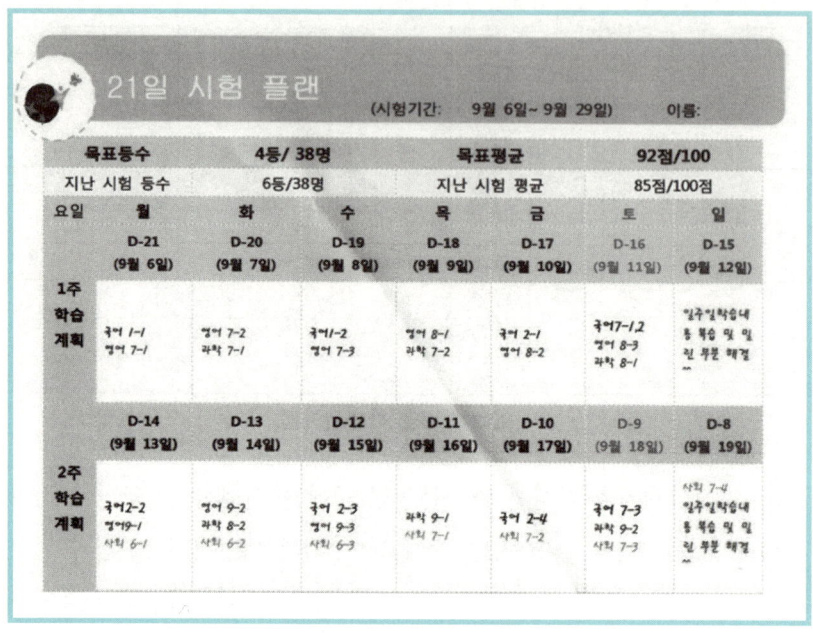

〈21일 시험계획의 예〉

위의 예에서 '국어 1-1, 1-2'은 국어 1단원을 2번에 걸쳐 공부하는데 1회차, 2회차를 표시한 것이다.

시험학습 계획을 잘 세우는 것도 중요하지만 계획을 실천하고 피드백을 통해 자신의 학습상황을 돌아보며 수정, 보완하는 자세가 더욱 중요하다.

Ⅱ. 시험대비 학습과정

시험공부를 한다고 하면 문제집부터 꺼내는 학생이 있는데 이것은 잘못된 방법이다.

개념을 완벽하게 이해하고 중요한 것을 암기한 후에 그것을 확인해보는 과정이 문제풀이이지 시험공부가 문제풀이는 아니기 때문이다. 시험의 목표가 장기기억에 저장된 내용을 완벽하게 표현하는 것이므로 문제풀이의 역할은 저장내용을 확인하는 것이다.

시험 준비는 수업시간에서부터 출발한다. 완전학습을 하기 위해 수업은 중요하지만 시험대비 기간에는 그 중요성이 더욱 높아진다.

대체적으로 시험대비 2주전까지 수업시간에 배운 내용은 시험범위이기 때문에 수업시간에 완벽하게 이해하는 것이 바로 시험공부가 되는 것이다.

시험문제 출제자이신 선생님께서 수업시간에 강조하시는 것은 시험에 출제될 가능성이 높기 때문에 수업시간에 최대한 집중하여 메모하고 쉬는 시간에는 직후복습을 해야 한다.

학생들 중에는 시험공부를 한다고 밤에 잠을 줄여 공부하고 나서 정작 중요한 수업시간에 조는 학생이 있는데, 이것은 잘못된 방법이다.

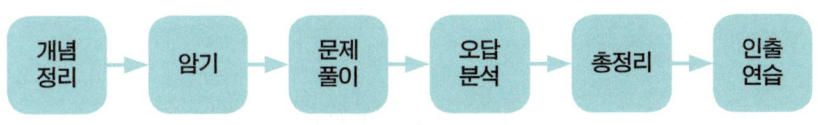

〈시험대비 학습의 과정〉

시험대비 학습은 우선 과목별로 교과서와 프린트를 정독한 후에 개념을 정리하고 암기한다. 이해했다고 암기된 것이 아니므로 반드시 별도의 암기시간을 통해 암기하여야 한다. 잘 외워지지 않는 내용은 카드에 따로 적어서 자투리 시간을 이용하여 반복한다.

모르는 것에 투자하는 시간을 늘리고 아는 것에 소비하는 시간을 줄이도록 한다.

수학과 과학 과목은 과목의 특성상 여러 유형의 문제를 풀어보면서 개념과 원리를 확실하게 이해하게 되지만, 그 외의 과목들은 개념을 이해하고 요점을 정리하여 암기한 후에 문제를 통해서 암기한 내용을 확인해야 한다.

문제를 풀고 나서 채점하는 데 그치는 것이 아니라 무엇 때문에 답이 틀렸으며 바른 답은 어떤 개념을 알아야 하는지 확인하는 것이 필요하다. 문제를 푸는 이유는 머릿속에 저장이 잘 되어있는가를 확인하여서 부족한 부분을 보완하는 것이기 때문이다.

마지막 총정리 과정에서는 인출연습을 하는데, 특히 수학 과목은 주어진 시험시간 내에 문제를 푸는 능력이 중요하므로 시간을 정해놓고 시험과 같은 상황에서 문제를 푸는 연습을 하도록 한다.

핵심정리를 한 내용을 빈칸으로 만들어 빈칸 정리 해보기, 백지에 목차와 함께 핵심 적어보기, 시험문제 스스로 출제해 보기 등의 방법을 통해 인출연습을 하면 효과적이다.

Ⅲ. 시험 피드백

시험은 자신이 학습한 내용을 얼마나 잘 이해하고 기억하고 있는지를 확인하는 시간이므로, 시험 후에 자신의 시험 준비과정을 점검하여 부족한 점을 보완하고 오답의 원인을 분석하여 다음 시험에서 더욱 발전된 결과를 얻기 위한 시험 피드백이 꼭 필요하다.

하지만 대부분의 학생들은 시험기간이 끝나면 정답과 맞춰 보고 시험 점수를 확인한 후 시험으로부터의 해방감에 신나게 놀기에 바쁘다.

부모와 교사는 시험기간이 끝난 후에 시험 피드백을 통해 학생들에게 시험이 성장과 발전의 기회가 되도록 도와주어야 한다.

1. 이번 시험 돌아보기

시험을 마치고 나서 시험 분석지를 활용하여 시험 준비 과정에서 충분히 노력했는지, 계획을 작성하고 실천했는지, 시험을 대비하여 세운 목표는 무엇이며 그것을 달성했는지 등을 점검하도록 한다.

또한 시험대비 학습의 과정을 과목별로 살펴보고 목표점수를 얻지 못했다면 그 원인이 무엇이었는지(예: 비효율적 공부방법, 수업시간 소홀, 학습시간 부족, 시험난이도, 컨디션 난조 등) 분석하여 다음 시험에서는 부족한 점을 발전시킬 수 있도록 노력하는 자세가 중요하다.

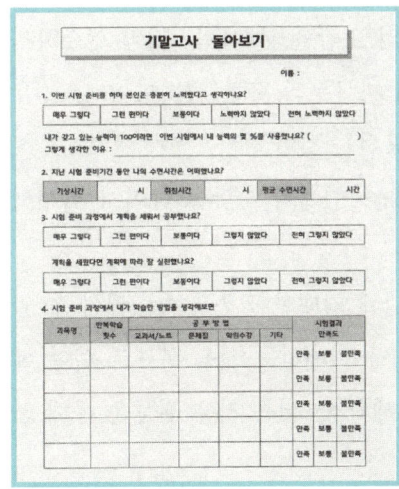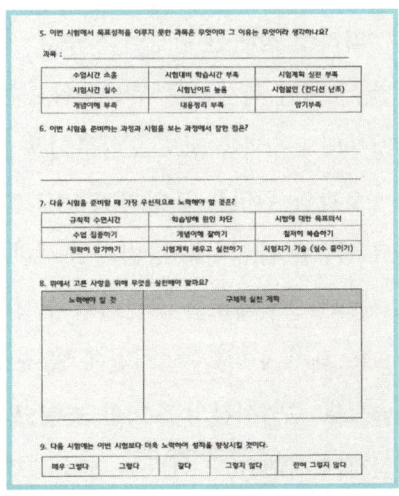

〈시험 분석지의 예〉

2. 과목별 오답분석

시험지를 훑어보면서 정답을 쓴 문제라도 확실하게 알고 쓴 것인지 대충 추측으로 맞힌 것인지, 틀린 문제는 무엇 때문에 틀린 것인지 검토하는 것이다.

틀린 문제는 먼저 어느 단원에서 출제되었는지를 살피고 배움(學)과정, 익힘(習)과정, 시험과정으로 구분하여 오답의 원인을 분석한다.

수업시간 경청부족, 노트정리 부족, 기초학습 능력부족 등과 같은 배움 과정에서의 문제인지, 개념이해 부족, 내용정리 부족, 복습부족 등과 같은 익힘 과정에서의 문제인지 또는 시험을 치르는 과정에서 실수, 문제이해 및 응용력 부족, 시간부족, 시험불안 등으로 인해 오답이 발생되었는지 살펴보도록 한다.

오답이 많지 않은 상위권 학생들은 오답분석이 어렵지 않지만 오답이 많은 중하위권 학생들에겐 시험지를 다시 꺼내보는 것부터 싫어할 수 있다.

따라서 상위권 학생들은 주요과목의 오답을 분석하는 것이 필요하지만, 중위권 학생들은 우선순위 1순위 과목부터 또는 성적이 가장 높은 것부터 1~2과목 정도 오답분석을 시도하는 것이 좋다.

오답의 원인을 파악하고 나면 다음 시험에서 오답을 줄이기 위해서 그 원인을 해결하는 방법을 모색한다.

우선 수업태도를 개선해서 수업시간에 최대한 집중하여 이해할 수 있도록 해야 한다. 수업시간에 80%이상을 이해하는 것을 목표로 하여 예습으로 수업시간의 흥미를 높이고 이해가 안 되는 것은 질문을 통해 완전하게 이해할 수 있도록 한다.

시험은 장기 기억된 내용을 표현하는 것이므로 수업시간에 이해한 내용을 주기적 반복과 정교화, 조직화 훈련을 통해 오랫동안 기억할 수 있도록 노력한다.

16

다중지능 유형별 학습법

Ⅰ. 다중지능 유형별 학습법

새로운 지식이나 기술을 배울 때 자신의 성격, 발달된 감각유형, 발달된 지능에 의해 학습을 한다는 것은 지극히 당연한 일이다. 같은 사건을 놓고도 우리가 받아들이고 표현하는 것이 다 다른 것처럼 학습을 할 때도 각 개개인 마다 자신의 특성과 적성, 성격 등에 따라 학습을 받아들이는 방법이 다르다. 이 말은 곧 자신의 특성에 맞는 효율적인 학습방법이 개개인마다 다르다는 의미도 된다. 이는 개인이 자라온 환경이나 유전 등의 영향일 수 있으며, 만일 동일한 조건에서 학습하게 된다면 자신에게 맞는 방법으로 학습을 했을 때, 가장 효율적으로 학습할 수 있다는 이야기가 된다. 이러한 점을 고려하면 학습자가 자신의 성격이나 적성 등 자신에 대해 아는 것은 학습의 중요한 선행요인이 된다. '지피지기면 백전백승'이라는 말이 있듯이 자신의 성향을 잘 아는 학습자는 자신의 강점을 잘 파악하고, 자신에게 맞는 학습방법을 수월하게 잘 찾을 수 있다. 학습자 개개인이 가지고 있는 강점과 약점을 발견하여 학습에 활용할 수 있도록 하기 위해서는 먼저 자신에 대해 잘 알아보는 것이 중요하다. 자신의 강점과 약점을 파악한 후, 강점은 강화시키고 단점을 보완함으로써 학습의 효율성을 높일 수 있다. 뿐만 아니라 학습자의 특성과 학습유형을 파악하는 것은 교사에게도 의미가 크다. 학생들이 선호하는 학습방법을 수업에 반영하게 되면 학습자의 배움을 촉진시키고, 교실수업에 활력과 흥미를 불어넣을 수 있기 때문이다.

Ⅱ. 다중지능 이론

MI(Multiple Intelligence)는 하버드 대학 교육학과 교수인 가드너 박사가 주창한 지능 이론이다. 그는 인간의 지능은 IQ테스트처럼 객관적으로 측정할 수 있는 하나의 지능이 아니라 여러 가지가 있으며, 이 모든 지능은 어떻게 계발하는가에 따라 달라질 수 있다고 하였다. 가드너는 지능을 '문제를 해결하고 새롭고 가치 있는 것들을 만들어 내는 능력'이라고 정의하였다. 인간은 누구나 특별한 지능의 스펙트럼을 가지고 태어나며, 인간의 뇌 속에는 다양한 지능과 관련된 특정영역이 있어서 현재 발달 상태에 따라 지능은 변화한다고 한다. 다중지능은 인간의 지능을 8가지의 영역으로 구성하여 개인마다 다른 지능에 비해 특별히 우수한 강점지능, 보통의 지능, 상대적으로 약하게 발달된 지능이 있다는 것을 전제로 한다. 가드너가 분류한 인간의 여덟 가지 지능이란 언어지능, 논리-수학지능, 시각-공간지능, 신체운동지능, 음악지능, 자기이해지능, 대인관계지능, 자연관찰지능이다.

사람은 자신의 강점 지능과 관련해서는 무엇이든 잘 배울 수 있지만, 약점 지능과 관련해서는 다른 사람에 비해 어느 정도 학습의 어려움을 겪는다.

주의할 점은 현재 강점 지능이라고 해서 그것을 자신의 고유 지능으로 한정 짓지 말아야 한다는 것이다. 학습의 효율성을 증대시키기 위해 강점 지능을 적극적으로 사용하되 그 외 보통 지능과 약점 지능에 대해 무관심하거나 노력을 소홀히 하는 것은 바람직하지 않다. 오히려 강점지능으로 보통지능과 약점지능까지 활성화 할 수 있는 방법을 모색해 통합하려는 노력과 지혜가 필요하다. 강점 지능을 강화하고 약점지능을 보완·병행할 때 더 놀라운 학습능력을 발휘할 수 있다.

1. 다중지능 이론이 교육계에 가져온 변화

다중지능(Mutiple Intelligence) 이론은 교육계에 상당한 영향을 주고 있다. 학생들이 읽기와 수학분야에서만 뛰어나면 된다고 믿던 시대는 이미 지나가 버렸다. 저학년일 때는 지능지수와 성적의 상관이 비교적 높지만, 고학년으로 올라가면서 지능지수와 성적의 상관이 낮아지게 된다. 왜냐하면 학년이 올라가게 되면 지능지수가 성적에 미치는 영향보다 학습자의 성취동기와 성실함이 더 큰 영향을 미치기 때문이다. 또한 같은 지능지수를 가진 학생 간에도 학업성취의 차는 심한데 이것은 지능이 학업성취와 상급학교 진학 및 사회적 성공에 필요조건일 수는 있으나 충분조건이 아님을 의미한다.

학업능력 이외의 능력을 새롭게 조명하는 다중지능이론이 대두됨에 따라 이제 우리는 서로 다른 많은 종류의 지능이 있다는 것을 인정하게 되었다. 다중지능 이론의 등장이 교육계에 가져온 변화는 다음과 같다.

첫째, 재능까지 지능으로 보도록 확대하였다는 점이다. 과거의 지능지수(IQ)는 학교교육에서 특히 중시하던 지표로서 학교성적 예언의 성격을 띠는 것이었다. 지능지수(IQ)는 학습자의 논리·수리·언어 능력을 측정하여 학습을 잘 할 수 있느냐의 여부를 알아보는 도구였다. 따라서 지능지수(IQ)는 국어·수학·과학 등의 교과와 높은 상관을 갖는 반면 음악, 미술 등의 교과와는 낮은 상관을 가지게 된다.

그러나 다중지능에서는 사람의 지능이라는 것을 논리, 수리, 언어에만 편중되어 있는 것이 아니라 정신적인 능력은 물론 지금까지 지능이라고 생각하지 않았던 부분까지 지능으로 인정, 재능의 부분까지도 인간의 지능의 영역으로 확대하였다.

둘째, 지능의 관점이 달라졌으므로 인재상도 달라졌다. 특정지능만 강조하는 것은 특정학생만 우수한 인재로 인정하는 것이 된다. 그러나 다중지능은 학생 한 사람 한사람의 뛰어난 능력과 재능에 관심을 갖고 지도하여 학생의 두뇌를 발전시키고 잠재력을 일깨워야 함을 강조한다. 학생들 개개인이 가지고 있는 잠재력과 지능을 일깨워 그들의 잠재력이 발현될 때 모두가 자기분야에서 인재가 될 수 있다.

셋째, 아무리 약한 지능이라 하더라도 적절한 자극과 노력을 통해 개발하면 그 영역이 발달될 수 있다. 다중지능이론의 각 개별 지능들은 독립적으로 작용한다는 것이 연구결과 밝혀졌다. 예를 들면, 우리가 읽기와 쓰기 혹은 말하기를 통하여 우리의 언어지능을 사용할 때 우리 뇌의 왼쪽 측두엽에서 뇌 활동이 증가한다. 또 우리가 색상과 그림 혹은 찰흙으로 만든 조각을 통하여 우리의 시각-공간지능을 사용할 때 뇌의 오른쪽 후두엽에서 뇌 활동이 증가한다. 특정지능 관련 활동을 하게 될 때 그 부분에 관련된 뇌 영역이 활성화 된다는 것은 각각의 뇌의 영역을 자극하고 개발시키면 그 영역이 발달될 수 있음을 알려준다.

넷째, 학생들을 평가하는 방법도 달라져야 함을 강조한다. 많은 변화를 시도하고 있긴 하지만 아직도 학교 교육은 언어, 수리에만 치우친 부분이 많다. 이는 언어, 수리외에 다른 지능을 가진 학생에게는 불리한 요인이 될 수밖에 없다. 따라서 다양한 교육방법을 모색하고 제시해야 하며 소수의 특정지능 학생에 유리한 지필평가 외에도 실제적 능력과 학생 개개인을 평가할 수 있는 평가의 방법도 달라져야 함을 시사하고 있다.

Ⅲ. 8가지 다중지능의 유형별 특징과 학습방법

1. 언어 지능(verbal / linguistic intelligence)

언어지능은 말의 규칙과 의미 그리고 다양한 언어의 사용을 예리하게 다루는 재능으로서 인간 의사소통의 주요 수단인 언어를 능숙하게 사용하는 능력이다. 언어지능을 강점으로 가진 사람은 말하기를 좋아하고, 말을 주된 수단으로 사용하여 문제를 해결하고 사고한다. 말로써 남을 설득하는 능력이 뛰어나며, 말로써 남을 즐겁게 하는 반면 논쟁하기도 좋아한다. 가드너는 언어를 "인간 사회에서 없어서는 안 될 뛰어난 인간 지능"이라고 정의하였는데, 이는 우리사회의 모든 것이 언어를 기초로 하여 구성되었으며, 자기주도학습과 평생학습을 필요로 하는 현대의 필수적인 지능이기 때문이다. 언어지능이 높은 사람은 토론학습 등에서 뛰어난 역량을 발휘하고, 끝말잇기 게임, 낱말 맞추기 등을 잘한다. 또한 어휘 구사 능력이 뛰어난 달변가가 많으며, 글재주가 뛰어나 글을 잘 쓴다. 그리고 언어지능이 뛰어난 사람들은 같은 대상을 보더라도 그것을 표현하고, 의사소통하는 능력이 뛰어나다. 시대의 흐름을 풍자하면서 해학적으로 표현하는가 하면, 때로는 감성에 호소해 의도하는 바를 관철시키기도 한다.

바람직한 학습 환경은 언어의 4가지 기능인 말하기, 읽기, 듣기, 쓰기를 균형 있게 발달시킬 수 있어야 한다. 언어지능을 강점으로 가진 학습자에게는 다음의 학습법이 유용하다.

1) 배운 내용을 자신의 말로 바꾸어 자세하게 정리하기
2) 설명을 주의 깊게 듣거나, 책을 주의 깊게 읽기
3) 어휘력을 높여가며 공부하기
4) 여러 번 말로 반복하여 암기하기 또는 녹음해서 다시 듣기
5) 핵심어 찾기, 학습한 내용 요점정리 하기
6) 교사 학습법: 가르치면서 학습하는 방법

2. 논리-수학지능(logical-mathematical intelligence)

논리-수학지능은 논리의 긴 연결고리를 다루고 세상의 형태와 법칙을 인식하는 능력으로서, 수학, 과학, 연구와 관련된 지능이다. 이 지능의 핵심은 문제를 인지하고 해결하는 능력이다. 논리-수학지능을 강점으로 가진 사람은 수를 좋아하고, 논리적으로 자료를 이해하는 것이 빠르며, 추상적으로 작성된 패턴을 쉽게 인식한다. 계산과 정량화된 자료작성에 능숙하며 복잡한 수학 문제해결 능력도 뛰어나다. 논리-수학지능이 뛰

어난 사람은 대상의 기능과 인과 관계를 쉽게 인식한다. 또한 양과 시간에 대해 명확한 개념을 가지고 있다. 가드너는 논리-수학지능이 지금까지 서양사회에서 월등한 지능으로 평가되어 왔지만 다른 지능에 비해 월등한 지능으로 볼 이유는 없다고 주장한다.

논리-수학지능이 강점인 아이들은 다음과 같은 학습방법이 좋다.

1) 내용을 비교, 대조, 분석하기

2) 6하 원칙에 따라 질문하며 공부하기

3) 연관 관계 등을 파악할 수 있는 규칙 찾아보기

4) 개념의 상위범주와 하위범주를 두어 유목화하기

5) 주제에 관해 조사하고 분류하기

6) 학습내용을 도표로 만들어 익히기

7) 일일, 주간, 월간 학습플랜을 작성한 후 학습하기

8) 학습내용을 비롯한 모든 자료를 분석하기

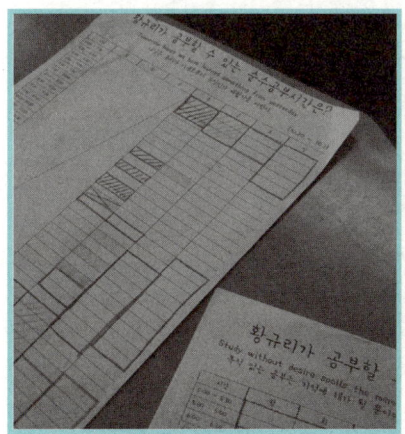

〈시간 가계부 작성〉

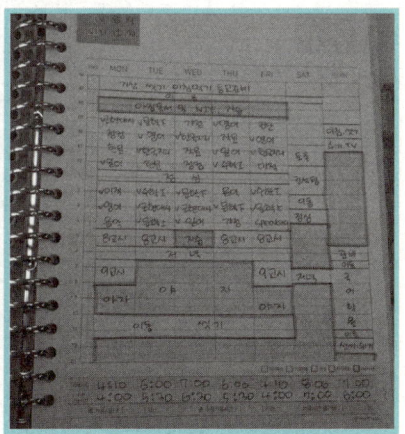

〈주간 플랜 작성〉

3. 시각-공간지능(visual-spatial intelligence)

시각-공간지능이란 시각적 세계를 정확히 인식하고 그 지각한 내용을 다양한 관점에서 재창조, 변형, 수정할 수 있는 능력이다. 눈과 손에 관련된 능력으로 이 지능이 뛰어난 사람은 마음의 눈으로 이미지를 뚜렷하게 그릴 수 있다. 뿐만 아니라 그 이미지를 그림, 조각, 건축, 디자인 등으로 표현할 수 있다. 대부분의 정보를 시각적 이미지를 통해 처리하고 3차원적으로 생각한다. 색, 선, 모양, 형태 등 시공간적인 인식능력이 뛰어나다. 시공간적인 감수성이 높으므로 섬세한 운동 기능도 뛰어나다. 손과 눈을 사용하여 새로운 것을 창조하면서 즐거움을 느낀다. 내적, 외적 이미지를 지각하는 것은 물론이고 그것들을 창조하고 변형 시킬 수 있다. 그 외에도 그래픽 정보를 쉽게 해석하고 창조한다.

시각-공간지능을 강점으로 가진 학생들에게는 다음의 학습법이 좋다.

1) 그림이나 이미지 등으로 그리거나 기호로 표시하기

2) 마인드 맵이나 표 등을 이용해 내용을 조직적으로 배열하기

3) 문제의 시작부터 끝까지 본 후 조각들을 만들어 이해하기

4) 여러 가지 색깔 있는 펜으로 정리하기

5) 학습내용을 그림으로 그리면서 이해와 기억을 향상시키기

6) 공부환경에 조각, 공예, 공작, 사진, 모형, 포스터 등을 전시하기

7) 학습과 관련된 기사들을 모아 각 과목 스크랩북을 만들기

8) 학습내용과 관련된 다큐멘터리나 비디오 보기

9) 그래프나 그림, 도표 등을 활용하여 학습하기

10) 이야기가 있는 국어나 사회과목을 직접 만화로 표현해보기

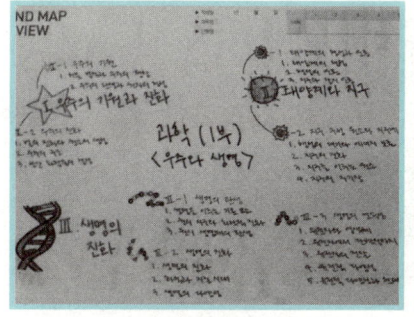

〈목차학습 마인드 맵〉

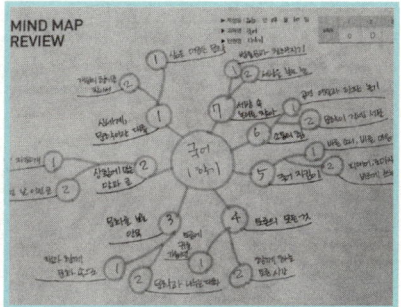

〈목차 학습 마인드 맵〉

4. 신체운동지능(bodily / kinesthetic intelligence)

신체운동지능은 몸과 물체를 솜씨 있게 활용하고 다루는 능력으로서, 대상을 잘 다루면서, 신체적 조정능력이 뛰어난 지능을 의미한다. 신체운동지능이 뛰어난 사람은 특히 예민한 촉각과 움직임을 통해 현상과 사물을 지각하고, 몸과 마음을 조화롭게 다룬다. 신체를 섬세하게 통제할 수 있으며 직감과 직관이 뛰어나다. 일반적으로 학습자는 학습에 수동적 수용자가 아니라 적극적인 참여자가 되기를 원한다. 학습자가 능동적으로 참여하는 수업방식을 통해 신체운동지능은 향상된다.

신체운동지능을 강점으로 가진 학습자는 다음과 같은 학습방법이 효율적이다.

1) 학습내용을 역할극으로 꾸며보기

2) 걷거나 움직이면서 자유로운 분위기를 조성하여 학습하기

3) 새로운 아이디어를 찾아내서 발명품 만들기

4) 학습내용을 자신의 몸짓이나 춤으로 표현하기

5) 공에 학습내용을 요약하여 적은 후 공놀이를 하면서 학습하기

6) 쉬는 시간에 체조를 하면서 암기사항을 구령으로 바꿔서 암기하기

5. 음악지능(musical / rhythmic intelligence)

음악지능은 음높이, 선율, 음질을 예리하게 다루는 재능으로, 음악을 작곡하고 연주할 수 있는 능력이다. 음악의 3요소인 리듬, 멜로디, 화음에 탁월한 민감성을 보인다. 음악지능이 우수한 사람은 자신의 감정을 음악적으로 잘 표현할 뿐만 아니라 다양한 소리의 변화에 예민하게 반응한다. 가드너는 교실 수업에서 학습의 효과를 위해 음악을 더 많이 활용해야 한다고 강조한다. 동서고금을 통해 음악은 항상 인간과 함께 발전하여 왔으므로 음악은 여전히 인간의 능력발달을 위해 기여할 수 있는 바가 크다.

음악지능을 강점으로 가지고 있는 학습자들은 다음의 학습방법을 활용한다.

1) 기억해야 하는 학습내용을 노래에 맞추어 암기하기
2) 자신이 가장 필요한 소리환경을 조사하여 공부하기
3) 기억 할 때 단어의 억양이나 액센트를 이용해 공부하기
4) 학습주제를 뮤지컬로 만들기
5) 학습 후 휴식시간에 음악에 맞춰 춤을 추거나 좋아하는 악기를 연주하면서 학습 내용을 떠올리기
6) 리듬치기를 하면서 암기하기

6. 자기이해지능(intrapersonal intelligence)

자기이해지능은 자신의 감정을 잘 파악하고 조절하는 능력으로서 자신에 대한 정확한 지각과 인생을 계획하고 조정하는 지능이다. 자신의 장점과 약점을 수용하는 능력으로서 자신의 행동과 감정에 대해 스스로 책임을 지며, 직관력과 통찰력이 뛰어나므로 지혜롭다는 평가를 받는다.

자기 정체성이 확고하고 반성적 사고를 하기 때문에 자신의 감정과 생각에 대한 성찰과 이해가 뛰어나다. 개인의 진화를 위해 가장 절실하게 요구되는 지능이다. 다양한 분야에서 성공한 사람들에게 가장 공통적으로 발견할 수 있는 지능이 바로 자기이해지능이다. 연구결과에 의하면 해당 분야의 지능뿐만 아니라 자기이해지능도 우수할 때 큰 능력을 발휘하여 성공할 수 있다고 한다. 예를 들어 운동감각지능이 뛰어난 김연아 선수나 박지성 선수의 경우 자기이해지능도 높다.

자기이해지능이 강점인 학습자에게는 다음의 학습법이 유용하다.

1) 자성예언, 공부를 열심히 하도록 스스로 격려하기
2) 공부의 목적과 당위성을 생각해 보기
3) 혼자서 자기주도학습하기
4) 성찰 및 반성일지 쓰기
5) 목표설정 및 실행전략 세우기
6) 학습 전 · 후 명상하기
7) 자기평가서를 규칙적으로 작성하기

7. 대인관계지능(interpersonal intelligence)

대인관계지능은 다른 사람의 의도를 잘 파악하고, 조절하는 능력으로서, 타인을 잘 이해하고, 의사소통을 원활하게 하면서, 잘 어울릴 수 있는 능력이다. 인간은 대인관계지능을 사용할 때 타인을 이해하고 효과적으로 상호작용할 수 있다. 대인관계지능이 발달하여 사회성이 뛰어나면 통찰력을 사용하여 타인을 설득하고 필요한 정보를 쉽게 획득한다. 사회적 지능이 높은 사람은 타인과의 관계 자체를 즐기므로 친구가 많고 각 분야에서 탁월한 능력을 갖춘 조언자들을 가까이 두게 된다. 따라서 어려운 문제를 쉽게 해결하는 장점이 있다. 대인관계지능의 또 다른 장점은 사회성과 함께 유머감각이 발달하는 것이다. 반면 삶에서 자신을 성찰할 수 있는 혼자만의 시간이 부족한 점이 하나의 단점이다. 자신을 발전시키는데 반드시 필요한 자기이해지능이 부족하기 때문에 바쁘게 살지만 진정한 의미의 자아성취감을 맛보기 어려울 수 있다.

대인관계지능이 강점인 학생들에게 적합한 학습방법은 다음과 같다.

1) 마음에 맞는 친구와 파트너 학습하기

2) 혼자 학습할 때보다 협동학습이 더 효율적임

3) 학습이 부진한 친구 가르치기

4) 리더쉽을 향상시키기 위해 노력하기

5) 역할극 하기

8. 자연관찰지능(naturalist intelligence)

자연관찰지능은 자연환경의 현상과 사물을 관찰, 이해, 조직화하며, 동물, 식물, 광물에 대해 남다른 애착을 가지고 그것들을 쉽게 인식하고 분류할 수 있는 지능이다. 이 지능이 강한 사람은 일상생활에서 자연과 접하는 기회를 자주 활용하여 삶의 활력을 얻는다. 자연에 대한 호기심이 강하므로 자연에 있는 대상들을 세밀하게 관찰하고 자연의 법칙과 원리를 잘 이해한다. 우리는 자연관찰지능을 사용하여 사람, 식물, 동물, 환경의 여러 가지 특성들을 인지한다. 자연관찰지능은 주변의 물리적 환경과 상호작용하면서 원인과 결과에 대한 감각을 발달시킴으로써 자연지능을 계발할 수 있다.

다음은 자연관찰지능을 강점으로 가진 학생에게 유용한 학습법이다.

1) 과학관련 주제에 대해 관찰일지 쓰기

2) 가능한 현장학습 하기

3) 학습내용을 먼저 대, 중, 소단위로 분류한 후 학습하기

4) 모든 학습내용에서 가능한 공통점과 차이점 찾기

5) 방학을 이용하여 지역사회 답사하기

Ⅳ. 교사의 다중지능

　　미국 코넬 대학교의 '학습과 교육센터'(Center for Learning and Teaching)
에는 다음과 같은 벽보가 있다고 한다. "어려운 개념은 제가 선호하는 유
형으로 가르쳐주세요. 하지만 쉬운 내용은 다른 유형으로도 시도 해보겠
습니다. 제발 선생님께서 좋아하는 유형으로만 가르치고서 제가 공부 못
하는 학생이라고 생각하지 말아주세요." 이 벽보는 학생 개개인의 학습
유형의 다양성이 존중되어야 함을 알리고 있다. 교사들은 학생들의 다중
지능을 아는 것 못지않게 자신이 어떤 다중지능을 가지고 있는지 알고
있어야 한다. 학생들이 학습을 할 때 자신의 강점지능을 활용하듯, 교사
들은 자신의 약점지능보다 강점지능을 활용하여 수업을 진행하는 일이
많다. 언어지능을 가진 교사는 보다 많이 언어지능적인 요소가 들어간 수
업을 구성하고 진행하게 되며, 논리-수학지능을 가진 교사는 보다 더 논
리- 수학적 요소가 들어간 수업을 진행함을 많이 보아왔다. 이것은 곧 교
사와 비슷한 지능을 가진 아이들에게는 좋은 소식이지만, 만일 그렇지 않
은 학생들은 수업에 흥미를 못 느끼고 어려워 할 수 있음을 의미한다. 따
라서 우리는 교사의 다중지능에도 관심을 기울여야 한다. 교사로서 자신
의 다중지능을 알아야 하는 이유를 정리해보면 다음과 같다.

첫째, 우리가 지도하는 학생들이 다양한 다중지능을 가지고 있기 때문이다. 한 교실에 30명 정도의 학생을 놓고 수업을 한다고 가정할 때 교사가 모든 학생의 학습요구와 흥미를 유발하는 수업을 하는 것은 그리 쉬운 일은 아니다. 따라서 교사가 자신이 선호하는 지능만을 자주 사용한다면 대부분의 학생들은 그 수업에서 계속적인 불이익을 당하게 된다.

둘째, 교사는 좀 더 다양한 학생들의 욕구와 학습의 흥미를 유발하는 활력적인 수업을 할 수 있게 된다. 교사는 자신의 다중지능 요소를 파악함으로써 편협된 수업방식에서 벗어나 수업 계획을 확장하고, 새로운 주제 단원을 설계하며, 모든 학생들을 수업에 참여시키는 능동적인 시도를 도모할 수 있다. 교사들은 여러 가지 다중지능들의 요소를 통합하여 교실 수업을 구성할 수 있다. 교사들이 자신의 다중지능을 인지하고 의식적으로 서로 다른 지능들을 사용하고자 노력한다면 수업 내용을 더 풍부하게 할 수 있고, 학습자들이 좀 더 접근하기 쉽게 할 수 있다.

셋째, 장점을 살려주지 못했던 학생들의 잠재력을 발휘하도록 하는데 도움이 된다. 교사가 의식적으로 학생들의 다중지능을 통합하고 전체적으로 자극하고자 노력한다면 좀 더 많은 학생들이 수업의 참여자가 되려는 노력을 보일 것이다.

이를 위해서 교사는 먼저 자신의 수업을 관찰하고 분석해 보아야 한다. 자신이 주로 어떤 지능을 강화하는 활동을 조직하고 수업을 진행하는지를 객관적으로 파악하도록 한다. 또한 잘 활용하지 않는 것은 어떤 지능인지도 파악한다. 자기관찰을 통해 스스로 어떤 지능을 수업에 자주 활용하며, 어떤 지능을 잘 활용하지 않는지를 인식하는 것에서부터 교사의 수업은 학생들을 주인공으로 만드는 수업으로 달라질 것이다.

〈다중지능에 따라 수업 자기관찰 하기〉

교사는 실제 자신의 수업을 관찰함으로써 가르칠 때 자신이 선호하는 다중지능을 알 수 있다.

1. 시간, 과목, 사용된 자료와 활동, 교사가 사용한 다중지능 등을 기술한다.
2. 많이 활용하는 지능과 잘 활용하지 않는 지능을 파악한다.
3. 개선이 필요한 부분을 찾아내어 목표를 설정한다.
4. 수업계획을 다시 세운다.

〈하루 동안의 다중지능 수업 자기관찰하기 예시〉

나는 어떤 교수기법을 선호하는 교수인가?

관찰한 날짜_____

시간	과목	사용된 자료와 활동	사용한 다중지능
자습시간	한자쓰기	클래식 음악 틀어주기 한자쓰기	음악지능 언어지능
1교시	국어	시를 읽고 낭송하기 시 쓰기활동 시화 그리기 활동	언어지능 시각-공간지능
2교시	수학	칠판에 판서하며 개념설명 이해한 부분 짝을 정하여 개념 설명하기 문제 풀고 나와서 설명하기	시각-공간지능 논리-수학지능 언어지능

언어지능 – 중학교 과학 교사

관찰

나는 언제나 수줍음이 많고 정말로 책 읽는 것을 좋아하지 않는다. 여러 날 동안 나 자신을 관찰했을 때, 내가 말을 많이 할 필요가 없는 스터디 그룹을 실제로 많이 만들고 있다는 것을 알았다.

목표1

나의 목표는 좀 더 직접적인 교수방법을 사용하는 것이다. 우선 다음 수업부터 시작할 것이며, 가드너의 다중지능의 일부를 통합시키는 강의식 수업을 준비할 것이다. 비록 시각이나 음악 자료를 사용하게 될지라도, 과학 시간에 매번 10분 정도는 기본적으로 학생들에게 큰 목소리로 설명할 것이다.

목표2

비록 나는 책 읽는 것을 전혀 좋아하지 않는 사람이지만, 나의 학생들은 책 읽는 것을 좋아하는 사람이 되기를 원한다. 나는 학생들에게 책에 대한 사랑을 키우도록 하기 위해서 추리소설부터 시작해서 다른 책 읽기로 나아가는 계획을 세울 것이다.

음악지능 – 중학교 사회교사

관찰

내가 정말로 음악을 좋아하면서도 수업에서 결코 음악을 사용한 적이 없다는 것이 흥미롭다. 나는 교회 성가대에서 피아노를 치고 노래를 한다. 집에 있을 때는 라디오나 CD를 종종 듣는다. 내가 학생들을 가르칠 때 나의 강점인 이런 것을 사용하지 않는 것이 이상하다.

목표

나의 목표는 음악을 교실 수업에 접목시키는 것이다. 그에 관해 생각하는 것만으로도 우리 모두에게 대단히 유익할 것이라는 것을 알 수 있다. 나는 고대 역사 수업에 음악을 사용하기 시작할 것이다. 피아노가 발명되기 전에 어떻게 음악이 연주되었는지를 듣는 것은 학생들에게 유익할 것이라고 생각한다. 이제 나는 내가 가르치는 역사 시간마다 음악을 연관시킬 것이다.

신체운동지능 – 초등학교 교사

관찰

나는 나 자신을 관찰한 후에 하루 종일 신체운동지능을 사용하지 않는 경향이 있다는 것을 알았다. 신체운동지능은 내게 잘 발달되지 않은 지능이다. 나는 결코 자진해서 그룹 스포츠에 참여하지 않았으며, 또 응원을 위해서 앞에 나가 본 적이 없었다. 나 자신이 정말이지 이런 것을 좋아하지 않는데 어떻게 그것을 수업에 접목시켜야 하는가?

목표

나의 목표는 1학년 수학과목에 신체운동지능을 통합하는 것이다. 나는 학생들에게 자리에서 일어나서 움직이라고 할 것이다. 만약 4+4=8을 가르친다면 4명의 두 그룹을 만들어서 합치고 모든 인원수를 세 보게 할 것이다. 그리고 나서는 칠판에 식을 쓰는 것이다.

자기이해지능 – 중학교 영어 교사

관찰

나는 대부분의 수업에서 학생들을 집단으로 나누었다. 이것은 대인 관계지능의 사용을 요구하는 것이다. 나는 나 역시 집단으로 학습하는 것을 좋아한다는 것을 알았다. 대학교 때 나는 교수가 집단 프로젝트를 내주면 언제나 좋아했다.

목표

나의 목표는 자기성찰적인 방식으로 학습하는 학생들의 요구에 부응하기 위해서 독립적으로 공부를 하는 과제를 할당하는 것이다. 나는 최소한 일주일에 2개의 독립적인 과제를 부여하는 것으로 이 일을 시작할 것이다. 만약 이일이 잘되면, 나는 좀 더 개인적인 과제를 많이 부여하는 것을 검토해 볼 것이다.

자기관찰

수업에서 활용하고 싶거나 향상해야 할 다중지능 영역은?

다중지능 이론의 교실 적용

1) 학생들이 서로 다른 길을 거쳐서 공통 목표에 도달하는 것을 허용하라.

2) 학생들이 가장 잘 할 수 있는 것을 드러내도록 허용하라.

3) 학생의 재능이나 성취도를 평가하는 방식을 다양화하라.

4) 학생에게 학교에서 전통적으로 중요시하는 언어능력만을 강조하지 말고 각자 자신에게 가장 뛰어난 능력을 찾을 수 있는 기회를 제공하라.

어떤 교사들은 다중지능을 수업에 활용하는 것이 교과의 특성상 제한될 수 있다고 얘기하기도 한다. 그러나 개별 지능들이 상대적으로 서로 독립적일지라도 "개인과 문화에 의해 다양한 적용방식으로 결합되고 형성될 수 있다."라고 지적한 가드너의 주장은 이러한 문제를 쉽게 해결해주는 열쇠가 되기도 한다. 즉, 지능은 일반적으로 복합적인 방식으로 작용하며, 어떤 지능도 생활에서 단독으로 존재하지 않는다. 예를 들어 미술수업에서 수채화 그리기를 한다고 가정해 보자. 미술 수업에서는 일반적으로 시각-공간지능이 많이 활용될 것이다. 그렇지만 미술수업에서 시각-공간지능만 활용할 수 있는 것은 아니다. 수채화를 그리기 위해 학교 정원으로 나간다면 자연관찰지능을 자극하는 것이 된다. 여러 화가들의 수채화를 보여주고 언어지능을 활용해 설명해 줄 수도 있다. 그림을 그릴 때는 음악을 틀어주어 음악지능을 자극할 수도 있다. 단 한가지의 수업을 한다하더라도 8가지 지능의 요소를 통합하는 방법으로 수업을 조직하게 되면 좀 더 다양한 학생들의 욕구와 학습의 흥미를 유발하는 활력적인 수업을 할 수 있을 것이다. 이는 학생들로 하여금 서로 다른 지능들을 사용하여 학문적 관련성을 잘 연결 짓도록 하는 실천적 방법이 된다. 교사로서 우리는 학생들의 뇌의 한 부분이 다른 부분과 연결되도록 돕고 있는 것이다. 긴밀하게 서로 연결되어 있는 다중지능의 사용은 뇌 속에서 신경망을 강화하고 서로 관련 지어지도록 한다. 다중지능을 활용함에 있어 중요한 점은 교사든 학생이든 강점 지능에 자신을 한정 짓지 말고, 강점 지능을 중심으로 해서 다양한 지능을 계발하기 위한 기회로 활용해야 한다는 것이다.

17

홀랜드 유형별 학습지도법

학생들과 자기주도학습 관련 코칭이나 수업을 하면서 학습법에 관한 설명을 하고 그에 따른 실습을 병행하는데 이론만이 아니라 배운 내용 대로 실습을 해 보는 이유는 직접 해 보면서 자신에게 비교적 잘 맞는 방법이 무엇인지 경험할 수 있는 기회를 주고자 하는 것이다. 학생들과 수업을 하면서 강조하는 이야기 중의 하나가 수업에서 배우는 모든 학습의 방법을 100% 그대로 적용한다는 것은 불가능하다는 것이다. 아무리 주위의 공신들이 성공을 했던 방법이라 하더라도 자신에게 맞지 않는 공부 방법은 아무 소용이 없기 때문이다.

그렇다면 수많은 학습법 중에서 자신에게 맞는 공부 방법이 무엇인지 어떻게 해야 알 수 있을까? 실제 학습을 하면서 모두 적용해 보면 좋겠 지만, 우리의 아이들에게는 그러한 시행착오를 감당할 정도의 내공이 부족한 것이 현실이다. 한 두가지 적용해 보고 성과를 내지 못한다면 바로 좌절감에 휩싸여 오히려 자신감만 떨어지고 말 것이다. 그래서 아이들이 알고 있는 자신들의 성격유형에 맞는 학습방법부터 알려주고 시행착오를 줄일 수 있도록 도와주는 것이 좋다.

따라서 이번 시간에는 누구나 쉽게 검사(커리어넷, 워크넷 활용)를 해서 알 수 있는 홀랜드 유형(실재형, 탐구형, 예술형, 사회형, 기업형, 관습형)별 학습방법을 알아보도록 하겠다.

I. 실재형(Realistic)의 학습 지도 방법

실재형(R)의 특징은 비교적 현실적이며 솔직하고 성실하다는 것이다. 상상력과 언어능력이 부족하고 대인관계 기술은 미흡한 반면 기계적, 운동적 능력이 높은 편이다.

조별 활동을 하려고 할 때 실재형(R)의 학생들이 모여 있으면 주로 몸장난하느라 수업에 집중을 못 할 수 있고, 토론을 해서 토론 내용을 정리하여 발표를 해야 하는 유형의 조별 활동은 매우 어려워 하지만 기계, 도구와 같은 사물을 조작하는 활동을 선호하기 때문에 미술의 만들기나 조립하기, 종이접기와 같은 활동은 흥미를 느끼고 좋아한다. 만약 실재형(R)의 학생들이 다른 유형의 친구들 틈에 혼자 있는 상황이라면 조별 활동에 곤란함을 느끼거나 매우 소극적인 자세를 보일 수 있다.

국어, 영어와 같은 교과목보다는 체육시간을 좋아하며 이론적인 설명보다는 직접 몸으로 겪으면서 하는 체험활동이나 실습을 훨씬 좋아한다. 따라서 하나의 현상에 대해서 이해를 시킬 때에도 그 과정을 말로 여러 번 설명하는 것보다 한번 직접 보여주는 것이 훨씬 효과적이다. 아무리 공부가 중요하다고 100번을 이야기하는 것보다 이번에 시험 잘 보면 갖고 싶어 했던 축구공을 사준다던가 하는 물질적 보상을 걸면 열심히 공부를 한다.

학습지도를 할 때에는 구체적이고 세부적인 방법을 제시하면 훨씬 잘 수행하기 때문에 평소에 학습계획도 그냥 알아서 하겠거니 내버려 두는 것보다 실제적이고 구체적인 목표를 세워 한 가지씩 단계적으로 공부할 수 있도록 해주면 실행력이 훨씬 좋아진다. 예를 들어 한 시간 동안 영어 공부를 하라고 막연히 이야기하기보다 한 시간 동안 외워야 할 영어 단어 개수와 복습할 양을 정해 주면 잘 할 수 있다. 이 때 한꺼번에 많은 양의 학습을 하기보다는 기본적이고 핵심적인 내용중심으로 할 수 있도록 구체적으로 지도해 주는 것이 좋고 노트 정리의 경우도 쓰는 것을 매우 싫어하기 때문에 간략하게 요점만 정리하는 방법을 알려주어야 한다. 계획표를 짤 때에도 좋아하는 운동을 할 수 있는 시간을 적절히 계획에 넣어서 활동을 통해 에너지를 발산할 수 있게 해주고, 큰 틀만 짜주는 것보다 아주 자세하게 짜야 실천가능하다.

실재형(R)의 유형들은 성실한 면이 있어서 어렸을 때 구체적인 계획을 세워서 공부하는 습관을 잡아주면 고학년이 되어서도 잘 유지를 하지만 그렇지 않고 사춘기가 되었을 때 갑자기 책상에 가만히 앉아서 공부를 하게 하면 다른 유형의 학생들보다 훨씬 힘들어하고 운동으로만 스트레스를 풀려고 하기 쉽다. 주변에 보면 어렸을 때에는 부모님의 말씀대로 운동하는 시간보다 공부하는 시간에 더 많은 시간을 투자해도 잘 하던 학생이 갑자기 뒤늦게 중, 고등학생이 되면서 운동에 꽂혀서 학습보다는 운동하느라 많은 시간을 빼앗겨 정작 학습에 몰입을 해야 할 때 조절이 되지 않아 부모님과 마찰을 일으키는 경우를 종종 볼 수 있다. 실재형의 학생들이 말이 없고 성실하다보니 초등학교 때에는 그저 운동도 잘 하는 모범생이었는데 갑자기 중, 고등학생이 되면서 축구나 농구에 빠져서 오히려 공부를 멀리하는 것이다. 이럴 때 무조건 아이에게 학습에 대한 강압적인 태도를 보이는 것보다는 운동의 시간을 적절히 조율할 수 있도록 하는 시스템을 갖추는 것이 좋다. 예를 들어 운동을 한 이후에 학습을 하는 계획을 세우면 실천하기가 매우 어렵다. 운동을 하느라 시간에 대한 생각을 까맣게 잊어버리기 때문이다. 운동을 하기 전에 본인이 해야 할 학습을 먼저 끝내놓고 운동을 할 수 있게 학생과 협의를 하여 결정을 하고 학습의 양을 무리하게 잡는 것보다는 시간 안에 끝낼 수 있는 적당한 양을 정하여 학습을 제대로 마무리하고 운동을 할 수 있도록 하면 좋다.

또한 평소 말이 없어서 고민이 생겨도 쉽게 털어 놓지 못하는 경향이 있기 때문에 상담을 할 때에도 자신의 이야기를 조리 있게 잘 하지 못한다. 자신의 이야기를 먼저 꺼내어 이야기하지 않고 묻는 말에 단답형으로 대답을 하기 쉽다. 따라서 일반적인 들어 주기식의 상담보다는 여러 가지 다양한 질문을 통해서 아이의 문제에 접근하도록 해야 하고 아이가 대답한 내용을 다시 되묻기를 통해서 선생님이 제대로 이해하고 있는 것이 맞는지를 확인하는 방법으로 이야기를 전개해 나가는 것이 효과적이다.

Ⅱ. 탐구형(Investigative)의 학습 지도 방법

탐구형의 학생들은 이성적이고 논리적이며 분석적, 학구적인 경향이 높다. 이들은 과학과 수학을 잘하고 지능이 우수하며 책을 좋아한다. 탐구형들은 공부를 잘하는 경우가 많지만 지도력이나 설득력이 부족하며 사람들을 만나면 내성적이고 수줍음을 잘 타는 경향이 있고 나서기를 싫어하여 리더쉽이 다소 부족한 것이 단점으로 보일 수 있다. 본인이 궁금한 내용이 있으면 혼자서 책을 찾아보던지 인터넷 검색을 해서라도 알아보려고 하는 지적 호기심이 많다. 공부는 잘하지만 쉬는 시간에 아이들과 어울려 떠들기 보다는 혼자 조용히 책을 보거나 복습을 하는 학생들은 대부분 탐구형이 높은 경우이다. 성격이 내향적인 경우가 많아서 대인관계도 많지 않은 편이고 공부도 친구들과 어울려서 하기보다는 자기 스타일대로 혼자 하는 것을 좋아한다. 그래서 팀별 프로젝트식 수행평가 보다는 혼자서 하는 수행평가를 훨씬 좋아한다.

학습을 할 때에도 '왜'라는 질문을 많이 하고 면밀히 분석하고 생각하는 것을 좋아하며 하나에 몰입을 하면 시간 가는 줄 모르기 때문에 시간 계획을 잘 지키지는 못한다. 하나에 집중을 하면 시간을 의식하지 못하기 때문에 학습을 하거나 책을 읽을 때에는 알람기능이 있는 타이머를 활용하는 것이 좋다. 관찰하는 것을 좋아하지만 사회적 활동에는 관심이 적다.

선생님의 일방적인 강의식 수업보다 주제를 한 가지 주고 이에 대해서 깊이 있게 관찰하거나 탐구를 하여 정리하는 문제 해결식 수업을 훨씬 흥미 있어 한다. 실험을 통해 원리를 발견해 나가는 탐구학습과 말을 하기 보다 쓰면서 공부하는 것을 좋아한다. 조별 좌석배치보다 개별적이고 분리된 좌석배치를 좋아하며 조용하고 집중할 수 있는 학습 분위기를 좋아한다.

탐구형의 학생에게는 처음부터 모든 것을 자세히 알려주는 것보다 스스로 알아가면서 성취감을 맛보게 하는 것이 좋다. 예를 들어 파워포인트와 같은 프로그램에 대해서 학습을 한다고 가정해 보자. 실재형이나 관습형의 학생들은 직접 컴퓨터 화면을 열어 놓고 파일 새로 만들기에서 부터 텍스트를 입력하기 위해서 삽입에 들어가 텍스트 상자를 클릭해서 글자를 입력하고 오른쪽 버튼을 눌러서 도형서식에 들어간 후 도형 채우기, 선 스타일 변경하는 것까지 하나하나 설명 해 주어야 이해를 잘 하고 잘 따라 하지만 탐구형 학생들은 우선 프로그램을 실행하면 선생님의 지시가 있기 전에 이것저것 눌러보면서 아~ 이것은 이런 기능이구나! 이걸 누르면 이런 것이 뜨는 구나! 하면서 혼자 알아내면서 즐거워하는 타입인 것이다.

탐구형의 학생들에게는 학생 개인의 내적 동기와 호기심에 대해 칭찬해 주는 것이 효과적이다.

Ⅲ. 예술형(Artistic)의 학습 지도 방법

예술형의 학생들은 상상력이 풍부하고 개성이 강한 것이 특징이다. 성격이 예민하고 자유분방하여 규칙과 규범에 얽매이는 것을 싫어하는 경향이 강하기 때문에 학교에서 규율을 어기는 경우가 상당히 많다. 교복을 줄여서 입는다거나 얼굴에 화장을 하고 손톱에 메니큐어를 색색이 바르는 등 평범하지 않은 개성을 추구한다. 왜 무조건 똑같이 입어야 하냐며 자신들의 개성이 무너져 내리는 것이라 주장하고 공부를 하는 것과 자신들의 패션이 무슨 상관관계가 있냐며 항의를 하는 학생들은 대부분 예술형의 성격이 강한 학생이다. 하지만 이러한 자신들의 주장에 대해서 논리적으로 설명을 하지 못하며 어떤 일을 선택하고 판단할 때 즉흥적이며 주관적으로 일을 진행하는 경우가 많다. 간섭 받는 것을 매우 싫어하고 계획성이 부족하다.

예술형들은 반복을 싫어하기 때문에 학습을 하는데 있어서 선행학습을 하면 이미 다 알고 있는 내용이라 생각하고 오히려 수업에 집중을 하지 않아서 성적이 더 떨어지는 경우가 많다. 간단한 키워드 중심의 예습만 하고 수업을 듣는 것이 효과적이며 복습도 그날의 핵심내용만 간단히 정리하고 외우는 형태로 하는 것이 효과적이다. 예습, 복습의 경우에 노트정리보다는 마인드맵을 활용하면서 다양한 이미지로 표현하여 학습을 하는 것이 효과가 좋다. 이 때 단순히 꾸미는 것에 시간을 많이 쓰고 정작 이해하고 외우는 과정에 대해서는 소홀하기 쉽기 때문에 이 부분을 잘 점검해야 한다. 자신이 그린 이미지와 연관된 개념이 무엇인지 연상을 해 보도록 하고 그 이미지가 속한 주 가지의 색상과 연결된 다른 세부 가지들의 위치와 이미지를 사진 찍듯이 떠올려 보고 그것을 말로 표현해 보도록 하면 텍스트 위주로 되어 있는 프린트를 외우는 것보다 훨씬 잘 외워지는 것을 느끼게 되고 이것이 학습의 흥미를 유발시키는데 도움이 된다. 또한 자신이 만든 마인드맵을 클리어 파일에 정리를 해서 모아 놓게 하면 스스로 뿌듯함도 느끼게 되어 조금 더 적극적으로 학습에 참여하는 모습을 볼 수 있다.

단순한 암기보다는 민감하고 창의성과 기발함을 요하는 학습에 더 적극적으로 참여하고 딱딱한 교실보다는 자유롭게 움직일 수 있는 학습공간을 좋아한다. 선생님의 주입식, 강의식 수업보다 자신의 생각을 자유롭게 발표하는 것을 좋아하고 특히 예능 과목 수업에 적극적이다.

과제의 경우도 구체적인 틀을 주고 그대로 해 오는 과제보다 자신의 상상력을 발휘해서 드러낼 수 있는 과제의 수행을 더 잘 한다.

예술형의 성향이 강한 학생들은 감정에 매우 민감하기 때문에 아무 것도 아닌 말에도 혼자 기분이 상해서 하루 종일 툴툴거리기 쉽다. 이는 반대로 이야기 하면 작은 칭찬에도 기분이 좋아져서 열심히 학습을 할 수도 있다는 이야기인데 예술형의 경우 칭찬은 남들과 다른 개성을 칭찬 (기발하다, 독특하다, 상상력이 풍부하다 등)해 주면 특히 더 좋아한다.

예술형은 계획을 세우고 그 틀 안에서 반복해서 생활하는 것을 매우 싫어한다. 스케줄 관리를 하는 방법에 대한 수업을 할 때 가장 거부반응 이 심한 학생들은 대부분 예술형인 경우가 많다. 이 학생들에게는 하루 에 몇 시부터 몇 시까지 무엇을 해야 한다는 식의 학습계획이 아닌 그날 반드시 해야 할 일이 무엇인지를 적게 하고 그 해당일 안에 반드시 지켜 야 한다는 식으로 접근을 해야 그나마 해보려고 하지 그렇지 않으면 아 예 계획이라는 것 자체를 거부하고 실천할 생각을 하지 않는다.

Ⅳ. 사회형(Social)의 학습 지도 방법

사회형의 학생들은 사람들을 좋아하고 그들과 함께 이야기하는 것을 즐겨한다. 공감능력이 뛰어나 주변에 항상 친구들이 넘쳐나고 감정이 풍 부하다. 언제나 자신보다는 친구들을 더 생각하고 이해심, 동정심이 많 다. 사회성과 대인관계능력이 뛰어나지만 기계적, 과학적 능력은 부족한 편이다.

공부를 할 때도 혼자 하는 개별 과제보다는 친구들과 그룹을 이루어 서 하는 과제를 좋아한다. 경쟁적으로 학습을 하는 상황은 매우 힘들어

하며 다 같이 어울려서 학습을 하고 학습한 결과에 대해서도 좋은 점수를 혼자 받는 것보다 친구들과 같이 받아야 마음이 편하다. 조별 토론식 수업을 하게 되면 수업 내용에 관한 이야기보다 단순한 수다에 치우쳐 제 시간에 과제를 끝내지 못하는 경우도 종종 발생을 하기 때문에 중간 중간 시간의 경과를 알려주며 그 시간에 수행해야 할 목표를 잊지 않게 상기시켜 주지 않으면 결과물을 제대로 만들어 내지 못하게 된다.

대부분의 학생들이 그러하지만 이 사회형의 학생들은 유난히 자신의 마음과 상황에 대해 공감을 해주지 않으면 학습에 흥미를 잃기 쉽다. 본인이 잘못한 상황에서 무조건 결과만 가지고 옳고 그름을 따지는 방식의 훈계는 오히려 마음의 상처만 생겨 학습에 더욱 집중을 못하게 되기 때문에 일단 잘못을 하게 된 과정에 대한 공감을 먼저 해주고 결과에 대한 이야기를 이끌어 나가면 자신의 상황을 인정받았다고 느끼게 되어 열심히 하고자 하는 마음도 생기는 것이다. 사회형의 학생들은 교과목 선생님들이 자신이 좋아하는 선생님이냐 아니냐에 따라 그 과목의 호불호가 결정될 만큼 선생님과의 관계도 매우 중요시한다. 아무리 잘 가르치는 선생님이라 하더라도 자신을 잘 이해해 주지 않는다거나 마음을 헤아려주지 못한다는 생각이 들면 그 선생님이 강의하는 과목까지 흥미를 잃는 경우가 많다. 또한 자신이 해야 할 과제나 학습 진도계획이 있어도 친구가 쇼핑을 가자거나 고민이 있어서 대화를 하자고 요청을 하면 거절을 잘 하지 못하는 경우도 많다.

사회형의 학생들은 혼자서 하는 것보다 친구들과 스터디 형식으로 하는 파트너 학습이 효율적이다. 여러 명이 스터디 형태로 학습을 할 때 각자 자신 있는 과목을 가지고 예습이나 복습을 해 온 내용을 친구들과 공유하는 형태로 진행을 하면 좋은데 이 때 자칫 잡담 등으로 학습 분위기가 흐려질 수 있으므로 어느 정도 틀이 갖춰질 때까지는 선생님의 지도 하에 진행을 할 수 있도록 도와주는 것이 좋다. 서로 모르는 부분을 가르쳐 주면서 친구가 내 이야기를 잘 듣고 모르는 부분을 알게 되면 그것이 기분이 좋아서 다른 것도 알려 주고 싶어 열심히 공부를 하게 되기도 한다. 암기를 할 때는 핵심단어를 가지고 이야기를 만들어 외우는 것이 도움이 된다. 친구들과 공부를 할 때 자신보다 공부를 잘하는 학생들과 하는 것보다는 자신과 성적이 비슷하거나 조금 떨어지는 친구들과 함께 하면서 서로 알려주고 알아가는 과정을 즐기면서 하면 훨씬 학습의 효과가 높다. 주의해야 할 점은 단순히 수다를 떠느라 시간을 낭비하지 않게 해야 한다는 것이다.

사회형의 학생들은 시간 관리를 잘 못하는 경우가 많기 때문에 학습 계획에 대한 구체적인 목표를 세우고 실천을 해 나갈 수 있도록 해야 한다. 이 때 목표를 너무 높게 세우기보다 단기에 이룰 수 있는 목표를 세우고 칭찬을 해주면 훨씬 더 잘할 수 있다. 매일 해야 할 과제를 제시하고 본인이 한 것을 사진을 찍어 핸드폰으로 보내게 하고 이모티콘을 넣은 칭찬 답장을 해 주면 선생님과의 관계형성이 좋아지면서 앞으로 학습 수행에 있어서도 적극적으로 참여하려고 한다.

Ⅴ. 기업형(Enterprising)의 학습 지도 방법

기업형의 학생들은 사회형과 마찬가지로 사람들과 함께 있고 같이 활동하는 것을 좋아한다. 이들은 리더십이 있어서 뒤에서 말없이 다른 친구들의 의견을 따라가기보다는 앞에 나서서 다른 친구들을 통솔하고 자신의 의견대로 이끌어 가는 것을 좋아한다. 학습을 할 때에도 그냥 질문을 하거나 과제를 수행하게 하는 것보다 무엇이든 상품을 걸고 경쟁구도로 진행을 하면 집중해서 가장 열심히 하게 된다. 그룹별 대항하는 수업을 하게 되면 기업형의 친구들이 많이 있는 반은 서로 경쟁을 하는 것이 치열해 져서 자칫 싸움으로 번져 서로 마음이 상해 오히려 수업이 제대로 진행이 되지 않는 경우가 생길 수도 있다. 또한 자신의 조에서 자기가 제일 열심히 하고 혼자 문제를 다 맞추었는데 상품이나 점수가 조원들에게 동일하게 주어지면 무척 억울해 하기도 한다. 수업을 기분 좋게 시작해서는 결국 누가 이기고 지느냐에 매우 민감해서 자존심 상해 할 수 있으므로 주의해야 한다.

기업형의 학생들은 상대방을 설득하는 능력이 뛰어나며 발표수업을 하게 되면 항상 대표로 앞에 나가서 제일 먼저 발표를 하는 등 적극적으로 참여한다. 진취적이며 모험적인 면도 많고 승부욕이 강하며 대인관계 능력이 가장 뛰어난 유형으로 학생회장에 출마를 하게 되면 가장 적극적으로 자신을 홍보하며 원하는 것을 이루기 위해 노력을 한다.

또한 선생님에게 인정받고자 하는 마음이 강해서 좋아하는 선생님의 인정을 받기 위해 그 과목에 좋은 점수를 받으려 밤새워 열심히 공부하는 경우도 많다. 지는 것을 싫어하여 자신이 마음에 들어 하지 않는 친구가 자신보다 더 잘 하는 것이 있으면 어떻게 해서든 그 친구보다 자신이 더 잘할 수 있도록 노력한다. 공부 욕심도 많아서 열심히 공부해서 최고의 성적을 받고 싶어 한다.

하지만 학습을 하는데 있어서 체계적이거나 과학적이지 못하기 때문에 학습계획을 미리 세워서 공부를 하도록 하는 것이 좋고 개인적으로 부족한 부분을 보완하기 위해서 하는 공부도 혼자서 하는 개인 과외보다는 자신들보다 공부를 잘하는 그룹에 들어가서 공부를 하게 되면 다른 친구들에게 지기 싫어하는 마음에 노력을 많이 하게 되어 성적이 오르게 된다.

Ⅵ. 관습형(Conventional)의 학습 지도 방법

관습형의 학생들은 어른들이 가장 좋아하는 유형이기도 하다. 규칙이나 원리, 원칙을 잘 지키고 규범적이기 때문에 학교에 지각을 한다거나 수업시간에 도망을 간다거나 하는 행동을 잘 하지 않는다. 수업시간에 갑자기 준비가 안 된 상황에서 선생님이 발표를 시키면 제일 힘들어 하지만 미리 어떤 내용을 어떤 형식으로 발표를 할 것이라고 알려주고 준비할 시간을 주면 꼼꼼히 준비를 하여 맡은 부분을 잘 수행한다. 다이어리를 작성하거나 수업시간에 배운 내용을 토대로 노트 정리를 잘한다. 평소에 공부를 하려면 계획표 세우느라 시간을 다 할애하고 정작 공부는 꼼꼼히 하지 못하는 경우도 자주 있다. 따라서 학습 플랜을 체계적으로 세우는 방법을 알려주고 효율적으로 할 수 있도록 도와주면 가장 잘 따라하고 효과를 보는 학생들이 바로 관습형이다. 혼자 공부를 알아서 하라고 하면 힘들어 하지만 언제까지 무슨 과목을 몇 페이지까지 끝내야 한다고 목표를 주면 잘 해 낸다. 평소 부모님들이 아이들에게 학교 끝나면 몇 시까지 집에 와서 손 씻고 숙제를 몇 시까지 하다가 몇 시가 되면 수학학원에 가라는 식으로 순서를 정해주면 잘 하지만 혼자 알아서 하라고 하면 무엇부터 해야 할 지 우왕좌왕하고 곤란해 하는 유형인 것이다.

발표수업이나 무언가 스스로 해야 하는 공부보다는 선생님이 주도하는 주입식의 수업을 더 좋아한다. 공부를 하려면 여러 가지 색펜부터 연습장, 교과서 등 필요하다고 생각하는 것들이 준비되어야지만 공부에 집중할 수 있다. 과제를 내 주면 항상 언제까지 해야 하는 지가 가장 궁금하고 그것이 매우 중요하다고 생각한다. 책상정리나 가방을 항상 정리정돈을 잘하고 청소도 잘 한다.

창의력이나 융통성이 부족한 것이 단점이다. 학습을 할 때도 응용이나 심화문제, 사고력을 요하는 문제에는 약하다. 처음 접한 문제의 유형에 대해서는 응용해서 풀기 어려워하기 때문에 많은 유형의 문제를 풀어보는 연습을 통해 실력을 키워나가는 것이 좋다.

Ⅲ. 마무리

위에서 살펴본 유형별 학습지도법은 각 유형의 기질이 다른 것보다 상대적으로 높은 경우에 해당하는 사례라고 보면 된다. 대부분의 학생들은 두 가지 이상의 성격유형이 혼합된 형태로 나타나게 되는데 위의 한 가지 유형별 특징을 알고 있어야 혼재된 유형의 분석을 할 때 수월하기 때문에 반드시 숙지해야 한다.

실재형(R)이 높고 다음으로 어떤 유형이냐에 따라서 조금씩 성향이 달리 나타나게 되는데 예를 들면 실재형이 높으면 보통 추상적 사고 능력이 부족하지만 두 번째 코드가 예술형(A)이 나왔다면 이 부분이 보완되어 창의력이 필요한 작업도 잘 수행할 수 있게 된다. 이 두 가지 유형의 장점이 적절히 조화를 이루면 좋겠지만 그렇지 못한 경우는 학습에 대한 흥미는 거의 없고 놀고 꾸미는 것에만 치우쳐 자칫 학교에서 문제

아(?)처럼 보여 질수 있다.

이처럼 홀랜드 유형을 통해 드러난 여러 성격유형들은 진로의 자기 탐색을 하는 데 있어서 매우 유용하게 활용되고 있으나 실제 학교에서 이러한 유형들의 성격적인 특징들을 자세하게 알려주는 곳이 드물어서 검사의 활용도가 떨어지는 것을 많이 볼 수 있다. 보통 초등학교를 거쳐 중, 고등학교에 진학을 하면서 누구나 한 번 이상씩 실시하게 되는 홀랜드 검사의 성격유형을 제대로 알려주고 각 유형에 맞는 학습 방법을 알려줌으로 해서 본인들이 그동안 몰랐던 자신들에게 유용하게 적용할 수 있도록 도와주는 시간을 가져보도록 적극 추천한다.

chapter 3

학습능력의 씨를
뿌려라

18

시간 관리로 시작하는 성공로드맵-1
: 시간의 우선순위를 정하라

Ⅰ. 효율적인 시간관리

　학생들과 시간 관리에 대한 수업을 하다보면 두 가지 유형의 반응을 볼 수 있다. '아! 또 시간 관리야? 나는 계획표 세우는 것 딱 질색인데!!'라는 반응과 '이번에는 제대로 어떻게 하는 것인지 알아봐야지. 나는 계획표 세우는 방법만 알면 잘 할 수 있을 텐데…….'라고 생각하는 반응이다.

　모든 사람들이 짜여진 계획표대로 살아가지는 않는다. 하지만 흔히 성공한 사람들은 일정한 나름대로의 우선순위를 가지고 생활하는 것들을 볼 수 있다. 대부분의 학생들은 시간관리라고 하면 촘촘히 짜여진 스케줄표를 생각하기 마련인데 이러한 고정관념 때문에 시간관리가 답답하고 실천하기 어렵다고 생각을 하는 것이다.

그렇다면 성공한 사람들은 어떤 공통점을 가지고 있을까? 무엇보다 시간이 한정된 요소라는 것을 잘 알고 있다. 바로 시간의 소중함을 알고 있다는 것이다. 보통의 사람들은 물과 공기처럼 시간도 그저 무한정으로 주어지는 것처럼 의식하지 않고 생활하지만 대부분의 성공한 사람들은 그 과정에서 자신에게 주어진 시간을 효율적으로 활용하는 것을 볼 수 있다. 이들은 스스로 시간의 한계를 정하여 일을 진행한다는 것을 알 수 있는 것이다.

목표한 것을 이루기 위해서 자신이 현재 집중해야 할 것은 무엇이고 잠시 미루어도 되는 것은 무엇인지 정확히 알고 일의 우선순위를 정하여 진행한다.

시간은 다른 자원과는 달리 누구에게 빌릴 수도, 저축을 할 수도 혹은 다른 사람보다 더 많이 소유할 수도 없다. 또한 시간은 일회용으로 한번 흘러간 시간은 되돌리거나 재활용할 수도 없다. 따라서 똑같이 주어진 하루 24시간을 효과적으로 사용할 수 있는 방법을 찾아 실행을 하는 것이다. 그렇다면 어떻게 하는 것이 한번 뿐인 시간을 효율적으로 사용하는 것인지 살펴보자.

1. 하루 86,400원의 통장

1년의 소중함을 알고 싶으면 1년 동안 시험 준비했지만 낙방한 사람한테 물어보고, 1달의 소중함은 1달 부족한 미숙아를 난 산모에게, 1주일의 소중함은 주간지 편집장에게, 하루의 소중함은 하루 벌어서 하루 먹고사는 가장에게, 1시간의 소중함은 애인을 위해서 1시간을 기다려야 하는 사람에게, 1분의 소중함은 1분차로 비행기를 놓친 사람에게, 1초의 소중함은 1초 차이로 대형 참사를 모면한 사람에게, 1/10초의 소중함은 올림픽에서 은메달 딴 사람에게 물어봐라.

웨인 다이어가 말한 시간의 소중함에 관한 문구이다.

이 글을 읽다보면 저절로 시간의 소중함을 다시 한 번 생각해 보게 된다. 이렇듯 소중한 1초가 모여 1분이 되고 1분이 모여서 1시간, 이 1시간이 모여서 하루 24시간이 되는 것임에도 불구하고 우리는 1초의 가치를 잊고 사는 것이 사실이다.

"만약에 당신의 통장에 매일 밤 자정에 86,400원의 돈이 생겨나고 다음날 자정이 되면 그 돈은 모두 사라지고 새로 86,400원이 생긴다면 당신은 통장에 잔고를 남겨 놓으시겠습니까 아니면 그 돈을 모두 꺼내어 사용하겠습니까?"

학생들에게 던지는 질문이다. 대부분의 학생들은 무조건 그 돈을 무엇을 사든지 다 써버린다고 대답을 한다. 너무나도 당연한 대답이다. 하지만 더 중요한 것은 이 돈을 무엇에 사용하느냐라는 것이다. 게임을 하거나 공짜 돈이니 내가 당장 필요도 없는 물건이지만 호기심에 그 돈을 다 사용한다면 어떻게 될까?

우리의 시간이 바로 하루 86,400초이다. 우리가 의식하지 못하지만 매일 밤 자정이면 새로운 86,400초가 우리에게 주어지고 시간이 지나면 소리 없이 사라지는 것이 바로 시간이다. 지금은 모두가 똑같은 1초당 1원의 값어치라면 그 시간을 어디에 어떻게 사용하느냐에 따라 우리의 5년 후, 10년 후의 1초당 시간의 가치는 천차만별로 달라질 것이다.

2. 시간 관리의 핵심 : 선택과 집중

우리의 현재 모습은 과거의 나의 경험 즉, 내가 살아온 시간들의 결과라고 할 수 있다. 다시 말하면 앞으로의 미래도 지금 어떠한 선택을 하느냐에 따라 달라진다고 할 수 있다. 하루 86,400초 중 일부의 시간을 어떠한 목적을 가지고 사용하기로 선택을 했다면 그 시간에 최대한 집중을 하는 것이 핵심이다. 학생들은 수업시간에 앉아 있으면 공부를 한 것이라고, 자율학습 시간에 책을 펴놓고 3시간 앉아 있었으니 그 시간을 공부한 것이라고 착각하는 것이 보통이다. 최소한 내가 그 시간에 교실에 앉아 있기로 선택을 했다면 그 시간에 집중을 하는 것이 당연한 것임에도 대다수의 학생들이 그것을 인식하지 못하고 있는 것이 못내 아쉬울 뿐이다.

Ⅱ. 시간의 우선순위를 정하라

시간 관리를 잘하는 사람도, 하지 못하는 사람도 똑같은 24시간이 주어진다. 하지만 그 시간을 어떻게 사용하느냐에 따라 그 결과물과 만족도, 성과는 시간 관리를 하는 사람과 그렇지 않은 사람이 어마어마하게 차이가 난다. 시간을 효과적으로 사용하기 위해서는 하루의 일과 중 어떤 일을 가장 먼저 해야 할 지에 대한 우선순위를 정하는 것이 무엇보다 중요하다. 자신이 해야 할 일과 하고 싶은 일을 구분하고 해야 할 일을 먼저 하는 것과 같은 원리이다. 이러한 우선순위를 정하는데 있어서 기준이 되는 두 가지 요소는 바로 긴급성과 중요성이다.

	긴급함	긴급하지 않음
중요함	1. 긴급하고 중요한 일	2. 긴급하지 않으나 중요한 일
중요하지 않음	3. 긴급하지만 중요하지 않은 일	4. 긴급하지 않고 중요하지 않은 일

1. 긴급하고 중요한 일(1사분면)

중요하면서도 급하기까지 해서 많은 시간을 할애하는 활동들이다. 이 일들은 긴급도와 중요도가 높기 때문에 상대적으로 일에 대한 몰입도가 좋지만 이러한 일들이 많아지다 보면 오히려 일을 꼼꼼히 처리할 수 없게 되어 실수를 하는 상황이 생길 수 있다.

2. 긴급하지 않으나 중요한 일(2사분면)

우리는 급한 일에는 즉각적으로 반응을 하지만 그렇지 않은 경우는 소홀해 지기 쉬워진다. 급하지는 않으나 중요한 일의 경우는 다른 어떤 것보다 자발성과 주도성이 필요하다. 중요한 일을 급하지 않다는 이유로 자꾸 미루다 보면 결국 이 일들이 1사분면으로 이동하게 되어 일을 효과적으로 처리해 낼 수 없는 상황이 생길 수 있게 된다. 성공하는 사람들을 잘 들여다보면 2사분면의 활동에 초점을 맞춰 시간을 잘 활용하는 경우가 많다.

3. 긴급하지만 중요하지 않은 일(3사분면)

당장 눈앞에서 급해서 시간을 할애하지만 결국 지나고 보면 별다른 의미가 없거나 자신의 목표나 비전과는 상관없이 시간을 소비하는 경우를 말한다. 상황에 따라서 다른 사람에게 위임을 해서 해결할 수도 있는 일이 있으니 잘 판단하여 상황에 맞게 대처하는 것도 필요하다.

4. 긴급하지 않고 중요하지 않은 일(4사분면)

학생들과의 수업에서 가장 공통적으로 대답을 잘 하는 것이 바로 4사분면이다. 자신들도 그 일들이 긴급하지도 중요하지도 않은 일이라는 것을 잘 알고 있다. 하지만 4사분면의 일들이 대부분 삶의 여유를 느낄 수 있는 즐거운 일이라고 생각될 뿐만 아니라 중독성이 강한 것들이 많아서 조절하는 것이 쉽지 않다.

시간관리가 잘 안 되는 사람들이 대부분 1사분면과 4사분면의 일이 원인인 경우가 상당히 많다. 1사분면에 중점을 두고 생활하는 학생들은 매일 매일이 바로 전쟁과 같을 것이다. 수많은 학원을 오가며 숙제를 해내느라 녹초가 되고 해야 할 일들이 넘쳐서 제대로 수행을 못하게 되는 악순환이 계속된다. 이렇게 쫓기듯 생활을 하다보면 4사분면으로 도피를 하여 결국은 생활에서 위기가 생기게 되는 것이다.

3사분면과 4사분면의 시간은 흔히 시간도둑이라 할 수 있는 것들인데 이러한 활동에 시간 투입이 많은 학생들은 대부분 학습에 대한 흥미나 계획이 없이 지내는 무기력한 경우가 많다.

"내게 나무를 벨 시간 8시간이 주어진다면 그 중 6시간은 도끼를 가는데 쓰겠다"(링컨)라는 말에서 주는 교훈처럼 평소에 2사분면의 활동, 즉 미래를 준비할 수 있는 일들에 시간을 투자해야 한다. 학생의 경우는 자신의 꿈을 이루기 위해 지금 당장의 결과보다는 미래를 위해 투자하는 활동을 하는 것으로, 외교관이 되기 위해서 여러 나라의 문화를 다룬 책을 읽는다거나 외국어 공부를 꾸준히 하는 것 등을 예로 들 수 있다.

　결국 우리는 평소 2사분면의 활동을 꾸준히 해야 하는데 처음에는 3사분면과 4사분면의 활동을 줄여 이 시간을 2사분면의 활동으로 사용하고 이렇게 시간을 늘리다보면 자연스럽게 1사분면의 일이 줄어들게 되는 것이다.

Ⅲ. 시간도둑을 잡아라

　학생 스스로 자신의 시간을 4분면으로 나누어 기록해 보고 이 중에서 줄여야할 3사분면의 일과 4사분면의 일을 찾아 개선방안을 작성해 본다.

	긴급함	긴급하지 않음
중요함	1. 긴급하고 중요한 일 내일까지 내야할 숙제 학교(학원) 가기, 수행평가 제출, 기한이 임박한 시험 등	2. 긴급하지 않으나 중요한 일 꿈 찾기, 운동, 독서, 인간관계, 예습, 복습 꿈을 이루기 위해 필요한 것
중요하지 않음	3. 긴급하지만 중요하지 않은 일 중요하지 않은 전화 쓸데없는 참견 다른 사람 부탁 들어주기	4. 긴급하지 않고 중요하지 않은 일 게임, TV 보기, 휴대폰 사용

나의 시간 도둑	도둑 잡는 방법

위에서 시간도둑을 잡아 확보된 시간에 사용할 2사분면의 활동계획을 작성한다.

꿈을 이루기 위해 필요한 활동

19

시간 관리로 시작하는 성공로드맵-2
: 시간 가계부 작성하기

Ⅰ. 시간 가계부를 작성해야 하는 이유

예전에 어머님들의 생활방식은 아끼고 절약하는 것이 기본이었다. 적은 돈으로 살림을 알뜰히 꾸려나가기 위해서 아버님이 타 오신 월급을 가지고 전기세와 같은 공과금, 식비, 교육비, 통신비, 적금 등 한 달 살림을 위해 꼭 필요한 돈을 미리 떼어 놓은 다음 나머지 돈으로 자잘한 생활비를 쓰시던 모습도 그려질 것이다. 우리의 어머님들은 지금처럼 뛰어난 컴퓨터도, 그때그때 바로 메모할 수 있는 핸드폰도 없으면서 어떻게 그렇게 한 달 동안의 지출을 알고 미리 꼭 필요한 항목의 예산을 잡을 수 있었을까? 바로 가계부를 작성했기 때문이다. 지금처럼 컴퓨터가 보급되기 전에 효과적인 재무관리를 하기 위해서 가장 널리 사용되었던 방법이 바로 가계부를 쓰는 것이었다. 적은 액수의 돈도 허투루 쓰지 않고 효과적인 살림을 하기에는 그만한 것이 없다.

이처럼 시간도 효과적으로 관리를 하기 위해서 맨 처음에 시작해야 하는 것이 시간가계부를 작성하는 것이다.

1. 시간 가계부 작성하라

시간가계부를 작성하기 위해서는 첫 번째, 내가 하루를 어떻게 보냈는지를 하루 단위로 기록해야 한다. 재무관리도 처음에는 가계부에 지출내용을 기록하는 것으로 시작하는 것처럼 시간도 하루에 주어진 24시간을 어떻게 생활하는지 기록하는 것으로 시작해야 하는 것이다. 두 번째, 기록한 시간을 분류하여 통계를 내야 한다. 내가 학습하는 시간이 얼마나 되는지, 어떤 일에도 집중하지 못하고 낭비하고 보내는 시간이 얼마나 되는지, 여가시간에 무엇을 하며 보내는지 요일별로 합계를 내 보고 이를 일주일 단위로 통계를 내보는 것이 중요하다.

학생들과 시간관리 수업을 하다보면 '자신이 시간을 이렇게 낭비하고 보내고 있었는지 몰랐다', '일주일 동안 숙제 외에는 한 공부가 없다는 것을 눈으로 확인하고 나니 어이가 없다'라고 이야기 하는 경우가 있는데 이러한 학생들에게는 주변에서 백 마디 잔소리를 하는 것보다 스스로 자신의 상황을 인식하고 반성하는 것이 훨씬 변화로 이어지기 쉽다는 것을 알 수 있게 된다.

또한 학원이나 과외 등에 너무 많은 시간을 할애하다보니 늦은 시간까지 빡빡한 일정 때문에 잠자는 시간도 부족한 학생도 있는데 이런 학생들은 자신의 학습량에 버거워하며 학습에 대한 흥미도 점점 잃기 쉽다.

2. 사용한 시간 가계부를 토대로 시간을 재정비하라.

처음에 시간 가계부를 작성할 때는 지난 일주일을 회상하여 기록하게 해 보는 것도 좋다. 매일 매일 기록하지 않으면 한꺼번에 기억하여 기록하는 것이 어렵다는 것을 일깨워 주고, 처음부터 꼼꼼히 기록을 하게 하는 것이 쉽지 않기 때문에 일단은 지난 일주일을 떠올려 보고 큼직큼직하게 나누어 기록해 보라고 하는 것이 학생들이 덜 부담스러워 하기 때문이다.

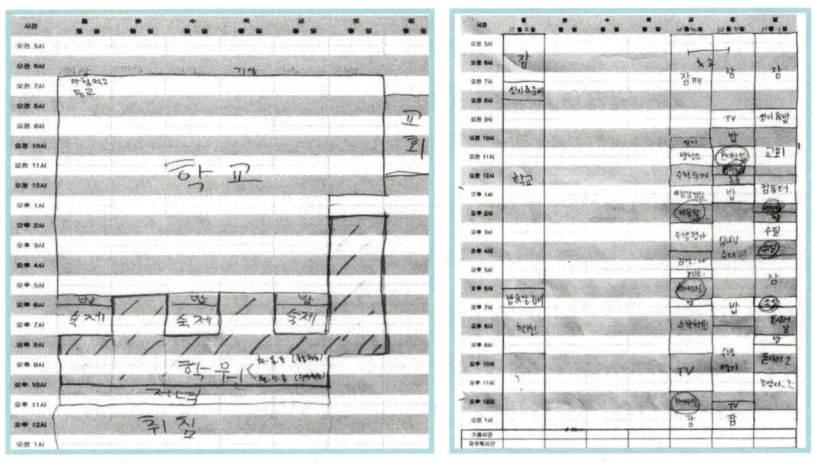

〈시간가계부 사례 1〉　　　　〈시간가계부 사례 2〉

(시간가계부 사례 1)은 고등학교 1학년 남학생의 시간가계부이다. 지난 일주일을 떠올려보고 기록을 하게 했던 것으로, 학교에서 청소까지 다 끝내고 집이나 학원으로 바로 갔다가 집에 와서는 늦은 저녁을 먹고 바로 잠자리에 드는 생활패턴이 무척이나 단조롭다. 몇 년 전의 학생의 모습이지만 현재 우리의 학생들도 크게 다를 바 없다. 이 자료를 학생들에게 보여주면 학생들은 너무도 즐거워한다. 바로 자신들의 모습이기도

하면서 공감이 가기 때문이다. '이 학생이 공부를 잘하는 학생일까 못하는 학생일까?'라는 질문을 하면 대부분의 학생들은 '못할 것 같다'라고 대답을 한다. 왜 그렇게 생각하느냐고 물으면 '혼자 공부하는 시간이 없으니까요'라고 이야기 한다. 참 아이러니하다. 다른 사람의 상황에서는 공부하는 시간이 없어서 공부를 잘 하지 못하는 것이라고 대답을 하면서 정작 자신의 시간 중 혼자 공부하는 시간이 없다는 것이 문제라고 생각하지를 못하니 말이다.

(시간 가계부 사례 2)는 고등학교 2학년 여학생의 사례이다. 이 학생의 경우는 지난 일주일 중에서 3일은 어떻게 보냈는지 기억이 나지 않아서 기록을 할 수 없다고 하여 생각나는 것 위주로 작성을 하라고 했었다. 3일을 제외한 나머지는 비교적 솔직하게 기록을 하였다. 이 학생의 경우를 자세히 보면 스스로 공부한 과목이 주로 국어과목에 치중되어 있음을 알 수 있다. 학원을 가거나 숙제를 하지 않고 스스로 공부한 내용들은 거의 국어 관련 학습인데 학생이 이 부분을 지적해 주기 전에는 전혀 몰랐던 모양이다. 아마 공부를 하긴 해야 하는데 어려운 수학이나 영어 과목은 하기 부담스러우니 다른 과목보다 좋아하는 국어에 치중해서 공부를 했던 것 같다고 이렇게 작성하고 보니 자신의 공부 패턴이 보인다며 신기해하던 모습이 아직도 기억이 생생하다.

(시간 가계부 사례 3)은 중학교 1학년의 시간 가계부이다. 이 학생은 주중은 물론 주말까지 진행되는 학원일정과 이에 따른 숙제로 인해 무척 힘들어 하고 있었다. 화요일의 경우는 하루 전체가 거의 학교와 학원, 그리고 숙제를 하느라 다른 시간은 전혀 가질 수 없다. 학생이 매우 성실

하고 착해서 본인도 열심히 하려고 하지만 수학학원에서 내주는 숙제의 분량이 많아 노력은 하고 있지만 실제 제대로 해가지 못해서 학원에 남아 밀린 과제를 하고 오느라 수학학원에 머무는 시간이 점점 길어지고 이로 인해 수학에 대한 학습의욕이 저하되고 있는 모습을 보이고 있었다.

이 학생은 매일 기록해 보는 형태로 시간가계부를 작성했기 때문에 비교적 상세히 자신의 일

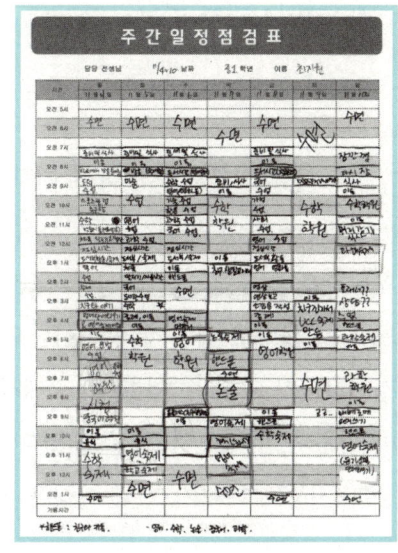

(시간가계부 사례 3)

정을 점검할 수 있었는데, 이렇게 작성을 하고나면 자신의 주간 일정을 한 눈에 확인을 할 수 있고 부모님도 같이 보면서 앞으로 계획을 제대로 수정할 수 있게 된다.

이렇듯 일주일 단위로 기록한 내용을 토대로 시간을 재정비해야 하는데 대부분의 경우 지난 시간을 떠올려서 기록을 하기 때문에 제대로 작성을 하지 못하거나 대략적인 느낌으로 작성하게 되어 효과적인 시간가계부를 계획하기에는 부족한 면이 많이 있다. 따라서 효과적인 시간가계부를 계획하려면 최소한 일주일만이라도 기상시간부터 취침시간까지 요일별로 기록한 후에 그 통계를 내어 자신의 시간이 어떻게 쓰이는지 파악하고 혹시나 낭비되는 시간이 있거나 아니면 과도한 학습양으로 인해 효율이 떨어지지는 않는지 점검할 필요가 있는 것이다.

Ⅱ. 고정시간과 가용시간

1. 고정시간

고정시간은 쉽게 설명하면 내가 마음대로 바꿀 수 없는 시간들을 말한다. 예를 들어 수면시간, 식사시간, 학교에서 수업 받는 시간, 학교나 학원으로 이동하는 이동시간, 그리고 과제를 수행하는 시간 등은 우리가 하기 싫다고 빼거나 다른 시간으로 옮길 수 없는 시간이다. 이들을 고정시간이라고 할 수 있다. 이 중에서 학원의 경우는 생각을 달리 하면 내 마음대로 갈 수도 안 갈 수도 있다고 생각할 수 있겠지만 우리가 학원에 등록을 하고 다니기로 한 이상은 착실히 수업에 빠지지 않고 가야하고

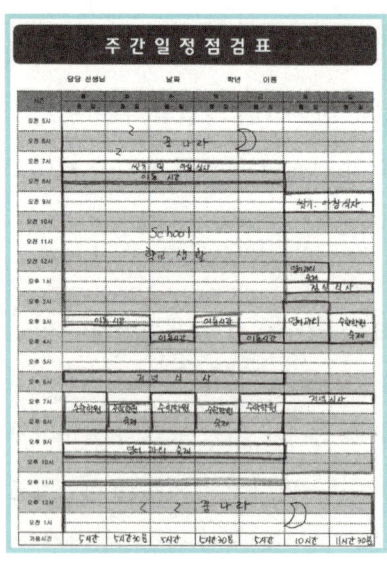

과제 또한 성실히 해야 하는 것이기 때문에 학원을 그만두기 전까지는 고정시간으로 포함한다.

이러한 고정시간 중 과다하게 학원이나 과외 등 입력시간이 많거나 많은 과제로 인해 스스로 부족한 부분을 익힐 수 있는 시간이 적어진다면 시간이 지날수록 학습의 성적이 오르지 않게 되고 학습무기력에 빠질 수 있는 상황이 올 수 있으니 주의해야 한다.

2. 가용시간

가용시간은 고정시간을 제외한 나머지 시간을 말하는 것으로 내가 무

엇을 할 지 결정하고 사용할 수 있는 시간을 의미한다. 실제 학생들과 수업을 하다보면 가용시간이 하루에 1시간에서 1시간 30분정도 밖에 안 나오는 학생들도 꽤 있다. 이러한 학생들은 학원에 투자하는 시간이 많아서 하교 후에 학원에 다녀오고 학원 숙제하느라 거의 다른 학습을 할 수 없는 상황인 것이다. 가용시간이 상대적으로 적은 학생들은 시간계획이라는 것이 어찌 보면 무의미 하게 느껴질 수 있다. 매일 반복적으로 해야 할 일이 고정되어 있으니 별다르게 기록을 하거나 시간을 활용할 수 있는 상황이 되지 않기 때문이다.

하루 고정시간을 제외한 가용시간이 요일별로 얼마나 되는지를 기록하고 가용시간이 적은 학생들은 학습의 패턴을 조율해 볼 필요가 있다. 학생이 가용시간이 없다는 것은 2사분면에 투자할 시간이 없다는 것을 의미할 수 있기 때문이다. 만약 다니고 있는 학원이 내가 미래 자신이 하고자하는 진로를 위해 준비하는 학원 즉, 미술이나 음악, 사진 등과 관련되어 있어서 미리 준비하는 차원의 경우라면 예외일 수 있겠지만 학습에 관련된 학원이나 과외만으로 학교시간 이외의 시간이 채워져 있다면 이는 앞으로 학습상황이 더 곤란해 질 수밖에 없다는 것을 인지시킬 필요가 있는 것이다.

Ⅲ. 자주도 시간을 확보하라.

자주도 시간이란 자기주도 학습시간, 즉 평소 예습, 복습 등과 같이 학습향상을 위해 스스로 목표를 정하고 이에 대한 전략을 세워 실천을 하여 이에 대한 점검을 하는 시간과 자신의 꿈을 이루기 위해 평소 꾸준히 투자해야 하는 2사분면의 활동(독서, 어학공부, 운동 등)에 투자되는 시간을 말한다. 여기서 무엇보다 중요한 것은 자주도 시간을 누군가의 강요에 의해서 하는 것이 아니라 주도적인 마음으로 스스로 결정하고 실천해야 한다는 것이다. 이러한 자주도 시간을 갖고 꾸준히 실천하는 것을 지금 당장의 성적을 올리기 위한 것이 아니라 자신의 삶을 주도적으로 살기위해 변화한 모습으로 성장해 나가기 위한 첫걸음으로 생각해야 한다.

자주도 시간을 처음 시작할 때는 1시간~2시간 이내의 시간을 정하여 그 시간에 무엇을 할지를 계획하여 실천할 수 있도록 도와주는 것이 좋다. 처음부터 욕심을 내어 3시간이상씩을 배정한다면 얼마 못가서 실행률이 떨어져 오히려 의욕을 상실하는 역효과가 날 수 있기 때문이다. 평소 자주도 시간을 꾸준히 가져온 학생들이라면 3시간 이상도 충분히 할 수 있겠지만 대부분의 학생들은 1시간씩 매일 하는 것도 쉽지 않기 때문에 시간을 어느 정도 투자할 것인지에 대해서는 학생의 의견을 최대한 수렴해서 조율하는 것이 중요하다. 하루 30분이라도 상관없다. 평소 5분도 스스로 공부를 하거나 책을 읽지 않았다면 그 또한 얼마나 큰 변화인지 아이들에게 용기를 주고 이러한 시작이 큰 변화를 이끌어 줄 것이라는 확신을 심어주는 것이 중요하다.

1. 자기주도학습 시간 활용하기

자기주도 학습시간에는 무엇을 해야 효과적일까? 처음에는 학교 수업의 복습과 예습을 하는 것이 좋다. 앞서 배웠듯이 매일 수업진도일지 작성을 한다거나 전략과목 한 과목을 정해서 수업이 들어 있는 날 당일 복습을 하는 것이다. 복습을 할 때는 전 시간에 배웠던 부분도 다시 한 번 복습을 하여 오늘 배운 내용과의 흐름을 연결시켜서 하는 것이 좋은데 이렇게 당일 복습 외에 지난 시간의 복습까지 하려면 최소한 한 과목에

30분 정도는 투자해야 한다. 만약 다음날에 수업이 들어있다면 목차를 활용한 예습이나 학습목표를 읽어보고 교과서나 참고서에서 핵심내용을 확인하는 것도 좋다.

2. 2사분면, 미래를 준비하는 시간을 가져라.

가용 시간 중 일부는 가급적 독서나 운동에 투자하도록 하는 것이 좋다. 매일은 아니더라도 일주일에 3회 이상은 독서나 운동을 할 수 있도록 계획을 세우는 것이다. 자신이 하고자 하는 꿈에 다가가기 위해서 관련된 책이나 학교 권장도서를 꾸준히 읽고 독서록을 기록하다보면 이해력과 독해력이 향상될 수 있다. 또한 자신이 하고자 하는 꿈을 이루기 위해서 필요한 것이 있다면 준비할 시간이 필요하다. 예를 들어 외교관이 꿈이라면 어학공부를, 피아니스트가 꿈이라면 피아노 연습을 꾸준히 해야 하는 것과 같이 지금 당장 눈 앞에 급한 일이 아니어도 미래를 위해 꾸준히 준비하지 않으면 안 되는 일이 무엇인가를 고민하여 그 부분을 준비해야 하는 것이다.

20

시간 관리로 시작하는 성공로드맵-3
: 월간플랜에서 일일점검까지!

Ⅰ. 시간관리, 어떻게 해야 하나?

시간 관리를 잘 하려면 내 생활의 흐름을 읽을 수 있어야 한다. 우리는 앞서 우선순위 관리법과 주간 단위의 시간 가계부를 작성하는 방법을 알아보았다. 이 두 가지 방법이 나의 하루를 점검하여 불필요한 시간들을 줄이고 준비영역의 시간을 확보하기 위한 것이었다면 이제는 그 시간을 관리하는 구체적인 방법을 알아볼까 한다.

학생의 입장에서는 무엇보다 학습에 관한 관리가 제일 시급할 것이다. 대부분의 부모님과 아이들의 고민 중에서 계획을 어떻게 세워야 실천을 잘 할 수 있는 계획표를 짤 수 있을까라는 고민이 상당히 많다. 많은 가정에서 나름대로의 계획표를 세워보지만 생각보다 실천하기가 어려워 실패를 하는 경우가 많다. 올바른 방법을 모른 채 시도를 하다보니 계획표라는 것 자체에 부담을 느끼고 '나는 계획성이 없는 아이야'라고 자포자기하게 되는 경우도 많이 일어난다.

그렇다면 어디서부터 잘못된 것일까? 우리는 학습계획을 세울 때 학습해야 할 분량을 가지고 목표한 기한에 맞추기 위한 계획표를 세우는 것이 보통이다. 예를 들어 300페이지 분량을 공부해야 하고 한 달 안에 끝내는 것이 목표라고 가정해 보자. 보통은 한 달 기준 30일이라고 할 때 300÷30=10페이지로 계산하여 무조건 하루에 10페이지 씩 하는 것으로 계획을 세우기 마련이다. 이것이 바로 시작부터 실천할 수 없는 계획표라 할 수 있다.

앞에서 작성했던 시간가계부를 기억하는가? 요일별로 내가 사용할 수 있는 가용시간은 다 다르다. 그렇기 때문에 내가 사용할 수 있는 가용시간 중에서 자주학 시간을 정하고 그 시간 안에 할 수 있는 양을 정해서 계획을 세워야 함에도 불구하고 무작정 찢어 나누는 식의 계획표는 아무 의미가 없는 것이다.

이제부터는 실천 가능한 계획표 세우기, 즉 시간 관리를 시작해 보자.

1. 월간 일정표 파악하기

시간 가계부를 작성하여 요일별 가용시간을 파악하였다면 이제는 월간 일정을 파악해 보자. 우선 월간 플랜에 요일별로 가용시간을 기록한다.

일(11)	월(4)	화(5)	수(3)	목(4)	금(5)	토(10)
			1	2	3	4
5	6	7	8	9	10	11

그리고 학교 학사 일정을 확인하여 시험이나 재량휴무일, 체육대회나 수학여행 등 기존의 학습패턴을 벗어날 상황이 발생하여 학습을 할 수 없는 날짜가 언제인지 확인하여 달력에 표시를 한다. 이 때 집안의 대소사로 인하여 자주도 시간을 확보 할 수 없는 상황의 날도 표시를 한다.

일(11)	월(4)	화(5)	수(3)	목(4)	금(5)	토(10)
			1	2	+3 3 개교기념일	4
5	6	7	8	9	10	11
12	13	14	15	16	17	~~18~~ 가족여행
~~19~~ 가족여행	20	21	22	23	24	25
26	27	28	~~29~~ 할아버지제사	30	31	

만약에 학교 휴무일이나 국경일이 포함된 경우에 자주도 시간을 더 해보고 싶다면 +시간을 표시하여 다른 날보다 실천할 계획을 추가하는 것이 좋다.

2. 자주도 시간에 실천해야 할 구체적인 계획을 세워라.

한 달 동안의 일정을 정리하였다면 이제는 자주도 시간에 해야 할 구체적인 계획을 세워야 한다. 이때는 준비영역에 해당하는 것 중에서 학습에 해당하는 일과 미래를 위해 투자하는 일에 대해 같이 생각해 보고 계획을 세우는 것이 좋다. 지금 당장의 학습에 관한 부분에만 치중하다 보면 놓치는 일이 생기기 때문이다. 예를 들어 예습, 복습과 같은 학습에만 시간을 할애하고 독서나 운동, 또는 하루하루를 점검하는 시간 등을 생각하지 않고 무시한다면 시간이 흐른 후에 건강이 나빠지거나 또는 진로활동에 소홀이 하여 낭패를 보게 되는 상황이 생기게 되는 것이다.

매일 꾸준히 해야 하는 예습, 복습은 전 과목을 하기가 쉽지 않기 때문에 전략적으로 한 과목만을 먼저 정해서 실천해 보고 그 다음에 조금씩 늘려나가는 것이 좋다. 한 과목을 예습, 복습을 할 경우 30분~1시간 정도만 하루에 할애하면 실천할 수 있는데 그것도 과목이 들어있는 날 한다고 가정하면 일주일 내내 하는 것이 아니니 마음이 조금은 가벼워질 수 있다. 욕심을 낸다면 영어나 수학과 같이 꾸준히 해야 하는 과목을 정하고 실천해 보는 것도 좋다. 비교적 시간이 넉넉한 요일에 인터넷 강의를 듣는다거나 참고서를 한 권 정해서 학습을 하는 방법으로 계획을 세운다.

〈예시〉

– 사회 예습, 복습: 월, 수, 목 – 30분

– 영어 문법 인터넷 강의 듣기: 화, 금, 토, 일 – 1시간 (인터넷 강의 25분-1.5배
  속, 예습, 복습 35분)

– 독서 하기: 토, 일 – 1시간

– 운동 하기: 줄넘기 200회(매일)

– 매일 일일계획 점검하기

일(11)	월(4)	화(5)	수(3)	목(4)	금(5)	토(10)
매일 해야 할 것 줄넘기 200회 / 일일플랜 점검하기			1 사회 예,복습 (30분)	2 사회 예,복습 (30분)	3 영어 문법 인강(2) 개교기념일	4 영어 문법 인강(1) 독서(1)
5 영어 문법 인강(1) 독서(1)	6 사회 예,복습 (30분)	7 영어 문법 인강(1)	8 사회 예,복습 (30분)	9 사회 예,복습 (30분)	10 영어 문법 인강(1)	11 영어 문법 인강(1) 독서(1)
12 영어 문법 인강(1) 독서(1)	13 사회 예,복습 (30분)	14 영어 문법 인강(1)	15 사회 예,복습 (30분)	16 사회 예,복습 (30분)	17 영어 문법 인강(1)	~~18~~ 가족여행
~~19~~ 가족여행	20 사회 예,복습 (30분)	21 영어 문법 인강(1)	22 사회 예,복습 (30분)	23 사회 예,복습 (30분)	24 영어 문법 인강(1)	25 영어 문법 인강(2) 독서(2)
26 영어 문법 인강(2) 독서(2)	27 사회 예,복습 (30분)	28 영어 문법 인강(1)	~~29~~ 할아버지제사	30 사회 예,복습 (60분)	31 영어 문법 인강(1)	

계획을 세웠다면 이것을 월간 플랜에 기록을 하고 특별한 일정으로 인해 학습을 못한 날의 분량은 다음 시간에 할 수 있도록 미리 시간을 계획해 놓는 것이 좋다. 이렇게 월간플랜의 계획표를 세우다 보면 한 달 동안 할 수 있는 분량이 나오게 된다. 영어문법강의의 경우는 총 한 달에 17강을 들을 수 있는데 개교기념일에 추가로 1강을 더 듣는 것으로 한다면 18강을 들을 수 있는 것이다. 만약 문법 전체의 인터넷 강좌수가 20강이라면 주말에 한강씩 더 들어서 한 달 안에 한 강좌를 마스터 할 수 있게 된다. 이렇게 세부적으로 계획표를 세우면 한 달 동안의 목표가 생기게 되고 목표가 생김으로 해서 하루하루 실천을 하는데 커다란 힘이 생기는 것이다.

학생들과 수업을 하면서 '하루 가용시간 4시간 중에 30분 정도 예습, 복습에 투자하는 것은 할 수 있겠지?'하고 이야기를 하면 대부분의 학생들이 긍정적으로 대답을 하는 것을 볼 수 있다. 처음부터 너무 많은 양의 학습에 욕심을 부리다보면 마음의 부담을 느끼게 되고 하루 이틀 하다가 포기하게 되는 경우가 발생하기 때문에 처음에는 실천 가능한 정도의 작은 목표를 세워서 성취감을 경험하는 것이 중요하다. 이렇게 성취감이 생기게 되면 다음에는 조금 더 큰 목표를 가지고 도전할 수 있게 된다.

Ⅱ. 매일 매일 점검하라!

1. 일일 계획 점검하기

월간 플랜에 계획을 적은 것을 토대로 이제부터는 하루하루 실천하고 계획하는 일만 남아있다. 대부분 학생들의 생활패턴은 한 학기동안 크게 변화가 없다. 학원이나 과외, 방과 후 교실 프로그램을 추가하거나 그만 둔다던지 하는 것이 없다면 거의 비슷한 일정으로 보내게 된다. 학교에서 진행되는 수업에 대한 부분은 수업스케치를 통해서 관리를 하면 되고 정말 중요한 시간 관리의 핵심은 학교수업이 끝난 이후의 시간과 주말 시간을 얼마나 알차게 보내느냐에 달려있다 해도 과언이 아니다. 그래서 매일 매일 학교수업이 끝난 이후의 가용시간에 무엇을 어떻게 하느냐가 정말 중요한 것이다.

그렇다면 어떻게 해야 시간을 알차게 보낼 수 있을까? 바로 해야 할 일과 하고 싶은 일에 대한 우선순위를 제대로 인지하고 먼저 해야 할 일을 하고나서 하고 싶은 일을 하는 시스템을 만들어야 한다. 매일 학교수업이 끝난 후 시간을 기록 해보자. 그 날 내가 해야 할 일이 무엇인지 그 해야 할 일을 수행하는데 얼마의 시간이 걸리는지, 내가 하고 싶은 일은 무엇이고 그 시간이 얼마나 걸릴지를 예상해 보고 기록한 후 해야 할 일부터 먼저 한 이후에 남는 시간에 하고 싶은 일을 하는 순서로 실천을 하면 된다.

2. 일일 계획 작성 방법

월간 플랜을 참고하여 그날의 가용시간을 적고 그날 나에게 주는 긍정 한마디를 작성한다. 매일 작성하는 것이 어려울 경우는 일주일동안 같은 것을 적어도 상관없다.

그리고 나서 당일 해야 할 일을 작성한다. 해야 할 일에는 학습계획에 의한 내용 뿐만 아니라 그 날 새롭게 해야 할 학교 수행과제나 다음 날 수업 준비에 관한 것 등 그날 잊지 말고 해야 할 일들이 있다면 전부 기록을 한다. 하고 싶은 일에는 친구와 쇼핑을 하고 싶다거나 놀고 싶다거나 TV를 보고 싶은 것이 있다거나 하면 일단 작성한다. 이렇게 작성을 하고 나면 하고 싶은 일을 하기 위해서 해야 할 일을 언제까지 끝내야 하는지에 대해 생각을 하게 되는데 그래서 예상시간을 작성하는 것이 중요하다. 예상 시간을 한 번 생각해 보면서 그날 자신의 일정에 대한 큰 그림을 그려

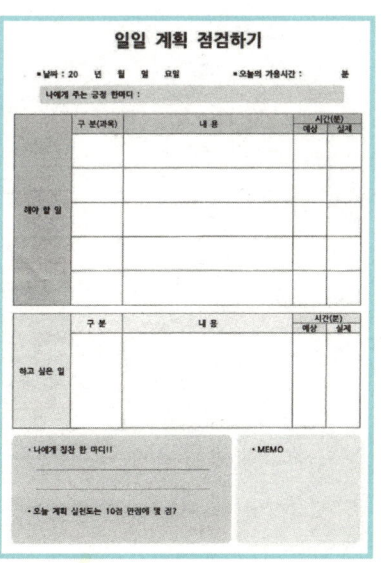

보는 것이다. 만약 그 날 수행을 못할 것 같은 일은 다음에 해도 되는 것인지 잘 구분하여 월간 플랜에 언제까지 할 것인지 새로 기록해 놓고 잊지 않도록 하는 것이 중요하다. 그리고 실제 실천을 했을 때는 시간이 얼마나 걸렸는지도 기록한다. 이렇게 비교를 하다보면 평소 자신이 생각했던 것보다 시간이 더 많이 걸리는지, 덜 걸리는지를 파악할 수 있게 되고 꾸준히 실천하다보면 예상시간과 실제 시간이 거의 비슷하게 나오는 것을 경험할 수 있게 된다.

또한 매일 자신의 하루를 점검하는 시간을 반드시 가져서 피드백 하는 것도 중요하다. 잠자기 전에 10분이라도 매일 일일 점검을 하면서 그날 자신에게 칭찬 한마디를 해 줌으로써 긍정적인 생각으로 하루를 마무리 하도록 하는 것이 좋다. 그리고 하루 계획의 실천도를 평가해 보면서 다시 한번 마음을 다잡도록 하는 것도 좋다.

21

학습환경 조성하기

Ⅰ. 학습과 환경과의 관계

학생이 학습을 하는데 있어서 주변 환경에 대한 관리는 아무리 강조해도 부족하다. 기본적으로 인간은 환경에 적응하면서 점차 변화하기 때문이다. 고사성어인 '근묵자흑(近墨者黑)'이나 '맹모삼천지교(孟母三遷之敎)'에서 알 수 있듯이 인간은 환경과 어우러져 상호작용을 하면서 살아가게 된다.

학습과 주변 환경과의 관계를 살펴보면 물리적 환경, 사회적(심리적) 환경, 신체적 환경 등 다양한 환경들이 있는데 이번 시간은 주로 물리적 환경에 대해 살펴볼 것이다.

우리의 주변 환경 중에서는 나의 의지대로 변화시킬 수 있는 환경과 내가 바꾸려 해도 바꿀 수 없는 환경이 있다.

자신의 의지대로 변화시킬 수 있는 환경은 최대한 조성을 해야 한다. 조성은 사전적인 의미로 무엇을 만들어서 이룬다는 뜻이다. 우리의 주변 환경을 내가 원하는 방향으로 조성해야 하는데 여기서 중요한 것은 기준을 무엇에 두고 만들어 가느냐는 것이다. 학습 환경을 조성할 때 중요한 기준은 무엇일까? 좋은 책상, 좋은 의자? 그렇다면 여기에서 좋은 책상과 좋은 의자의 의미는 무엇일까? 오랜 시간 앉아서 공부를 할 때 신체적인 무리가 가지 않는 것을 말한다. 학습 환경을 조성 할 때는 무엇보다 학습에 최대한 집중할 수 있는 상태로 해야 한다. '공부는 생각훈련이다'라는 말이 있듯이 생각을 할 수 있는 환경으로 조성해야 하는 것이다.

그렇다면 자신의 의지대로 변화시킬 수 없는 환경은 어떻게 해야 할까? 바로 적응을 하는 것이다. 지구가 수많은 세월을 변화해 오면서 그 안에 살고 있는 동물들이 변화된 환경에 적응을 하지 못했다면 대부분의 동물들은 현재 존재하고 있지 못할 것이다. 그렇다면 이렇게 적응을 해야 하는 경우는 어떤 것이 있을까? 내 의지대로 변화시킬 수 없는 환경 중에서 학습을 하는 데 있어서 방해가 되는 환경이 무엇이냐는 질문에 전국 어디를 가서 수업을 해도 한두 명씩 하는 대답이 있는데 바로 '엄마'이다. 우리 엄마들이 들으면 매우 황당하고 서운하겠지만 어찌 보면 이해가 되는 것이기도 하다. 엄마 외에도 나하고 의견이 맞지 않아서 자주 싸우게 되는 동생이나 언니, 형, 강아지, 윗집에서의 쿵쿵거림 등 여러 가지가 있을 수 있다. 어찌 보면 황당하게 느껴질 수도 있는 이유이기도 하지만 아이들 나름대로는 심각한 고민일 수도 있는 것이다. 이런 상황에 어떻게 해야 하느냐는 것이 핵심인데 엄마나 동생, 강아지를 바꿀 수는 없지 않은가? 그래서 적응이 필요하다. 그 상황 속에서 어떻게 내 마음, 생각을 바꿔서 환경 안에서 학습에 집중할 수 있을 것인가를 여러 가지 대안을 가지고 선택해야 하는 것인데 예를 들어 집에서 강아지가 자꾸 방문을 긁어서 집중이 안 된다고 했을 경우를 생각해 보자. 이때 생각할 수 있는 대안은 내가 공부를 하는 그 시간에 엄마에게 부탁을 해서 강아지를 데리고 산책을 가도록 도움을 요청한다거나 아니면 근처 독서실에서 학습을 하는 것을 해 볼 수 있을 것이다. 이 때 중요한 것은 '내가 이렇게까지 해야 해?'라며 짜증을 내는 것이 아니라 긍정적인 생각을 하는 것이다. '우리 집 강아지는 나를 너무 좋아한단 말이야. 빨리 공부를 끝내고 강아지랑 잠깐 놀아줘야지'라고 생각한다면 기분이 좋아질 것이다.

Ⅱ. 공부방 환경 점검하기

학생들과 이야기를 나누어 보면 집에서는 공부가 잘 되지 않는다고 하는 경우가 많이 있다. 그 이유가 대부분 엄마의 잔소리나 눈치가 보여서이고 그 다음은 집중이 잘 안 된다는 것이다. 엄마의 경우는 앞서 언급한 내용을 참고하자.

그렇다면 무엇 때문에 집중이 잘 안 되는 지를 살펴보아야 하는데, 가장 먼저 학습을 하는 장소인 공부방의 환경을 점검해 보자. 제일 먼저 책상을 살펴보아야 한다. 책상 위의 정리 상태가 평소에 어떤지, 책장에는 어떤 책이 어느 위치에 꽂혀 있는지를 점검해 볼 필요가 있다. 어떤 학생들은 자신들의 책상은 항상 깨끗한데 그 이유는 엄마가 수시로 치워주시기 때문이라고 한다. 학년이 올라갈수록 교과의 과목이 늘어나고 프린트물이나 자습서의 종류가 많아지면서 엄마가 정리를 해주다보면 무엇을 어디에 놓아두었는지를 몰라서 내가 필요한 시점에 책이나 자료를 찾느라고 시간을 낭비하는 경우가 생기게 되고 괜히 엄마에게 짜증을 내게 되면서 감정이 상해서 결국은 공부를 하지 못하는 경우도 종종 생기게 된다.

책상과 책장정리는 되도록 학생 스스로 하는 것이 가장 바람직하다. 책장의 구조와 위치를 보고 학습에 관련된 책은 책상에 앉아서 볼 때 가장 잘 보이는 곳과 손이 잘 닿는 곳에, 소설책이나 잡다한 책들은 책장의 맨 위쪽이나 책상 아래쪽에 두어서 눈에 잘 보이지 않게 보관하는 것이 좋다. 프린트물은 프린트물끼리 과목별로 구분하여 파일을 만들어 보관하고 자습서나 문제집을 분류하여 정리를 하다보면 이것저것 찾느라 에너지를 낭비하는 시간을 줄일 수 있다.

가끔 책 읽기를 매우 좋아해서 공부를 하려고 책상에 앉았다가 책을 읽느라 제 때 공부를 끝내지 못하는 경우도 있다. 만약 이런 경우라면 공부방에서 학습에 관련되지 않은 책은 치우는 것이 좋다. 일단 그 공간에 들어서면 학습에 바로 몰입할 수 있도록 내가 쉽게 조절하지 못하는 방해물은 다른 공간으로 옮겨놓는 것이다. 그것이 컴퓨터나 핸드폰일 수도 있고 자신이 좋아하는 연예인의 사진일 수도 있다.

스탠드는 책상에 앉았을 때 그늘이 지지 않는 위치에 두고 책상 아래에는 공이나 잡동사니가 없도록 잘 치워야 한다. 의자는 되도록 바퀴가 없는 고정식 의자가 좋다. 괜히 앉아서 앞뒤로 몸을 움직이다보면 집중력이 흐트러지기 쉽기 때문이다.

방 안의 공기를 수시로 환기시켜 줌으로서 정신을 맑게 해주는 것도 잊지 말자.

Ⅲ. 미디어 관리의 중요성

학습 환경의 물리적 요인 중에서 학습에 가장 방해가 되는 요인 중 부모님과 학생의 대립이 가장 많이 생기는 것 중의 하나가 휴대전화, 텔레비전, 컴퓨터와 같은 전자기기들이다. 현대인들의 필수품이라 할 수 있는 이러한 전자기기는 생활을 하는데 있어서 우리에게 여러 가지 편리함과 유익한 정보를 제공해 주고 어디서든 쉽게 오락을 즐길 수 있도록 해준다는 점에서는 긍정적이나 문제는 과다하게 사용을 함으로 해서 뇌의 발달을 저해한다는 면에서는 부정적일 수밖에 없다.

눈을 통해 시각정보가 뇌로 들어오면 모든 정보는 후두엽으로 전달되는 데 독서를 할 때에는 읽는 과정에서 사고가 개입되면서 정보를 전두엽으로 보내게 되지만 게임을 할 때의 뇌는 사고활동이 거의 생략되고 시각정보가 후두엽을 거쳐서 바로 운동신경으로 전달되는 과정이 반복되면서 전두엽은 점점 퇴화되어 가는 것이다. 또한 이렇게 게임이나 컴퓨터, 텔레비전을 오래 하다보면 전원을 끈 이후에도 후두엽의 활성화상태가 지속되어 학습뿐만 아니라 수면도 방해하여 학습에 필요한 집중력과 기억력, 이해력뿐만 아니라 문제해결 능력 등도 저하되는 것을 볼 수 있다.

전문가들은 아이들이 스마트폰에 빠지면 '팝콘 브레인(popcorn brain)' 현상이 생길 수 있다고 한다. 이 용어는 스마트폰의 게임·동영상을 자주 보는 바람에 빠르고 강한 정보에는 익숙하고 현실 세계의 느리고 약한 자극에는 반응을 안 하는 뇌를 빗댄 것으로 미국 워싱턴대학 정보대학원의 데이비드 레바이 교수가 몇 년 전 처음 주장했는데 2012년 11월

19일 SBS뉴스에서도 팝콘 브레인이라는 주제로 방영이 된 적이 있다. 뉴스에서는 스마트폰에 중독된 어린이와 일반 어린이의 뇌기능을 테스트 했는데 일정하게 깜빡거리는 불빛에 맞춰 손뼉을 치거나 발을 구르도록 한 실험에서, 스마트폰에 중독된 어린이의 반응 속도는 일반 어린이에 비해 많이 빠르거나 느린 것으로 나타났다. 스마트폰에 중독된 아이들은 흔히 우측 전두엽의 활동이 떨어지게 되는데, 좌뇌와 우뇌를 번갈아 써야 하는 왼손·오른발, 오른손·왼발 교차동작에서 어려움을 느낀 것으로 나타난 것이다. 이처럼 오랫동안 스마트폰 게임의 강한 자극에 노출되면, 현실에 무감각해지고 그만큼 주의력이 떨어지는 것이다.

또한 이러한 전자기기에서 발생되는 전자파 노출도 문제이다. 전자파는 특히 수면호르몬인 멜라토닌의 생성을 방해하는데 이 멜라토닌은 성호르몬을 억제하고 면역기능에 관여하며, 종양세포를 억제하는 중요한 기능을 하는 것으로 알려져 있다. 따라서 우리는 전자기기의 사용에 있어서 특별한 관리를 해야 하는 것이 무엇보다 절실하다고 할 수 있다.

그렇다면 대안은 무엇이 있을까? 우선은 학생 스스로 변화하고자 하는 마음가짐을 갖는것이 무엇보다 중요할 것이다. 학생들과 수업을 하면서 앞서 이야기 했듯이 환경과의 적응과 조성의 중요성과 함께 학습방해 요인을 점검해 보게 하는 것이 필요하다. 전자기기의 유해성 또한 여러 가지 영상들을 통해 현실적으로 와 닿을 수 있는 자료를 보여주어 스스로 느낄 수 있게 해 준 이후에 대안점을 모색하는 방향으로 진행하는 것이 좋다.

이러한 전자기기에 할애하는 시간들은 이미 배웠듯이 낭비영역, 즉 시간도둑에 해당하는 것이기 때문에 앞서 한번쯤은 대안을 생각해 보았을 것이다. 이번 시간에 다시 한번 대안점을 찾아 구체적인 행동전략을 세우도록 도와주는 것이 중요하다. 예를 들어 휴대전화 사용을 줄이기 위해서 학습을 할 때는 휴대전화를 거실에 놓고 공부방에 들어간다던지 엄마에게 맡기는 것 등의 방법이 있을 수 있고 컴퓨터 게임과 TV 시청은 평소 자신이 할애했던 시간이 얼마인지 생각해 본 후 그 시간을 조금씩 줄여나가는 것이 중요한데 평소 하루에 게임을 4시간정도 했다면 한 달 동안은 3시간으로 줄이고 그 다음에 2시간으로 줄이는 방식으로 해 나가는 것이다. 가장 좋은 것은 절대 하지 않는 것이겠지만 실제 전문기관이나 학생을 1:1로 관리해 주는 선생님이 없는 상황에서는 혼자서 실천하기가 매우 어렵기 때문에 학생들 스스로 줄일 수 있는 시간을 정하게 하고 그것을 꾸준히 실천에 옮길 수 있도록 격려해 주는 것이 효과적이다. 그래서 무엇보다 부모님의 역할이 매우 중요한 데 무조건 윽박지르고 야단을 치기보다는 아이가 조금이라도 줄이려고 노력하는 모습에 대한 인정과 칭찬을 해 주어서 조금씩 변화를 해 나갈 수 있도록 도와주어야 하는 것이다.

22

신체관리로 시작하는
학습능력 향상시키기

Ⅰ. 신체관리의 중요성

학생들의 생각을 들어보면 성적이 모든 것의 판단기준이 되는 현실에 무척이나 부정적이고 분개하고 있다는 것을 알 수 있다. 자신의 개성이나 진가를 알아주지 않고 모든 것을 성적의 잣대로 들이대는 것에 너무도 답답해하고 있는 것이다. 하지만 개개인의 마음을 들여다보면 정작 자신들도 공부를 잘해서 성적을 올리고 싶어 하는 마음이 있지만 방법을 모르고 자신도 없어 포기하는 학생이 상당히 많이 있다는 것을 공감할 것이다.

그래서 요즘 아이들과 수업을 하면서 가장 자주 하는 말이 '너희들의 잘못이 아니다'라는 말이다. '지금까지 공부를 하라고 강요만 했지 어떻게 해야 잘 할 수 있는지 구체적인 방법보다는 지금의 결과가 나온 것이 모두 너희들의 탓인 것처럼 몰아 부쳐서 많이 힘들었을 거야.'라고 위로를 해 주는 것이다. 그래서 '오늘 알려주려고 하는 것들은 나름대로 집중을 잘 하려고 해도 집중이 잘 안되고 공부하면서 외워보려고 해도 잘 안 외워져서 힘들었던 이유가 무엇인지 설명을 해 줄 테니 무엇이 문제였는지 스스로 한번 점검해 보는 시간이 되었으면 좋겠다'라는 이야기를 해 준다.

그러면서 앞서 이야기했던 뇌의 구조를 설명해 주고 우리가 평소 신체관리에 소홀히 하다 보니 어느새 자신도 모르게 집중력이 떨어지고 학습에 대한 흥미도 점점 약해진 것을 모르고 '나는 역시 공부는 소질이 없는 것 같아!'라며 포기하는 경우도 상당히 많았다는 것을 충분히 설명해 주는 것이다. 평소 신체를 잘 돌보지 못하게 되면 인간의 생명을 관장하는 뇌간에 모든 에너지가 집중이 되어 당연히 감정 관리는 물론이고 대뇌 신피질에서 사용할 에너지가 전달이 잘 되지 않아 공부를 하는 것이 쉽지 않았었다는 것을 다시 한번 강조하고 그럼 이제부터 평소에 내가 신체 관리를 잘하고 있는지 하나씩 배워가면서 점검해 보자라며 수업을 시작한다.

II. 신체관리의 중심, 수면관리

옛말에 '잠이 보약'이라는 말이 있다. 이 말처럼 충분한 잠은 아이의 성장에 큰 영향을 미친다. 어릴 때부터 푹 자는 습관을 들여야만 아이들은 건강하게 자라고 정서적으로도 안정된다. 특히 전문가들은 올바른 수면습관이 아이의 뇌를 발달시킨다고 강조한다.

서울대학교 의과대학 소아청소년정신과 김붕년 교수는 "우리는 아이의 건강한 수면을 지켜주기 위해 노력해야 한다. 특히 수면은 아이들의 뇌 건강과 떼려야 뗄 수 없는 관계에 있기 때문에 사명감을 가지고 지켜줘야 한다"고 전했다. 사람마다 최적의 수면시간은 차이가 있을 수는 있지만 공부를 많이 해보겠다며 수면 시간을 줄이는 것은 정말 잘못된 선택인 것이다. 미국 하버드대학 의과대학 정신과 전문의 호버트 스틱골드 박사는 의학전문지 『자연 신경과학』에 발표한 연구보고서에서 새로운 것을 배우거나 연습하는 경우 어느 정도 공부 또는 복습하고 잠을 자는 것이 밤을 새는 것 보다 그 다음날 더 많은 것이 기억에 남게 된다고 밝혔다. 이는 수면이 기억력을 향상시키는 역할을 하며 밤샘공부를 한 사람보다 공부한 뒤 잠을 잔 사람이 그 다음날 더 많은 것을 기억한다는 연구결과인 것이다. 김 교수에 따르면 아이들의 수면 부족으로 인해 생기는 문제는 어른들에 비해 매우 심각하다고 하는데 아이가 수면이 부족하면 성장 지연과 면역력 저하로 인한 감염 및 사고 위험 증가는 물론, 짜증이나 불안 등의 정서변화나 주의력, 기억력 감퇴로 인한 학습능력 저하 등이 나타나기 때문이다.

유승식 하버드대 교수도 잠이 인간의 기억 능력에 큰 영향을 준다고 주장하였다. "학습 뒤 수면이 인간의 기억과 학습에 필요한 기억강화에 중요한 역할을 한다는 것은 잘 알려진 사실이지만, 학습 전 수면도 인간의 기억 능력 향상에 큰 영향을 끼친다"고 밝혔는데 유 교수팀은 18~30살의 건강한 남녀 28명을 14명씩 2개조로 나눠 1개 조는 35시간 동안 잠을 안 재우고, 나머지 조는 정상적으로 7~9시간 동안 잠을 자게 한 뒤 여러 개의 그림 사진을 보여주는 실험을 했다. 연구팀이 이틀 뒤 다른 그림이 섞인 사진을 보여주며 구별할 수 있는지를 알아봤을 때 수면 부족인 사람들은 평균 19% 정도 기억능력이 떨어지는 것으로 나타났다. 연구팀이 기능성 자기공명영상(fMRI) 장치로 뇌기능을 관찰한 결과, 수면 부족은 새로운 기억의 생성·유지에 중요한 구실을 하는 뇌의 한 부분인 해마의 기능을 일시적으로 저하시킨다는 사실을 발견했다.

해마가 뇌에 들어온 정보를 단기간 기억하고 있다가 대뇌피질로 전달해 장기기억으로 저장을 하거나 삭제를 하게 되는데 이러한 정보의 이동은 주로 밤에 우리가 잠을 자고 있는 동안 이루어지게 된다. 따라서 우리가 충분히 잠을 자지 못하는 경우는 이러한 해마의 활동이 원활이 이루어지지 않기 때문에 학습의 능률이 오르지 않는 것이라 볼 수 있다.

하루 적절한 수면의 양은 얼마일까? 보통 하루 7~8시간 정도는 잠을 자야 한다고 이야기 한다. 하지만 이는 사람에 따라 조금씩 다르기 마련인데, 대게 수면의 질이 높은 사람들의 경우는 그렇게 많은 시간을 자지 않아도 충분히 좋은 컨디션을 유지하는 경우가 많다. 즉, 수면의 양보다는 수면의 질이 더 중요하다고도 할 수 있다. 수면시간은 자신의 신체 리듬에 맞게 조절해야 한다. 자신이 피로감을 느끼지 않을 정도의 수면시간이 얼마나 되는지를 알고 규칙적으로 자는 것이 가장 바람직하다. 하지만 자신의 적정 수면시간이 얼마인지를 잘 모른다면 아침에 기상했을 때의 컨디션을 점검해 보아야 한다. 잠에서 깨어나고 5분이 지나도록 몸이 무겁고 정신이 몽롱하다면 수면시간을 조금 늘리거나 줄이는 방향으로 조율을 해야 한다. 또한 잠을 자기는 하는데 숙면을 취하지 못한다면 아래의 방법을 참고해 보도록 한다.

숙면을 취하기 위해서는 어떻게 해야 할까?

첫 번째, 잠자기 전의 음식물 조절을 해야 한다. 야식을 먹고 잠이 들면 잠자는 동안 대장 운동이 진행되어 깊이 잠들기 어렵고 쉽게 깨기 때문에 잠들기전 3시간부터는 가급적 피해야 한다. 또한 카페인이 들어 있는 커피, 홍차, 녹차, 콜라 등 카페인 음료도 수면에 방해가 되기 때문에 조심해야 한다. 배가 고파서 잠이 오지 않는다면 두부, 따뜻한 우유, 달걀, 바나나 등으로 간단히 먹는 것이 좋다. 두부, 따뜻한 우유, 달걀, 바나나 등에 들어 있는 트립토판이라는 물질이 잠을 자는 데 도움을 주기 때문이다.

두 번째, 아침에 일찍 일어난다. 우리 몸은 아침 햇살을 받고 나서 14~16시간 후에 수면 호르몬인 멜라토닌이 분비되어 다시 잠이 오도록 되어 있다. 아침 일찍 일어나는 것이 밤에 잠도 쉽게 드는 방법이다. 늦게 잠드는 것이 습관화되어 있더라도 생체 리듬에 맞춰 일찍 일어나면 밤에 저절로 잠이 오게 된다.

세 번째, 꾸준한 운동을 한다. 학생들의 경우는 정신적인 스트레스가 많은 것이 사실이다. 육체적인 피로는 휴식을 취하면 근육에 쌓인 젖산과 피부르산 등의 피로물질이 분해되어 소변으로 배출되지만 정신적인 스트레스는 아드레날린과 같은 부정적인 호르몬을 만들어 낸다. 이 스트레스 호르몬은 위험한 상황에서 재빨리 도망가거나 맞서 싸우도록 신체가 반응을 한 것이므로 근육을 움직여서 없애야 한다. 스트레스 호르몬은 육체를 움직이면 사라지고 육체를 사용하지 않으면 체내에 노폐물로 쌓여 질병의 원인이 된다. 수업을 하면서 가끔 아이들의 어깨를 주물러 주는 경우가 있는데 대부분의 아이들이 조금만 힘을 주어도 아파서 어쩔 줄을 몰라 한다. 이는 바로 스트레스로 인해 어깨근육이 굳어있기 때문이라는 설명을 해주고 짝과 서로 주물러 주게 하면 좋다. 또한 의자에 앉아서 할 수 있는 스트레칭을 하게 하는 것도 좋다. 매일 20분 이상 걷거나 줄넘기, 자전거 타기 등 일상생활에서 많은 시간을 들이지 않아도 할 수 있는 방법으로 꾸준히 운동을 하게 되면 밤에 잠을 푹 자는데 도움이 된다. 하지만 잠자리에 들기 전 너무 과한 운동은 오히려 수면에 방해가 되니 주의해야 한다.

네 번째, 잠들기 전에 TV나 스마트 폰, 컴퓨터 등의 사용을 자제하는 것이다. 학습 환경 관리에서도 다루었듯이 전자파가 수면호르몬인 멜라토닌의 생성을 억제시켜 수면 장애를 일으키기도 하고, 이러한 전자 기기들은 뇌의 후두엽에 위치한 시각영역을 지나치게 자극해서 공부를 위해 활성화되어야 하는 전두엽의 발달을 방해한다. 후두엽의 특징은 한번 활성화되면 시각 자극을 멈추어도 1시간쯤 지나야 그 잔영이 사라지기 때문에 잠자리에 들어서도 계속 게임의 영상이 떠올라서 잠을 방해하는 원인이 되기도 한다.

수면과 관련해서 효과적인 학습 습관을 원한다면 잠자기 직전에 집중해서 공부하도록 하는 것이 좋다. 그 날 공부한 내용을 한 번 이미지로 그리듯이 복습한 후에 편안한 마음으로 잠자리에 들면 매우 효과적이다. 그리고 아침에 잠에서 깨어나는 즉시 어제 잠자기 전에 공부한 내용을 복습하기 위해 떠올려보면 스스로 놀랄 정도로 기억을 잘 할 수 있게 될 것이다.

Ⅲ. 주의 집중과 기억력 향상에 도움이 되는 신체관리

요즘 우리의 청소년들을 보면 '화, 분노, 폭력성, 공격성' 등에 만성적이 되어 가고 있다는 것을 느낄 수 있다. 이렇게 우리의 아이들이 즉흥적, 충동적이며 폭력적, 공격적, 파괴적인 상태가 되어 있다는 것은 무엇 때문일까? 바로 우리 뇌 속에는 특정 정보를 전달하기 위한 신경전달 물질 중 노르아드레날린이 분비된 상태이기 때문이다. 각자 개인적인 이유로 인해서 화날 일, 긴장하고 스트레스를 받을 일이 많다보니 자연히 노르아드레날린이 많이 분비될 수밖에 없을 것이다. 그래서 중요한 신경전달물질인 세로토닌에 대해서 알아보려고 한다. 이 세로토닌이 아드레날린과 노르아드레날린과 같은 신경전달 물질의 분비를 조절하는 기능을 가지고 있기 때문이다.

세로토닌은 사람의 중요한 신경 전달 물질 중의 하나로 행복호르몬이라고도 하는데 세로토닌은 중요한 3가지 기능을 가지고 있다. 첫 번째가 바로 조절 기능으로 공격성, 폭력성, 의존성, 중독성 등을 조절해 평상심을 유지하게 해주고 격한 감정을 조절해 주는 것이다. 두 번째, 공부와 창조성의 기능이다. 세로토닌은 주의 집중과 기억력을 향상시켜 준다. 신피질을 살짝 억제해 잡념을 없애 주고 변연계를 활성화함으로써 창조성 함양에 크게 기여한다. 세 번째, 행복 기능이다. 생기와 의욕을 불러일으키고 편안하고 평온한 행복감을 갖게 해준다. 그래서 이 세로토닌을 몸이 만들어 내는 우울증 치료제라고도 한다. (세로토닌하라/이시형/중앙 books 참고)

이렇게 행복한 삶을 사는 데 있어서 뿐만이 아니라 주의 집중과 기억력 향상에 도움이 되는 세로토닌의 분비를 촉진시키기 위한 방법이 바로 신체관리를 잘하는 것이기 때문에 이번 파트에서는 여러 가지 신체관리의 방법을 알아보고자 한다.

1. 걷기의 과학

우리는 평소 뇌를 자극하는 여러 가지 방법에 대해서 많이 들어 왔다. 여러 가지 방법 중에서 가장 좋은 방법은 바로 걷기이다. 걷기는 문제 해결력을 높여주는 방법이기도 한데 문제가 안 풀리면 나도 모르게 일어나 방안을 서성이게 되는 이유가 바로 이 걷기가 뇌 활동과 밀접한 관련이 있기 때문이다. 발로 뇌를 자극한다고 할 정도로 말이다.

그래서 학생들에게는 아침에 걸어서 학교에 등교를 하라고 권장한다. 걷기를 통해 뇌를 준비운동 시키는 좋은 시간이 된다고 설명하는 것이다. 걷기 운동을 할 때 기왕이면 실내보다 실외에서 햇빛을 쪼이면서 걷는 것이 좋은데 세로토닌이 만들어지기 위해서는 햇빛이 반드시 필요하고, 햇빛을 쪼임으로 해서 자외선에 의해 공급되는 비타민D가 호르몬의 생성과 분비를 활발하게 하여 몸 안의 칼슘을 잘 흡수할 수 있도록 해주고, 눈을 통해 햇빛이 들어오면 뇌로 들어오는 혈액의 양이 많아져서 집중력과 기억력이 향상되기 때문이다. 그래서 학생들에게 아침에 등교할 때 부모님이 태워주시는 차에 앉아 졸다가 내리지 말고 햇빛을 쪼이며 걸어서 학교에 오도록 독려하는 것이다. 아침에 걸어서 등교를 함으로 해서 뇌를 사용하기 전 준비운동을 충분히 시킬 뿐만 아니라 집중력과 기억력을 향상시키고 세로토닌의 분비를 왕성하게 하여 행복한 마음으로 하루를 시작할 수 있게 만들 수 있다는 부분을 강조하면 분명히 실천하는 학생들이 생기는 것이다.

2. 식사 관리

요즘 우리는 너무 많이 먹는다. 하지만 잘 씹지는 않는다. 우유, 요구르트, 크림 등 하다못해 고기도 입에 살살 녹는 것을 좋아한다. 생명 유지를 하기 위해서 가장 기본적인 것이 바로 먹는 일이고 먹는 것만큼 즐거운 일도 없다. 학교에서 아이들에게 오늘 하루 중 행복했던 일이 있었는지 질문을 하면 각 반에서 한 두명씩 급식이 맛있었다는 이야기를 한다. 자신이 좋아하는 메뉴가 나와서 맛있게 먹은 것이 가장 행복한 일이었다고 하는 것이다. 이런 본능적 욕구를 즐겁게 해주는 동력이 바로 세로토닌이다. 하지만 우리는 먹는 즐거움을 점점 잊고 사는 것이 현실이다. 어떤 음식이든 꼭꼭 씹어먹는 대신 후다닥 빨리 먹어 치우는 것이다. 그러니 세로토닌이 분비될 겨를이 없다. 세로토닌은 씹고 나서 5분 후부터 분비가 되고 30분이 지나면 피크에 오른다. 시합 중에 껌을 씹는 운동선수를 더러 보았을 것이다. 세로토닌을 자극해 불안을 없애기 위해서다.

3. 복식 호흡의 중요성

세상 모든 사람들이 하는 운동이 무엇인지 아는가? 바로 호흡이라고 할 수 있다. 호흡은 생존을 위해 필수적으로 이루어지는 무의식적인 인체 내의 활동으로, 신체 내부와 외부 사이를 연결하는 고리로 볼 수 있는 중요한 것이다. 호흡을 통해서 들어와야 할 산소가 부족할 경우 우리 몸은 에너지가 제대로 흐르지 못하게 되어 몸의 신진대사가 활발하지 못하고 이로 인해 각종 노폐물이 몸 안에 쌓이게 되는 것이다. 호흡은 이렇게 중요한 산소를 잘 운반해서 에너지가 몸 속 구석구석까지 잘 흐를 수 있게 전달하는 중요한 신체 활동이다.

예전에 초등학교 시절 담임선생님께서 학교 수업 시작종이 울리면 항상 우리에게 반드시 시켰던 것이 눈을 감고 손을 배꼽위에 올리고서 심호흡을 크게 선생님의 구령에 맞춰 3회를 하는 것이었다. 선생님께서는 구령 중간 중간에 이제 '다음시간은 국어시간이야. 즐거운 마음으로 국어공부를 재미있게 해보자.'라며 우리에게 이야기도 해 주셨다. 선생님의 구령에 맞춰 집중을 하면서 심호흡을 하다보면 쉬는 시간에 뛰고 떠들고 들떠 있던 마음이 차분히 정리가 되면서 눈을 뜬 이후에 선생님의 목소리에 바로 집중할 수 있었던 경험이 있었다. 그 당시에는 선생님께서 하라고 하니 그저 따라서 했을 뿐이었는데 최근 호흡의 중요성을 알고 나서는 그 때 선생님의 목소리에 바로 집중할 수 있었던 것이 바로 심호흡 때문이었다는 것도 알게 되었다.

우리는 평소 호흡을 하고 있다는 인식조차도 거의 하지 않고 지내고 있다. 하지만 의식적인 호흡, 즉 복식호흡을 꾸준히 실천하는 것만으로도 건강은 물론 집중력을 높이는데 매우 효과적이다.

우리의 뇌는 안정된 상태에 있을 때 최상의 집중력을 발휘할 수 있는데 뇌를 안정적인 상태로 유지할 수 있는 방법이 바로 복식호흡이다. 호흡을 느리고 깊게 그리고 규칙적으로 할 때 뇌파가 알파파상태로 형성이 되는데 이 알파파 상태의 뇌가 가장 집중하기 좋은 상태이다. 공부하기 전에 눈을 감은 채 복식호흡을 하게 되면 뇌파는 가장 집중하기 좋은 상태인 알파파 상태가 되고 이 상태에서 긍정적인 자기암시를 하는 습관을 만들면 자연스럽게 공부가 점점 즐거워지는 경험을 만들게 된다.

복식호흡은 학습을 하는 데뿐만 아니라 감정조절을 위해서도 꾸준히 하는 습관을 들이는 것이 좋다. 운동선수들이 시합을 앞두고 크게 심호흡을 하거나 훈련을 하는 중에도 명상을 하면서 복식호흡을 하는 이유는 복식호흡이 긴장을 완화시켜주고 스트레스를 해소하는 데에도 놀라운 효과가 있기 때문이다.

따라서 학생들에게 복식호흡의 방법을 알려주고 잡념이 많이 떠올라 공부에 집중하기 어렵거나 시험 불안으로 마음이 긴장 되었을 때마다 복식호흡을 통해서 컨트롤을 할 수 있게 평소 수업 시작하기 전에 습관적으로 꾸준히 할 수 있도록 한다면 많은 도움이 될 것이다.

복식 호흡 방법

1) 의자에 편하게 앉은 상태로 어깨에 긴장을 풀고 천천히 코로 숨을 들이마신다. 이 때 손을 배 위에 올려놓아야 하고 배가 앞으로 볼록해질 때까지 숨을 들이 마신다.

2) 숨을 5초가량 참고 배에 힘을 준다.

3) 가슴은 움직이지 않게 주의하고 천천히 배를 집어넣으면서 뱃속의 공기를 코로 천천히 내쉰다.

23

감정관리 능력이
성적을 좌우한다

Ⅰ. 감정 이해 하기

우리는 갈수록 정서가 우리 일상생활에 매우 중요한 영향을 미친다는 것을 잘 알고 있다. 하지만 이러한 정서가 무엇이냐는 것에 대한 답을 명쾌히 내리기는 생각보다 쉽지 않다. 정서(情緒)의 사전적 의미를 알아보면 '사람의 마음에 일어나는 여러 가지 감정 또는 감정을 불러일으키는 기분이나 분위기'이다. 감정은 어떤 현상이나 일에 대하여 일어나는 마음이나 느끼는 기분으로 정서보다는 범위가 적다고 볼 수 있다. 정서를 학생들에게 '나와 관련된 주위 환경과 사람들과의 상호작용으로 인해서 생겨나는 감정을 뜻하는 것'이라고 설명을 하면 쉽게 이해를 한다.

학생들에게 감정의 종류를 이야기 해 보라고 하면 대답하는 것이 한정되어 있는 것을 볼 수 있다. 기쁨, 슬픔, 화남, 즐거움, 창피함, 사랑, 괴로움, 우울함, 짜증남 등을 포함하여 10가지를 넘기기 힘들다. 이것은 평소 자신의 감정을 제대로 이해하지 못하고 감정을 인식하는 연습이 되어 있지 않기 때문이다.

아이들에게 아래의 감정을 보여주고 두 가지의 감정을 어떤 것을 가지고 분류를 한 것인지 질문을 하면 대답을 어떻게 할까?

 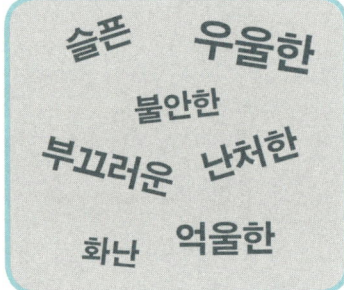

바로 왼쪽 것은 좋은 감정 오른쪽은 나쁜 감정이라고 대답을 하는 경우가 많다. 하지만 정답은 왼쪽 것은 나의 욕구가 채워졌을 때 나타나는 긍정적인 감정이고 오른쪽 것은 나의 욕구가 채워지지 않았을 때 나타나는 부정적인 감정인 것이다. 여기서 중요한 것은 감정이란 좋고 나쁨이 없다는 것이다. 상황에 따라 나타나는 것으로 그 감정 자체가 나쁜 것이 아니라는 것이다. 예를 들어 앞의 예시에서 과연 난처한 감정이 나쁜 것일까? 억울한 감정이 나쁜 것일까? 라는 질문을 하면 학생들은 바로 수긍을 한다.

이처럼 우리들은 언제부터인지 대부분 부정적인 감정을 느끼는 것을 나쁘다고 인식을 하고 있다는 것이 문제이다. 평소 이런 감정을 느끼는 것이 나쁘다고 생각을 하다보면 표현을 할 수가 없게 되고 이것이 쌓이면서 감정관리가 안 되는 것이다.

그래서 평소에 자신의 감정을 인식하는 연습을 해야 한다. 일단 감정의 이름을 붙이는 것이다. 현재 자신의 감정이 어떠한지 이름을 붙여서 표현을 해 보는 연습을 하는 것이 중요하다. 그 다음에 자신의 감정을 들여다보고 무엇 때문에 현재의 감정이 올라오는지를 파악하는 연습을 해야 한다. 다시 말해서 자신이 어떤 욕구가 충족되어서 긍정적인 감정이 생기고 어떤 욕구가 채워지지 않아서 부정적인 감정이 생기는지를 생각해 보는 과정이 필요하다는 것이다.

아이들에게 긍정적인 감정단어와 부정적인 감정단어에 대해서 평소에 쓰는 단어를 적어보게 하면 자주 사용하고 있는 단어는 몇 가지 되지 않는 것을 알 수 있다. 그리고 부정적인 단어보다 긍정적인 단어의 사용 빈도가 훨씬 적다는 것도 알 수 있다. 학생들과 함께 아래 욕구가 충족되었을 때의 긍정적인 감정을 표현한 단어와 욕구가 충족되지 못했을 때의 부정적인 감정을 표현한 것을 토대로 자신의 감정 상태를 면밀히 들여다보는 연습을 하는 것이 좋다. '기분이 엄청 좋아요' 라는 말 대신에 '정말 감격스러워요.', '가슴이 벅차요' 등 단순히 '기분이 좋다'라는 표현 대신에 다른 여러 가지 감정 단어를 사용해서 표현하는 연습을 하다보면 자신의 감정 상태를 조금 더 깊이 관찰하게 되는 것이다.

욕구가 충족되었을 때
감동받은, 뭉클한, 감격스런, 벅찬, 환희에 찬, 황홀한, 충만한, 고마운,

감사한, 즐거운, 유쾌한, 통쾌한, 흔쾌한, 기쁜, 반가운, 행복한, 따뜻한, 감미로운, 포근한, 푸근한, 사랑하는, 훈훈한, 정겨운, 정을 느끼는, 친근한, 뿌듯한, 산뜻한, 만족스런, 상쾌한, 흡족한, 개운한, 후련한, 든든한, 흐뭇한, 홀가분한, 편안한, 느긋한, 담담한, 친밀한, 친근한, 긴장이 풀리는, 차분한, 안심이 되는, 가벼운, 평화로운, 누그러지는, 고요한, 여유로운, 진정되는, 잠잠해진, 평온한, 흥미로운, 매혹된, 재미있는, 끌리는, 활기찬, 짜릿한, 신나는, 용기 나는, 기력이 넘치는, 기운이 나는, 당당한, 살아있는, 생기가 도는, 원기가 왕성한, 자신감 있는, 흥분된, 두근거리는, 기대에 부푼, 들뜬, 희망에 찬, 긍지를 느끼는

욕구가 충족되지 못했을 때

걱정되는, 까마득한, 암담한, 염려되는, 근심하는, 신경 쓰이는, 뒤숭숭한, 무서운, 섬뜩한, 오싹한, 간담이 서늘해지는, 겁나는, 두려운, 진땀나는, 주눅 든, 불안한, 조바심 나는, 긴장한, 떨리는, 안절부절 못하는, 조마조마한, 초조한, 불편한, 거북한, 겸연쩍은, 곤혹스러운, 멋쩍은, 쑥스러운, 언짢은, 괴로운, 난처한, 답답한, 갑갑한, 서먹한, 어색한, 찝찝한, 슬픈, 구슬픈, 그리운, 목이 메는, 서글픈, 서러운, 쓰라린, 애끓는, 울적한, 참담한, 처참한, 한스러운, 비참한, 안타까운, 처연한, 서운한, 김빠진, 애석한, 야속한, 낙담한, 냉담한, 섭섭한, 외로운, 고독한, 공허한, 허전한, 허탈한, 막막한, 쓸쓸한, 허한, 우울한, 무기력한, 침울한, 꿀꿀한, 피곤한, 고단한, 노곤한, 따분한, 맥 빠진, 귀찮은, 지겨운, 절망스러운, 좌절한, 힘든, 무료한, 성가신, 지친, 심심한, 혐오스런, 밥맛 떨어지는, 질린, 정떨어지는, 멍한, 혼란스러운, 창피한, 놀란, 민망한, 당혹스런, 부끄러운, 화나는, 끓어오르는, 속상한, 약 오르는, 분한,

울화가 치미는, 분개한, 억울한, 열 받는

Ⅱ. 감정을 조절하게 하라!

앞서 이야기 했듯이 감정은 좋고 나쁨이 없다. 다만 지금 현재 드러나는 나의 감정을 제대로 인식하여 상황에 맞게 적절하게 반응하고 조절하는 것이 중요하다. 하지만 우리는 평소 감정을 표현하는 것이 익숙하지 않기 때문에 감정을 조절하는 것보다 통제하는 경향이 강한 것이 현실이다. 통제란 일정한 방침이나 목적에 따라 행위를 제한하거나 제약하는 것을 말하는 것으로, 다시 말하면 감정을 무조건 참고 누르는 것이라고 할수 있다. 이렇게 근본적인 문제가 해결되지 않은 상태에서 무조건 참는 것을 반복하다보면 수시로 불끈불끈 감정이 올라와서 나중에는 조절이되지 않는 것이다. 이렇듯 통제가 정서적 과정을 억제하는 방향으로의 의미라면 조절은 무엇일까? 조절(調節)이란 것은 균형이 맞게 바로 잡음 또는 적당하게 맞추어 나가는 것을 말한다. 이러한 조절은 상황에 맞게 억제해야 할 상황에서는 억제를 하고 표현을 해야 할 상황에서는 표현을 해야 하는 것을 의미한다. 무조건 참거나 무조건 발산하는 차원이 아닌 시기적절하게 대처할 수 있는 것이 조절이라 말할 수 있는 것이다.

보통은 기분 좋고 행복한 긍정적인 감정은 맘껏 표현해도 되고 부정적인 감정은 되도록 참는 것이 좋다고 생각하기 쉽다. 그렇다면 예를 들어 설명해 보자.

학교 기말고사가 끝난 후 생각보다 점수가 잘 나와서 옆 반의 가장 친한 친구한테 자랑하고 싶어 갔다고 하자. 그런데 그 친구는 성적이 떨어져서 울고 있다면 어떻게 해야 할까? 그 친구 앞에서 성적이 잘 나왔다고 맘껏 자랑하며 행복해 할 수 있을까? 나에게 행복하고 기분 좋은 감정이라도 상황에 맞게 표현을 자제해야 하는 것이다.

반대로 하얀 피부가 콤플렉스인 학생이 있다. 어디 아픈 사람처럼 핏기가 없다, 귀신 같다라는 놀림도 많이 받아서 까무잡잡한 피부를 가진 친구가 무척 부럽다. 그래서 누가 내 피부가 하얗다고 이야기하면 기분이 별로 좋지 않다. 그런데 우리 반에 내가 그 이야기를 싫어한다는 것을 알면서도 계속 지나가는 말로 이야기를 하는 친구가 있다. 내가 싫다는 눈치를 몇 번이나 줬는데 아는지 모르는지 계속 이야기를 한다. 그래서 이제 그 친구 얼굴만 봐도 기분이 나빠진다. 이럴 때는 어떻게 해야 할까? 그렇다. 바로 그 친구에게 진지하게 한 번 이야기를 해야 하는 것이다. 너는 그냥 지나가는 말로 하는 이야기지만 나는 정말 기분이 나쁘다. 옛날 친구들이 놀리던 기억이 떠올라서 가슴이 답답해지고 진짜 싫다고 솔직히 이야기를 해야 하는 것이다. 그냥 그 친구가 먼저 알아주기를 기다리면서 혼자 속상해하다 그 친구를 외면하지 말고 표현을 하는 것이다. 그래야 상대방도 내가 왜 자기를 볼 때마다 얼굴표정이 별로 안 좋은지 알 수 있고 서로 오해를 하지 않고 잘 지낼 수 있는 것이다.

이제는 감정을 다른 각도로 바라볼 수 있어야 한다. 단순히 긍정적인 감정, 부정적인 감정으로 나누어서 인지하는 차원에서 벗어나 이러한 감정이 무엇 때문에 생기는지 알아차릴 수 있어야 한다. 특히 부정적인 감정일수록 왜 그러한 감정이 생기는지 생각해보고 그 대상이 물건인지 아니면 사람인지, 나 혼자만의 생각으로 상황을 판단하는 것은 아닌지, 그렇다면 무엇 때문에 내가 그렇게 느꼈는지를 생각해보야야 한다. 그래야 감정을 조절하기가 보다 수월해지기 때문이다.

Ⅲ. 감정 관리와 학습의 연관성

신경생리학자 폴 맥린 박사의 삼위일체 뇌 이론에 따르면 인간은 뇌의 진화 과정을 통해 세 종류의 뇌를 갖게 되었고 각각의 뇌는 서로 다른 기능을 갖고 있으며 그 역할도 다르게 발달하고 또한 뇌의 많은 부분이 직·간접적으로 관여하고 있다는 것을 알고 있을 것이다. 바로 인간은 누구나 생명을 주관하는 뇌간에 최우선으로 에너지를 공급하고, 다음으로 감정을 담당하는 대뇌변연계의 욕구를 충족한 후에야 인간의 뇌라 칭하는 대뇌 신피질에 에너지를 공급하게 되어 지성, 이성, 사고 등을 제대로 할 수 있다는 이야기이다.

뇌의 3중 구조와 에너지 공급에 관한 부분을 설명할 때는 주로 아이들에게 감기에 걸렸던 경험을 떠올려 보게 한다. 예전에 감기에 심하게 걸렸을 때 머리가 아프고 코는 막히고 목이 아파서 침을 삼킬 때마다 힘이 들고 기침을 많이 해서 배도 당기고 아픈 상황을 생각해 보게 하는 것이다. 이럴 때 기분은 어떠했는지 그 때의 감정을 표현해 보라고 하면 대부분의 대답은 '짜증난다, 기분이 나쁘다, 속상하다, 답답하다' 등이 나온다. 그러면 '그런 감정으로 공부하려고 책상에 앉으면 공부가 잘될까?'라고 다시 질문을 하면 '당연히 안 되죠!!'라는 답변을 한다. "그래, 바로 그동안 몸이 아프면 기분이 좋지 않았던 이유, 감정이 안 좋을 때 학습을 하면 공부가 안되었던 이유가 여러분들이 일부러 공부가 하기 싫어서 핑계를 대는 것이 아니라 우리의 뇌의 구조와 기능 때문에 그랬던 거야"라고 설명을 해주면 학생들이 많은 부분을 수긍을 한다. 그래서 평소 신체관리와 더불어 감정 관리를 잘 하는 것이 학습을 제대로 할 수 있는 하나의 방법이 될 수 있음을 인지시킨다.

감정을 담당하는 대뇌변연계에는 해마와 편도가 위치해 있는데 해마는 한마디로 기억의 제조 공장이라고 할 수 있는 부위로 외부로부터 새로 접한 정보의 기억을 담당한다. 또한 단기기억에서 장기기억으로의 중추 역할을 하는 것이 해마이다. 그래서 학습과 기억에서 해마의 역할은 매우 중요하다고 할 수 있다. 해마는 스트레스에 아주 민감한데 만성적으로 스트레스를 받으면 코르티솔이라는 호르몬이 과다하게 분비가 되어 해마의 뉴런들이 죽어 해마가 위축될 수 있기 때문이다.

이러한 해마 끝에는 정서센터라고 할 수 있는 편도가 있다. 우리가 말하는 기쁨, 슬픔, 분노와 같은 감정이 바로 편도에서 유발된다. 이 편도는 부정적 정서에 민감하다. 즉 자신에게 부정적인 상황을 신속히 파악하고 그 상황에서 벗어나려하는 것이다. 아이가 부모님이나 선생님께 심하게 꾸중을 들은 후에 공부에 집중할 수 없는 것은 지극히 자연스러운 현상인 것이다.

이렇듯 기억을 담당하는 해마와 감정을 담당하는 편도가 가까이 있기 때문에 감정관리가 제대로 되지 않으면 학습도 관리가 되지 않는 것이다. 편도에서 현재 상황을 위기라고 지각하게 되면 해마의 기억 관련 시스템이 닫히기 때문이다.

24

감정관리 능력을 키워라!

학교에서 아이들을 살펴보면 언제나 밝고 긍정적이어서 복도에서 지나치기만 해도 그 학생의 에너지가 고스란히 전달되어 그저 보고만 있어도 같이 기분이 좋아지는 학생이 있는가 하면 감정관리가 제대로 되지 않아 늘 화가 나 있어서 언제 폭발할지 몰라 말 걸기가 힘든 학생, 삶의 태도가 너무도 무기력해서 어디서부터 도와주어야 할지 난감한 학생도 자주 만나게 된다.

감정관리가 잘 안 되는 학생의 경우는 대부분 집중력이나 기억력 같은 학습 능력에 영향을 주어 제대로 공부에 몰입할 수 없기 때문에 성적이 나쁜 경우도 많고 성적이 나쁘다 보니 학교생활에 흥미를 붙이지 못해 자신감이 떨어지면서 공부 외의 자기 능력(잠재력)이 무엇인지 생각해 볼 여지도 없이 무의미하게 학창시절을 보내는 악순환을 반복하고 있는 것을 볼 수 있다.

그래서 조금이나마 감정 관리를 잘하기 위한 몇 가지 방법을 학생들에게 제시하고 하나씩 실천해 보면서 아이들 각자에게 맞는 방법을 찾도록 하는 것이 좋다.

Ⅰ. STC 훈련

이 방법은 평소에 짜증을 많이 내고 사소한 일에도 화가 불끈불끈 올라와서 그 순간을 참지 못하고 폭발을 하고 난 후 후회를 하거나 뒷감당이 안 되어 고민을 하는 학생들에게 알려주면 효과가 있다.

S는 stop,
T는 think,
C는 choose를 의미한다.

자신이 화가 나서 어쩔 줄 모르는 상황에서는 일단 그 화가 나서 미쳐버릴 것 같다는 생각을 멈추는 것이 중요하다. 이때는 일단 심호흡을 크게 하고 스스로에게 '자, 일단 진정하고 멈추자!'라는 메시지를 주는 것이다. 그리고 나서 생각을 한다. '내가 이 순간을 참지 못하고 욕을 하거나 물건을 던지고 나면 어떤 일이 벌어질까? 싸움을 하고 나면 뒷일을 감당할 수 있을까? 벌점을 이번에도 받으면 화장실 청소 한 달인데…….그리고 엄마에게 담임선생님이 전화하시면 어떡하지?' 등을 생각해 보고 선택을 하는 것이다. '이번 한번만 잘 넘겨보자.' '내가 나중에 좋게 이야기 해보지 뭐.' '오늘은 내가 참는다. 나를 위해서, 그리고 엄마를 위해서……' 라는 생각을 하고 화를 내지 않고 참기로 선택을 한다면 그 순간을 잘 극복하여 문제 상황이 발생하지 않을 것이다.

실제 이 수업을 듣고 난 후에 효과를 본 학생의 사례를 잠시 들어보면, 중2 여학생으로 다른 것보다 화장을 하고 꾸미는 것을 좋아하다보니 늘 엄마와의 대립이 심했던 친구였다. 이 학생이 보통은 엄마에게 혼나는 것이 싫어서 학원에 가서 화장을 했었는데 그 날은 괜히 집에서부터 하느라 학원 갈 시간이 늦고 말았다. 밖에는 비까지 내리고 있어서 엄마에게 학원까지 차로 데려다 달라고 부탁을 했고 엄마는 당연히 화장하느라고 늦은 딸에게 화가 났으니 좋은 감정으로 데려다 줄 수 없었을 것이다. 그래도 학원에 늦어 수업을 제대로 못들을 까봐 그냥 가라는 소리도 못하고 차에 태워 학원에 가는 동안 잔소리를 시작하셨다. 안 그래도 늦어서 짜증도 나고 엄마의 눈치가 보였던 그 학생은 엄마가 잔소리를 시작하자 괜히 더 민망해 지면서 '그 정도는 해 줄 수도 있지 뭐 그렇게 생색인가?' 라는 생각이 들어 화가 나기 시작했다고 한다. 그런데 그 때 갑자기 수업에서 배운 STC훈련법이 생각나서 한번 시도해 보자라는 생각이 들었다고 한다. 평소 같았으면 엄마보다 더 큰 목소리로 말대꾸를 하고 화를 냈었을 텐데 그 순간에 일단 심호흡을 하고 '엄마, 미안해. 내가 비도 오는데 엄마를 귀찮게 했지? 다음부터는 화장하느라고 늦는 일이 안 생기도록 노력할게. 미안해'라고 말을 했다고 한다. 그랬더니 엄마가 평소답지 않은 딸의 태도에 당황하면서 갑자기 아무말씀이 없으시더니, 학원에 도착하자 차에서 내려 딸이 좋아하는 음료수와 삼각 김밥까지 챙겨주면서 '엄마가 이렇게 학원까지 데려다 줬으니 그 대신 공부 열심히 하고 와야 돼~'라며 엉덩이를 토닥여 주셨다고 한다. 그 학생은 처음에 수업을 들을 때는 정말 그렇게 한다고 뭐가 달라질까라는 생각에 믿지 않았었는데 막상 한번 해보니 확실히 효과가 있다면서 앞으로는 친구와의 사이에서도 활용해 봐야겠다며 무척 좋아했었다.

처음부터 모든 순간을 이렇게 잘 대처하기가 쉽지 않다는 것은 본능적으로 학생들이 잘 안다. 그래서 거부반응을 보이는 경우도 있을 수 있다. 중요한 것은 한 번이라도 직접 실천해 보라는 것이다. 그 한번이 두 번이 되는 것은 어렵지 않으나 처음 한번이 어렵다는 부분을 강조하자. 처음에는 화를 내고 난 다음에 '아차~'하며 생각이 나는 경우가 훨씬 더 많음을 먼저 이야기 해 주자. 그리고 이것도 매우 긍정적인 현상임을 설명해 주는 것이다. 이렇게 한 번, 두 번 생각을 하다보면 언젠가는 실천에 옮기게 되는 경험을 하게 될 것이라는 확신을 심어주는 것이 중요하다.

하지만 화가 나는 상황에서 그 순간에 여러 가지 대처 방법을 생각하고 실천하는 것은 쉽지 않기 때문에 평소에 자주 일어났던 상황을 가지고 같은 상황이 벌어졌거나 유사한 상황이라면 어떻게 할 것인지 미리 다른 대안을 생각해 보는 연습을 하는 것이 좋다. 이렇게 여러 가지 다른 대안이 있고 그러한 대안을 선택했을 때의 결과까지 예측해 본다면 훨씬 실천하기가 수월해 지기 때문이다. 자신이 평소에 어떠한 상황에서 자주 화가 나거나 짜증이 나는지를 떠올려 보고 그 상황에서 평소에 하던 패턴과 다른 대처법을 생각해보고 작성한다. 그리고 이러한 대처법을 적용했을 때는 어떤 결과가 일어날지도 같이 작성을 해보도록 한다.

평소 STC훈련 일지를 꾸준히 작성하게 하면 효과적인데, 처음에는 화가 났던 상황을 떠올려 보고 다시 비슷한 상황이 벌어졌을 때 어떻게 할지를 생각해 보는 점검형태로 진행하는 것이 좋다. 하루일과를 마친 후에 그날 짜증이 많이 나서 화를 냈거나 친구와 다툰 상황 등이 있다면 작성을 해보는 것이다. 그 상황에서 내가 다른 행동을 했을 때 결과가 어떻게 달라졌을 지를 적어보는 식으로 꾸준히 작성을 하다보면 나중에는 화가 나는 상황이 생겼을 때 즉각 대처방법을 생각하고 실천할 수 있는 여유가 생기게 되고 감정조절을 잘하게 되는 것이다.

〈S(stop) T(think) C(choose) 훈련 일지〉

날짜	상황	그 순간의 생각 (마음)	대안	(예상되는) 결과

Ⅱ. 감정의 채널을 바꿔라!(행복 리모콘)

STC훈련이 화가 나는 상황에서의 감정조절 방법이라면 감정의 채널을 바꾸는 것은 우울감, 답답함 등 혼자 부정적인 감정에서 좀처럼 헤어나오지 못하는 경우에 적용해 볼 수 있는 방법이다. 주로 내성적이고 마음이 여린 학생들이 타인의 감정을 신경쓰느라 자신의 감정을 제대로 표현을 못하는 경우에 이 방법을 설명해 주면 좋다. 예를 들어 친구와 대화 도중에 말실수를 한 것이 마음에 걸려 하루 종일 불안하고 신경 쓰여 아무 것도 하지 못하는 경우라든지, 아니면 수업시간에 떠들다가 선생님한테 야단을 맞은 것이 반 친구들한테 창피해서 그 감정이 마음에 계속 남아 이 후 수업 시간에 집중을 못하게 되는 상황 같은 경우에 시도해 보면 좋다.

우리가 보통 텔레비전을 보거나 라디오를 듣다가 재미가 없으면 다른 재미있는 방송으로 채널을 바꾸듯이 우리 감정의 채널을 바꾸는 것이다. 우울한 감정의 채널에서 행복하고 기쁜 감정의 채널로 전환하는 것인데 이 수업을 할 때는 아이들의 집중도가 비교적 좋은 경우에 하는 것이 효과적이다.

우선 아이들에게 지금까지 살아오면서 가장 행복하고 즐거웠던 순간을 떠올려 보게 한다. 아이들에게 '언제 가장 행복했었니?' 라고 질문을 하면 중학생들이나 고등학생들은 '글쎄요, 그다지 행복했던 기억이 별로 없는 데요.' 라는 대답을 많이 한다. 초등학생들은 부모님과 여행 갔었던 기억 중이나 최근 상을 받았던 일들을 이야기 하는 경우도 종종 있다. 하지만 대부분은 그다지 행복했던 기억이 없다는 쪽으로 대답을 한다고 예상을 하면 된다. 그래서 아이들에게는 구체적인 사건들을 떠올려 볼 수 있도록 유도하는 작업이 필요하다. 예를 들어서 '여행가서 즐거웠던 기억이나 놀이공원도 좋다. 친구들과 어른들 없이 쇼핑을 간 적은 없었나? 아니면 어렸을 때 학교나 학원에서 상을 받았던 경험, 갖고 싶었던 물건을 선물 받았다거나 축구 대회에서 우승을 했던 경험 등을 기억을 떠올려보면서 입가에 슬그머니 미소가 지어지는 그런 것들을 생각해 보라'고 유도를 하는 것이다.

내가 그 순간을 떠올려보는 것만으로도 기분이 좋다면 그걸로 충분하다는 것을 이야기 해주고 한두 명의 사례를 같이 들어보는 것도 좋다. 예를 들어 한 학생이 '처음으로 자전거를 혼자 타게 되었을 때 기분이 정말

날아갈 거 같았어요.'라고 발표를 했다고 가정해 보자. 다른 학생 중에서 '에이~ 그게 뭐가 행복한 거야? 그건 누구나 다 타는 건데?'라고 이야기 하는 아이가 있을 것이다. 그럴 때 선생님께서 이야기를 잘 정리를 해 주 셔야 '아~ 나도 그런 비슷한 경험이 있었네?'라며 여러 가지 상황을 끌어낼 수 있는 것이다.

이렇게 각자 가장 행복하고 즐거웠던 상황을 하나씩 떠올려 보았다면 그 순간을 사진을 찍는 것처럼 생생하게 이미지로 머리속에 그려보게 한 다. 그 순간에 누구와 함께 있었는지 그 사람들의 얼굴표정과 날씨 등 최 대한 오감을 활용하여 눈을 감으면 마치 그 순간에 다시 돌아간 듯 한 느 낌이 들 만큼 구체화해서 떠올리게 한 후 다 완성이 되었다고 생각되어 지는 순간 엄지손가락으로 마치 TV 리모콘의 버튼을 누르듯이 꾹 누르 는 시늉을 하는 것이다.

이제부터는 마음이 우울하고 속상하고 기운이 없을 때 의식적으로 엄 지손가락으로 마치 손에 리모콘이 있는 것처럼 버튼을 누르고 속상하고 우울한 감정에서 행복한 감정으로 채널을 바꾸는 것이다. 행복한 순간의 이미지를 생생하게 오감을 최대한 활용해서 그려보았다면 그 효과는 생 각이상으로 만족할 것이다.

아이들과의 공감대 형성이 충분하지 않거나 내성적인 아이들이 많아 서 호응이 많이 떨어질 때는 수업시간에 바로 떠올려보게 하는 것은 생 략하고, 하는 방법과 효과 정도만 전달하는 것이 좋다. 괜히 시도했다가 분위기만 어수선 해지는 경우가 발생할 수 있기 때문이다. 아니면 아이 들은 해보고 싶어하는데 정말 떠오르는 마땅한 기억이 없다고 한다면 최 후에 제시해 주는 방법이 하나 있기는 하다. 바로 좋아하는 연예인을 생각해 보라고 하는 것이다. 당황스럽게도 평상시의 행복한 기억을 이야기 해보라고 할 때는 시큰둥하다가 좋아하는 연예인을 떠올려 보라고 하면 환호성을 지르며 좋아하는 것을 볼 수 있다. 이 때 다른 아이들도 연예인 의 경우로 바꾸겠다고 할 수도 있으니 주의해야 한다. 간혹 이렇게 연예 인을 떠올려 보게 하는 것이 오히려 집중을 방해할 수 있지 않느냐는 질 문을 하시는 선생님들이 계신다. 충분히 그럴 수도 있다. 하지만 마음이 우울하고 속상해서 학습에 집중을 못하는 것보다는 낫다고 생각한다. 적 어도 그 순간은 기분 좋고 행복할 테니까! 대신 너무 오랫동안 연예인과 의 달콤한 데이트를 상상하지 말라고 기분 좋게 덧붙여 준다면 아이들도 무슨 이야기를 하는지 충분히 공감할 것이다.

Ⅲ. 칭찬(감사)일기 작성하기

　학교에서 아이들과 수업을 하면서 안타까운 점이 있다면 바로 자신들 의 장점을 거의 못쓴다는 것이다. 단점은 열 가지를 넘게 쓸 수 있지만 장점은 단 세 가지도 못 쓰는 경우가 허다하다. 이러한 현상은 학년이 올 라갈수록 도드라지게 나타난다. 평소 자신에 대한 이미지도 긍정적인 것 보다는 부정적인 이미지가 무척 강해서 그것을 깨는 것도 쉽지가 않다. 언제부터 그렇게 자신감이 떨어지고 미래에 대한 희망도 없이 지내는 것 같냐는 질문을 하면 빠르게는 초등학교 4학년부터라고 이야기를 하는 학생부터 중학교 올라가면서부터라고 이야기하는 친구까지 다양하다.
　이렇듯 학업에 찌들어서 자신의 진짜 숨어있는 잠재력을 찾지 못하고 늘 부정적인 생각으로 지내고 있으니 당연히 감정도 부정적으로 흘러가기 마련이다.

생각을 긍정적으로 바꾼다는 것이 쉽지만은 않다. 생각을 긍정적으로 바꾸기 위해서 여러 가지 방법이 있는데 그 중의 하나인 칭찬 일기를 작성하는 방법을 알아볼까 한다. 자신의 하루를 되돌아보면서 자신이 오늘 잘 한 일이 무엇이 있었는지 스스로 칭찬을 해 보는 것이다. 처음에는 나를 칭찬한다는 것이 어색하고 손발이 오글거리는 느낌이 들어 쓰기가 만만치 않다. 남들이 칭찬을 해 주기를 기다리지 말고 내 자신부터 나에게 칭찬을 하는 연습을 하는 것이라고 생각하고 시작을 해 보는 것이다. 무엇을 어떻게 칭찬해야 하는지, 자신을 칭찬할 게 없다고 생각하는 학생들이 꽤 많은데 그래서 시작은 당연한 일부터 칭찬을 하는 것이다.

다시 말해서 누구나 다 하는 것인데 이게 칭찬할 만한 일인가 싶은 것부터 시작을 하는 것이다. 예를 들어 아침에 5분 더 자고 싶었는데 지각할까 걱정이 되어 힘들었지만 자리를 털고 일어나 지각을 하지 않았다면 이것도 칭찬할 일이다. 분명히 지각하는 친구들이 있었을 텐데 나는 하지 않았으니 칭찬 받을 만한 것이다. 또 아침에 엄마가 차려주신 밥상을 받고 국이 조금 짰지만 엄마가 옆에서 '맛이 어때? 맛있어?' 라고 물어보셨을 때 '아주 맛있어요.'라고 대답을 해서 엄마를 기쁘게 해주었다면 그것도 칭찬할 일이다. 만약 엄마한테 '아니, 국이 너무 짜서 먹을 수가 없어요. 오늘은 별로에요.'라고 이야기를 했다면 엄마도 '힘들게 만든 음식을 타박한다고 생각이 들어 기분이 상해서 힘들게 만들어 줬더니 투정이나 부리냐'며 화를 내셨을 수도 있다. 그러면 본인도 기분이 나쁘고 마음이 편치 않아서 학교에 와서도 공부에 집중이 안 되었을 텐데 엄마에게 좋게 대답을 하여 엄마에게도 기분 좋은 하루, 자신에게도 기분 좋은 하루를 시작할 수 있었으니 칭찬받을 만 한 것이다.

이렇게 하나하나 세심히 되돌아보면서 하루에 내가 조금 양보하고 하기 귀찮고 힘들었지만 참고 잘 견디어 준 일들, 화를 낼 수 있었지만 감정을 잘 조절한 것 등 칭찬할 일들이 많이 있다는 것을 잘 설명해 주는 것이 좋다. 하루에 단 3가지만이라도 자신에게 칭찬을 해 주는 것을 꾸준히 작성하고 나에게 칭찬하는 것이 익숙해지면 이제는 나 자신 말고 주변 사람들을 칭찬하는 것도 같이 해보면 좋다. 친구나 가족에 대해서 하나씩 칭찬거리를 찾아 작성해 보는 것이다. 처음에 나를 칭찬했듯이 당연하다고 여겼던 부분부터 하나씩 써 나가다 보면 내 주변 사람들을 보는 시각이 긍정적으로 달라지고 있음을 느낄 수 있게 된다.

요즘의 학생들은 물질적으로 풍족하게 살다보니 가진 것에 대한 감사함보다는 갖지 못한 것에 대한 불만이 훨씬 많다. 나 자신뿐만이 아니라 주변 상황에 대한 불만이 부정적인 감정을 유발시키는 것이다. 그래서 이런 부정적인 감정을 줄이고 긍정적인 감정을 키우기 위해서 칭찬일기와 비슷한 감사 일기를 작성하는 것도 방법이다. 이것도 칭찬일기와 마찬가지로 당연한 일이라고 생각되어지는 것부터 감사함을 덧입혀서 생각을 바꿔보는 것이다.

당연하다고 느꼈던 것 중에서 내가 가지고 있는 것에 대한 감사함을 생각해 보도록 한다. 부모님이 다 살아 계시다면 그것도 감사할 일이고, 손가락 발가락 10개씩 정상적인 것도 감사할 일이다. 집에 가면 더위를 식혀줄 선풍기나 에어컨이 있는 것도 감사할 일이고 추운 겨울에 버튼 하나만 누르면 뜨거운 물이 바로 나오는 화장실이 있는 것도 감사할 일인 것이다. 주위에 가만히 살펴보면 내가 당연히 누리고 있는 것들이 없어서 힘들게 생활하는 사람들이 분명히 있다는 것을 생각해 보면 이것이 어찌 감사하지 않은 일인가? 내가 아프리카 빈민국가에 태어나지 않

은 것도 감사할 일이고, 가족이 건강한 일도 감사한 일이고, 아침에 학교
에 등교하려고 버스정류장에 도착하자마자 내가 타야할 버스가 바로 와
서 차를 탈 수 있었던 것, 한 정거장 갔는데 자리가 나서 앉아서 학교까
지 갈 수 있었던 것 등도 다 감사한 일이 아닐 수 없다.

이렇게 칭찬 일기, 감사 일기를 꾸준히 작성함으로써 나 자신과 더불
어 가족에 대한 마음이 긍정적으로 달라지고 감정이 훨씬 편해짐을 느낄
수 있고 이러한 편안한 마음이 학습에도 긍정적인 영향을 주게 된다는
것을 직접 경험 할 수 있도록 꾸준히 격려해 줄 필요가 있다.

25

습관관리로 성장하기

Ⅰ. 변화를 하려면 잘못된 습관을 바꿔라

우리가 매일 반복하는 여러 가지 일들이 신중하게 생각하고 내린 결정의 결과물이 아닌 대부분의 습관으로 이루어져 있다는 것을 알고 있는가? 하나하나의 작은 습관 그 자체로는 그다지 큰 의미가 없겠지만 매일 하는 행동, 매일 먹는 음식, 매일 하는 말 그리고 얼마나 자주 운동을 하는지 얼마나 자주 책을 읽는지 등이 결국에는 우리의 인생에 커다란 영향을 주는 것이다. 듀크 대학교 연구진이 2006년에 발표한 논문에 따르면 우리가 매일 행하는 행동의 40%가 의사결정의 결과가 아니라 습관 때문이었다고 한다. '세 살 버릇이 여든까지 간다'는 속담은 어려서부터의 습관이 미래에까지 영향을 준다는 의미로 습관이 얼마나 중요한 것인지를 일깨워주는 말이다. 나쁜 습관은 인생을 망칠 수도 있지만 반대로 좋은 습관은 인생을 성공적인 행복한 삶으로 바꿀 수도 있는 것이다.

매일 아침에 운동을 하고 꾸준히 책을 읽으면서 생활하는 습관을 가지고 있는 사람과 그렇지 않고 매일 게임을 하거나 늦잠을 자서 학교에 지각을 한다거나 매사에 부정적이면서 거짓말을 쉽게 하는 습관이 있는 사람의 5년, 10년 뒤의 모습을 생각해 보면 굳이 설명을 하지 않아도 알 수 있는 것처럼 말이다.

이처럼 우리는 크고 작은 습관들로 인해서 인생을 살아가는데 있어서 도움이 되는 것도 있고 그렇지 못한 경우도 많이 있는데 우리의 학생들도 평소 자신들이 의식하지 못하는 여러 습관으로 인해 학습을 하는데 있어 어려움을 겪고 있는 경우가 많이 있다. 이들은 자신들의 문제가 무엇인지 알고 있으나 이것을 고치고 개선하기에는 너무도 어렵기 때문에 그 자리에서 벗어나지 못하고 힘들어 하는 것이다.

어떻게 하면 우리의 아이들이 변화를 할 수 있도록 도와줄 수 있을까? 바로 잘못된 습관을 잡아주는 것이다. '습관은 습관으로 정복된다.'라는 말이 있다. 기존의 잘못된 습관을 바꾸기 위해서 새로운 습관으로 대체해야 하는 것이다.

평소 자신의 잘못된 습관 중에서 하나를 선택해서 그 습관을 무엇 때문에 잘못된 습관이라고 생각하는지 그 습관을 바꾸면 어떤 점이 좋아질 것인지를 먼저 생각해 보는 것이다. 그리고 나면 그 습관을 바꿔야 할 분명한 이유가 생기는 것이다.

Ⅱ. 습관을 바꾸는 방법

학생들은 무엇인가 꾸준히 해서 실천을 한다는 것을 무척이나 어렵게 생각하고 있다. 기존에 한 두 번씩의 실패 경험이 있어서 무엇인가를 반복해서 그것도 하루 이틀이 아닌 오랜 시간을 투자해서 한다는 것을 두려워하는 것이다. 그래서 아이들에게 성공경험을 상기시켜 주는 것이 중요하다.

1. 습관화의 선순환

습관화의 선순환 구조 설명 예시

습관이라는 것은 우리가 의식하지 않아도 저절로 될 정도로 익숙한 것들을 의미하는데 이러한 습관은 아주 작은 생활습관에서부터 공부에 관한 학습습관까지 아주 다양해.

습관을 만들기 위해서는 꾸준히 하는 반복이 정말 중요하거든. 너희들은 반복해서 하는 걸 좋아하니 싫어하니?

그래, 대부분 싫어하지? 선생님도 예전에는 그렇게 좋아하지 않았던 것 같아. 하지만 너희들도 지금까지 살아오면서 반복을 통해서 수많은 것들을 배우고 그것이 의식을 하지 않아도 저절로 되는 경험이 많이 있어. 한번 곰곰이 생각해 보자. 어떤 것이 있을까?

가만히 생각해보면 너희들이 하고 있는 행동들이 대부분은 꾸준히 반복하는 행동을 통해서 익힌 것들이 상당히 많거든. 예를 들면 한글을 읽는 것만 봐도 그래. 어려서 처음 한글을 배울 때 어떻게 배웠었니? 엄마가 한번만 알려주면 그 자리에서 바로 다 외워졌을까? 그렇지 않지? 처음에는 간단한 자음과 모음부터 배웠던 친구들도 있을 테고 가, 나, 다, 라처럼 한 단어씩 통 글자로 배운 친구들도 있을 거야. 이렇게 글자 하나씩 외우게 되기까지 우리의 엄마들은 수도 없이 너희들 손을 잡고 한 글자, 한 글자 반복해서 써보게 하고, 지나가면서 배웠던 글씨가 나오면 질문을 해서 맞추게 하고 정답을 말하면 칭찬도 해 주셨겠지? 그런 과정을 통해서 지금은 어때? 글씨를 읽을 때 한 글자씩 떠올려 보면서 읽는 것이 아니라 아주 자연스럽게 글이 눈에 들어오고 그 글이 의미하는 것이 무엇인지까지 알게 되었잖아. 이렇게 우리가 툭 치면 바로 반응이 나올 정도로 익숙하게 의식하지 않고 할 수 있는 모든 것들이 우리가 기억을 못해서 그렇지 다 수많은 반복을 통해서 익히게 된 거라는 것이지.

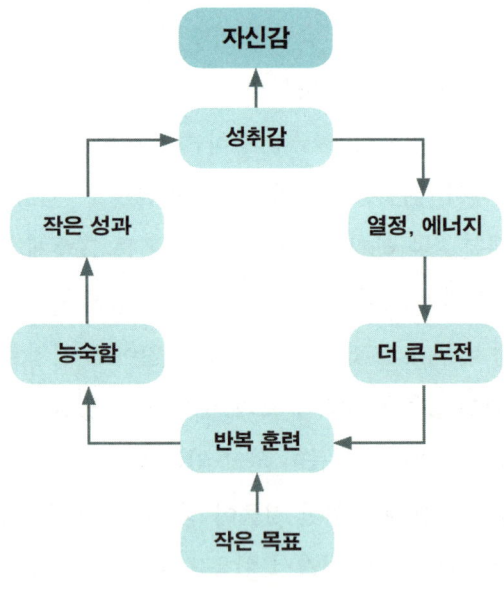

〈습관화의 선순환 구조〉

여기에 습관화의 선순환 구조가 있어.

우리가 습관을 만들어가는 과정을 그려본 것인데 자세히 보면 처음에는 어떤 것부터 시작하니? 작은 목표부터 시작하는 거야. 우리가 조금만 노력하면 할 수 있는 작은 목표부터 시작한다는 게 무엇보다 중요해.

자, 이제 2살이 된 아기가 있다고 생각해 보자. 이 아기한테 두발 자전거 타는 것을 목표로 습관을 만든다고 하면 이 아기가 할 수 있을까? 세상에 이런 일이에 나올 정도로 신통한 아이가 아니라면 대부분의 아기는 할 수 없겠지. 하지만 이 아기에게 바퀴가 4개인 붕붕이 자동차를 타게 한다면 할 수 있을까? 처음에는 뒤에서 엄마가 밀어주면서 타는 방법을 설명해 주어야겠지. 발을 차서 뒤로 미는 것도 손으로 직접 알려주고 손잡이를 살살 밀어주면서 타는 요령을 알게 해주고 나면 아마 이 아기는 계속 반복해서 혼자 타는 연습을 하게 될 거야. 그러다 보면 타는 것이 능숙해 지고 결국은 혼자 탈수 있는 성과를 얻게 되고, 이제는 어때? 엄마 앞에서 당당히 혼자 타면서 자랑스러워 할 거야. 이 때 엄마의 칭찬을 들으면서 성취감을 얻게 되고, 붕붕이 타는 거 정도는 아무것도 아닌 게 되면서 에너지가 넘치겠지. 아마 시도 때도 없이 붕붕이 탄다고 조르기도 할 거야.

그러다가 어느 날 형들이 타고 있는 세발자전거를 보면 어때? 그거 타보겠다고 엄마한테 떼도 부리고 하면서 세발자전거에 도전을 할 거야. 그리고 나서 어떻게 할 거 같니? 맞아. 또 다시 혼자 수도 없이 타는 반복을 하면서 능숙해 지고, 성과를 내면서 또 성취감이 생기고 이제는 두발자전거에 도전을 하고, 그것도 모자라 한 손을 놓고 타거나 양 손을 다 놓고 타는 묘기까지 할 수 있을 정도로 되는 것이지.

너희들도 이런 과정을 거쳐서 자전거를 타게 된 거잖아. 그렇지? 이제는 누가 너희보고 자전거 탈 줄 아냐고 질문을 하면 자신 있게 탈 수 있다고 대답을 할 수 있을 정도는 되는 것처럼 자전거 타는 것에서는 자신감이 있는 것이고 이러한 여러 가지 자신감이 쌓이면서 시간이 지날수록 자존감으로 발전하는 것이거든.

이러한 경험들은 아마 수도 없이 많이 있을 거야. 다만 지금 그 과정을 다 잊어버렸을 뿐인 거지. 자 이제 해 볼 수 있겠지?

이렇게 습관화의 선순환 구조에 대해서 설명을 해주고 나면 아이들이 반복해서 하는 것에 대한 거부감이 상당히 줄어드는 것을 볼 수 있다. 아이들은 반복이라고 하면 공부에만 너무 생각이 쏠려있어서 더욱 거부감을 가지게 되는데 예시를 공부가 아닌 예전에 누구나 했을 법한 것으로 들어서 설명해 주면 공감을 잘 하게 되어 효과가 좋다. 위에 제시한 것 외에도 젓가락질 하는 것, 여학생들은 혼자 머리 묶는 것, 운동화 끈 매는 것, 혼자 머리 감는 것 등 수없이 많은 사례가 있다는 것을 설명해 주고 누구나 처음에는 어렵고 어색하고 힘든 것 같지만 그것을 왜 꼭 해야 하는지 그 이유만 있다면 충분히 지금도 할 수 있다는 부분을 강조하고 할 수 있다는 자신감이 생길 수 있도록 하는 것이 매우 중요하다.

2. 성취감을 맛보게 하라!

학생들과 습관과 관련된 수업을 할 때에는 평상시 자신의 생활 습관을 되돌아보게 하는 수업을 먼저 진행하면 효과적이다. 습관을 형성하는 데 가장 좋은 것들이 바로 생활 습관을 잡는 것이기 때문이기도 하고 처음부터 학습에 관련된 것보다는 눈에 가시적으로 보이고 주변의 친구나 부모님들이 아이의 노력하는 모습에 대한 확인이 가능한 것으로 시작해야 자신도 약속을 지키려는 마음을 더 오래 유지할 수 있고 성취감을 빨리 얻을 수 있기 때문이다.

학생들은 평소 자신들의 잘못된 습관이 무엇인지 조차 생각해보지 않았기 때문에 무턱대고 잘못된 습관을 바로 잡자는 식으로 접근하는 것은 쉽지가 않다. 그래서 학생들의 공감을 얻기 수월한 것을 가지고 실시해야 실행률이 높아지기 때문에 어떤 것을 가지고 처음 시도를 할 것이냐는 매우 중요한 것이라 할 수 있다.

그래서 자기관리에 관련된 수업을 먼저 진행하면서 학생들에게 자신의 평소 생활 습관들이 학습에 어떤 영향을 주고 그것이 얼마나 중요한 내용인지를 먼저 알려 주는 것이 좋다. 신체관리 뿐만 아니라 감정관리, 환경관리의 중요성을 알려주고 나서 자신의 현재 생활 습관을 점검해 보게 하는 것이다.

신체 관리 중에서 수면이 집중력이나 기억력에 어떤 영향을 주는지를 먼저 설명하고 자신의 평소 수면관리 상황을 점검해 보게 하는 형태로 수업을 하고 나면 스스로가 자신의 수면습관을 생각하게 되고 자신의 잘못된 수면습관을 바로 잡기 위해서 변화해 보겠다는 마음을 먹게 되는 것이다.

우선 제일 중요한 것은 잘못된 습관을 고쳐보겠다는 의지인데 그 습관을 무엇 때문에 고쳐야 하는지, 그 습관을 고치기 위해서는 어떤 방법을 동원해야 하는지를 타인의 강요가 아닌 자기 스스로가 고민하고 방법을 선택하는 과정이 있어야 실천해야 할 이유가 생기게 된다.

3. 작은 목표를 구체적으로 세워라!

1994년 뉴욕 시장으로 취임한 루돌프 줄리아니는 '빨간 불일 때 횡단보도를 건너는 사람을 막을 수 없다면 강도도 막을 수 없다'라는 마인드로 세계 최고라는 도시 이미지와는 달리 심각한 우범지역인 뉴욕시를 범죄 없는 도시로 만들기 위해 대대적인 범죄 소탕 작전을 시행했다. 그런데 이들이 제일 처음 손댄 것은 살인이나 마약, 강도와 같은 강력범죄가 아니라 사소한 경범죄들이었다. 차 유리를 부수거나, 낙서를 하거나, 무임승차하는 사람들을 대대적으로 잡아들이면서 강력한 처벌을 내린 것이다. 그와 동시에 강력범죄는 앞으로 더더욱 엄격하게 처벌할 것이라는 메시지를 시민들에게 계속 전달하였다.

처음에는 대다수의 사람들이 비웃었으나 결과는 놀라웠다. 연간 2천 2백 건에 달하던 살인사건이 순식간에 1천 건 이상 감소한 것이다. 이는 '깨진 유리창 법칙'을 적용시켜 성공한 대표적인 사례이다.

이 '깨진 유리창 법칙'이라는 것은 1982년 제임스 윌슨과 조지 켈링이 자신들의 이론을 월간 잡지〈애틀란타〉에 발표하면서 명명한 범죄학 이론으로 건물 주인이 깨진 유리창 하나를 그대로 방치해두면 지나가는 아이들이나 행인들이 또 돌을 던져 그 유리창의 나머지 부분까지 모조리 깨뜨리고 나아가 그 건물에서 절도나 강도 같은 강력범죄가 일어날 확률까지도 높아진다는 것이다. 즉 깨진 유리창 하나가 무법천지를 만든다는 이야기이다.

다시 말하면 사소해 보이는 행동의 습관들이 결국은 커다란 대가로 이어질 수 있다는 것으로 처음부터 커다란 목표를 가지고 한꺼번에 습관을 모두 바꾸려 하는 것 보다는 평소에 조금만 노력하면 고칠 수 있는 작은 습관부터 하나씩 바로잡는 것을 목표로 하는 것이 좋다는 것이다. 예를 들어 평소 공부를 전혀 하지 않고 게임만 하는 습관을 가지고 있는 학생이 성적을 올리고 싶다고 해서 당장 게임을 전혀 하지 않고 하루 2~3시간씩 꾸준히 공부를 하는 것을 목표로 하는 것은 굉장히 어려운 일일 것이다. 따라서 한꺼번에 과하게 욕심을 부려서 목표를 높게 세우는 것보다는 게임하는 시간이나 요일을 줄여서 그 시간에 다른 운동이나 활동 등을 하는 것을 먼저 목표로 하여 실천하는 것이 먼저일 것이다.

밤에 잠을 잘 때 쉽게 잠이 들지 않고 체력도 많이 떨어져 있어서 건강관리를 하는 것이 급선무라면 꾸준히 운동하는 것을 목표로 해 보는 것이 좋다. 이 때 습관 목표는 구체적으로 세워야 하는데 단순히 '꾸준히 운동하기'라는 막연한 목표보다는 그 목표를 세분화하여 매일 저녁 6시에 줄넘기 200회 하기와 같이 구체적으로 작성하는 것이 실천하기가 수월하다.

Ⅲ. 21일 습관달력 작성하기

'21일 법칙'은 1970년대 중반 미국 캘리포니아 대학의 언어학과 존그라인더 교수와 심리학을 전공한 리차드 밴들러가 창시한 'NLP 이론'에 바탕을 두고 있다. NLP는 사람의 행동이나 습관은 감각을 통해 뇌에 축적된 반복된 경험에 좌우된다는 이론이다.

IBM, 포드, 제록스, HP등을 담당했던 세계적인 경영컨설턴트이자 베스트셀러 저자인 브라이언 트레이시도 '21일 법칙은 정신적인 습관과 삶의 방향을 바꿀 수 있는 가장 강렬한 법칙'이라고 말했다.

21일 만에 습관을 만드는 비밀은 바로 '반복'에 있다. 앞서 설명한 습관화의 선순환 구조에서 설명한 바로 같이 꾸준한 반복을 최소한 21일 동안 실천을 하게 되면 그것이 바로 자기 것이 된다는 것이다.

이러한 내용을 바탕으로 21일 습관 달력을 작성해 보자.

일단 습관목표를 정했다면 이제는 언제부터 실천에 옮길 것인지를 정해야 한다. 이 때 시작하는 날짜에 맞추어 요일도 작성한다. 시작하는 날부터 21일이 되는 날까지 날짜를 적고 매일 실천여부를 체크하는데 실천 한 날은 ○, 실천하지 못한 날은 ×표시를 한다. 가끔 보면 실천 한 날을 ∨표시 하는 학생들이 있는데 ∨표시는 실천 하지 못한 날과 구분이 잘 되지 않으니 가급적 ○표시로 하게 한다. 실천을 하지 못한 날은 무엇 때문에 하지 못했는지 이유를 적게 한다. 비가 많이 와서 하지 못했다거나 몸살이 나서 할 수 없었다거나 하는 등의 이유를 적는 것이다. 제일 좋은 것은 하루도 빠짐없이 무조건 실천하는 것이겠지만 실제 아이들이 그렇게 하기 쉽지 않기 때문에 명확한 이유가 있다는 전제하에 실천하지 못한 날짜만큼 추가로 칸을 그려서 실시해서 반드시 21일은 실천할 수 있도록 한다.

그리고 처음 습관 목표를 세울 때 성공할 경우 나에게 주는 보상과 성공했을 때 변화된 나의 모습을 상상해서 글로 작성해 보거나 그림으로 그리게 하는 것도 좋다.

스스로를 칭찬하고 보상하는 것은 긍정적인 행동의 결과를 이끌어 내는 데 도움이 되기 때문에 하나의 동기가 될 수 있다. 때에 따라서 아이들이 평소 갖고 싶었던 물건들을 작성하는 것도 가능한데 이 때 부모님의 동의도 같이 필요한 부분이기 때문에 그것을 감안해서 작성하도록 한다. 이러한 보상을 통해서 부모님에게 약속을 하는 것과 같은 효과를 낼 수 있다. 혼자서만 알고 실천하는 것보다 부모님께 자신의 다짐을 이야기하는 것이 실천하는 데 보다 도움이 되고 부모님의 칭찬과 격려를 받을 수 있어서 혼자서 남몰래 하는 것보다 훨씬 효과가 좋다.

하지만 평소 부모님과 사이가 좋지 않아서 학생이 부모님에게 보여주는 것을 꺼려한다면 부모님의 도움 없이 자신에게 줄 수 있는 보상을 생각해서 정하도록 한다.

학생에 따라서 작성하는 것을 꺼려하거나 싫어한다면 그럴 만한 이유가 있을 수 있으니 강요하지 않도록 한다. 때에 따라서는 부모님이 오히려 그까짓 것을 무슨 목표라고 상을 달라고 하냐며 아이에게 상처를 주는 경우도 있을 수 있기 때문에 아이들에 따라서 방법을 조금씩 다르게 적용하는 것이 좋다.

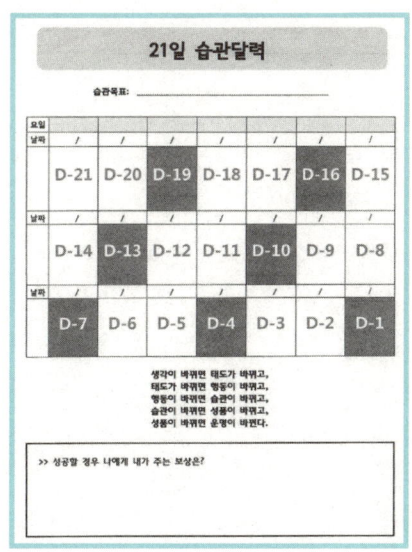

21일 습관 달력을 작성한 이후에는 눈에 잘 보이는 곳에 붙이도록 한다.

그냥 가방 속에 넣어두고 다니게 되면 어느 순간부터 잊게 되어 실천하지 못하게 되는 경우가 많이 발생한다. 아이에게 집에 가서 자신의 공부방 책상 위에 붙이든지 아니면 냉장고에 붙여서 수시로 보고 잊지 않도록 하고 집에서 벽에 붙인 모습을 사진을 찍어서 보내도록 하는 것도 좋다. 쑥스럽다며 붙이는 것을 거부하는 경우가 있을 수 있는데 이런 경우는 아이의 성격에 따라 충분히 그럴 수 있다는 것을 인정해 준다. 그렇지만 우리가 이것을 작성한 이유는 잘 실천해서 변화하는 것이 목표이기 때문에 실행력을 높을 수 있는 방법이 쉽게 눈에 띄는 곳에 붙이는 것이라는 것을 충분히 설명하여 같이 동참하여 실천해 보도록 독려한다.

26

말의 힘

Ⅰ. 말에도 힘이 있다

혹시 주변에 만나면 즐겁고 행복한 사람이 있는가? 대화를 나누면서 자신이 존중받고 있는 느낌에 마음이 편해지고 기분이 유쾌한 사람이라면 언제든지 만나는 것에 대한 기쁨에 설레게 될 것이다.

반대로 대화를 나누다 보면 어느새 눈살이 찌푸려지고 이야기 나누기 싫어지는 사람이 있는가? 항상 자기말만 하는 것도 모자라 불평이나 불만, 짜증이 많고 매사에 부정적으로만 생각하니 이야기를 하다보면 괜히 마음이 조마조마하고 불편한 사람도 있을 것이다.

이 두 사람의 가장 큰 차이 중의 하나는 바로 어떤 말을 주로 하는가 라고 할 수 있다. 늘 배려하는 마음으로 긍정적인 말을 하는 사람을 만나면 나도 모르게 기운이 충전되는 듯한 느낌을 받게 되지만 항상 부정적인 말과 비속어를 남발하는 사람을 만나면 어느새 내 기분도 다운되고 우울해지면서 그 자리를 벗어나고 싶어지게 된다.

이처럼 우리가 평소 쓰는 말 중에서 주로 어떤 말을 하느냐에 따라 에너지의 방향이 달라짐을 알 수 있게 된다. 우리 어른들은 당연히 알고 있는 사실들이 아이들에게는 거짓말처럼 들리는 것 중의 하나가 바로 이 말의 힘이다.

2009년 10월에 MBC에서 진행했던 한글날 특집 실험 다큐 '말의 힘' 동영상을 보면 말 한마디 속에 숨어있는 엄청난 힘을 알 수 있다.

갓 지은 쌀밥을 두 개로 나누어 담고 한 병에는 긍정적인 말을 한 쪽에는 부정적인 말을 해 주는 것으로 긍정적인 말, 부정적인 말을 들은 밥이 4주 후에 어떻게 변하는 지를 보게 되는데 4주 후에 일어난 변화를 아이들에게 보여주면 무척 신기해한다. 긍정적인 말을 들은 밥은 하얗고 예쁜 곰팡이가 생기고 누룩냄새와 비슷한 구수한 향이 났다면 부정적인 말을 들은 밥은 파랗고 까만 곰팡이가 생긴 것이다.

또 다른 실험은 20대 남녀 12명에게 두 가지 종류(노인에 관련된 단어와 젊음에 관련된 단어)를 가지고 문장을 완성해 보는 테스트라고 속이고 진짜 어떤 실험을 하는지 설명을 하지 않은 채 진행한 것으로 이 실험에 참가하기 전의 걸음의 속도와 실험에 참가한 후의 걸음의 속도를 재서 그 차이를 보는 것이다.

노인에 관련된 단어를 본 사람들은 실험 전보다 평균 2초 32를 늦게 걸었고, 젊음에 관련된 단어를 본 사람은 평균 2초 46을 빨리 걸었는데 정작 실험에 참가한 사람들은 자신의 걸음이 느려졌거나 빨라졌다는 사실을 전혀 인지하지 못하고 있었다.

미국 예일대 심리학과 존 바그 교수가 처음 실험 결과를 발표했을 때 보이지 않는 언어의 힘에 다들 놀라워했다. 존 바그 교수는 특정 단어가 뇌의 특정부분을 자극해 자신도 모르게 행동하게끔 한다고 하였다. 즉, 움직인다는 동사를 읽으면 뇌는 의식적으로 행동할 준비를 한다는 것이다. 이 실험에서 노인이라는 단어를 본 사람들은 어딘가 모르게 쳐지는 듯한 느낌을 받았을 것이고 그러한 것들이 행동에까지 옮겨지게 된 것으로, 서울대 심리학과 곽금주 교수는 단순히 그 단어를 접하는 것만으로도 영향을 줄 정도로 언어의 힘은 알게 모르게 우리의 행동을 지배한다고 볼 수 있다고 이야기하였다.

이렇듯 우리가 평소에 사용하고 있는 말들이 주로 어떤 말인지에 따라 우리의 뇌도 그에 반응을 한다는 것을 아이들에게 강조하여 설명을 한다.

아이들과 평소 자신이 주로 사용하는 말이 무엇인지 생각해 보는 시간을 가져보는 것도 좋다. 이때는 긍정적인 말 즉, 즐겁다, 신난다, 할 수 있다, 재미있다, 행복하다 등의 말을 주로 하는지 아니면 짜증나, 이런 거 뭐 하러 해?, 하기 싫어, 재수 없다 등의 부정적인 말을 많이 하는지를 생각해 보고 어떤 말을 많이 사용하는지 생각해 보라고 하는 것이다. 이때 상당수의 아이들은 평소에 자신이 주로 하는 말이 무엇인지 잘 모르겠다고 대답을 하는 것을 볼 수 있는데 그나마 대답을 하는 아이들은 긍정적인 말을 많이 한다고 이야기를 한다. 그렇다면 나머지 아이들은 어떤 말들을 많이 하는 것일까? 바로 부정적인 말들을 많이 하는 것이다.

따라서 우리의 아이들에게 앞으로 좋은 말, 긍정적인 말을 할 수 있도록 도와주어야 하는데 매일 자신이 가장 많이 사용한 말을 적어 보게 하고 앞으로 혹시 그 말이 부정적인 말이라면 그 말 대신 어떤 긍정적인 말을 사용할 것인지 작성하게 하면 말의 습관을 바꾸는데 도움이 된다.

말의 힘을 설명해 주는 또 다른 자료로는 '물은 답을 알고 있다(에모토 마사루, 나무심는사람)'의 사진을 보여 주는 것인데 아이들의 반응은 앞의 '말의 힘'만큼이나 강하다. 천사나 사랑, 감사의 말을 들려준 물의 결정체와 악마, 짜증나 등의 말을 들려준 물의 결정체 사진을 보면 그 차이를 확연히 알 수 있기 때문에 매우 효과적이다.

저학년에게는 수업을 할 때 '말'이라는 글자의 모음인 ㅏ를 오른쪽으로 돌리면 ㅜ가 되어 말이 물로 되는 것을 보여주면서 우리의 말이 물로 옮겨져 이렇게 물의 결정체를 바꿀 만큼의 힘을 발휘하는 것이라고 설명을 하면 아이들이 신기해하면서 오래 기억을 한다.

Ⅱ. 욕의 어원과 의미

1. 욕에 물들어 있는 아이들

예전에는 아이들이 왁자지껄 놀고 있는 모습을 보면 자연히 웃음도 피어오르고 지긋이 바라보던 기억이 떠오른다. 하지만 요즘은 학생들끼리 모여서 이야기를 나누는 것을 듣고 있다 보면 얼굴이 화끈거리고 민망해서 듣고 있을 수가 없다. 나누는 대화의 절반이 욕이라 해도 과언이 아닐 만큼 너무도 많은 욕설이 오고 간다. 아무렇지 않게 웃고 떠들며 전철이나 버스를 타고 이동을 하는 중에도 욕 섞인 말들은 계속 되고 주변의 시선도 아랑곳 하지 않는다. 귀를 막을 수만 있다고 막고 싶은 순간도 있을 정도다.

그렇다면 이렇게 욕을 하는 학생들이 우리가 흔히 말하는 문제 학생일까? 그렇지만은 않다. 소위 모범생이라고 하는 아이들도 너무나 자연스럽게 하는 것이 현실이다. 아이들과 수업을 하다가 쉬는 시간이 되면 저마다 왁자지껄 떠들 때 툭 툭 들리는 욕설에 깜짝깜짝 놀라는 것은 시간이 지나도 적응이 되지 않는다. 아이들에게 너희 부모님들이 너희가 이렇게 욕을 하는 것을 아시냐고 물으면 눈을 동그랗게 뜨고 '알면 큰일 나죠.'라며 부모님 앞이나 집에서는 거의 사용하지 않는다고 한다.

이렇듯 요즘 욕의 홍수 속에서 살아가는 학생들의 욕사용 빈도는 놀라지 않을 수 없다. 2011년 10월 방영된 EBS 다큐프라임 '욕 해도 될까요'라는 프로그램을 보면 욕을 가끔 사용한다는 41.8%, 자주 사용한다 18.8%, 습관적으로 사용한다 12.8%, 거의 사용하지 않는다 21.2%인 반면에 전혀 사용하지 않는다는 5.4%에 불과하다는 것을 알 수 있다.

이처럼 욕설을 사용하는 이유는 남들이 만만하게 볼까봐 8.2%, 친구끼리 친근감은 나타내기 위해서 16.7%, 말로 스트레스를 풀기 위해서가 17%, 남들이 사용하니까 18.2%, 습관이 돼서가 25.7%로 나왔다. 여기서 중요한 것은 욕을 사용하는 것이 이미 습관이 되어버렸다는 것이다. 욕이 우리 아이들의 생활 깊숙이 스며들어 있다는 것인데 그렇다면 어떻게 아이들의 욕 사용을 줄일 수 있을까?

2. 욕(비속어)의 어원과 의미를 알려주자.

아래는 아이들이 많이 사용하는 욕(비속어)에 대해 설명한 글이다.

- 씨발: 씨발의 어원은 '씹할'이다. '씹'은 여성의 성기를 의미하고 '씹할'은 성교를 한다는 의미인데 사랑하는 남녀 간의 관계가 아닌 정상적이지 않은 관계를 의미할 때 비하하는 뜻으로 쓰인다. 여진족을 상대로 했던 욕으로 남자들은 수렵 때문에 부락에서 보기 힘들고 부락엔 여자와 아이들뿐이었는데도 종족이 늘어나는 것을 보면서 근친을 한다는 의미로 사용했다고 한다.

- 존나: '존나'는 '좆나'에서 변형된 단어로, '좆'은 남성의 성기를 뜻하는데 '좆나'는 성기가 튀어나올 정도라는 의미의 성적인 욕설. '아주', '매우'의 동의어가 되어버린 단어다.

- 개새끼: 개새끼는 개들끼리의 근친상간으로 인해 태어난 것으로 도덕 관념이 없고 상스러운 생명체라는 의미를 지닌다.

- 지랄: 1690년 발행된 〈역해유해〉에 보면 '딜알'이라는 말이 나오는데 여기에서 파생된 말이 바로 '지랄'이다. 의학적으로 간질과 관련되어 있는 이 증세는 눈을 허옇게 뒤집으며 입에 거품을 물고 온몸에 경련을 일으킨다. 현대에는 정확한 사리 분별 없이 날뛰는 사람의 행동을 간질병의 발작 증세에 빗대어 '지랄한다'라고 말한다.

- 쌍년 : '쌍년'이라고 하면 신분이 낮은 여자를 낮잡는 뜻으로 이르는 말인데 별 볼일 없다, 천박하다, 무례하다라는 뜻으로 쓰이면서 어감이 강해져 '쌍'이 되었다. 현대에는 예의범절을 모르고 몸가짐이 헤픈 여자를 의미하는 단어로 사용되며 '썅'으로 발음하는 경우도 있다.

- 쪽팔리다: '쪽'이 시집 간 여자의 뒤통수에 비녀를 꽂은 머리를 가리키는 것으로 해석하는 경우, '쪽팔리다'는 여성의 몸이 팔려가는 것

으로 해석되어 부끄럽다는 의미이다. 얼굴의 속된 말로 해석하는 경우, '체면이 깎이다' 혹은 '망신을 당하다'라는 의미를 가진다.

- 빼도 박도 못하다: 간통을 하려는 남자와 여자가 막 사랑을 나누려는 순간 여자의 남편이 들이닥쳤다. 그러면 하던 행동을 그대로 하지도, 그만두지도 못하는 난감한 상황이 벌어진다. 이런 모습을 보며 이러지도, 저러지도 못하는 진퇴양난의 순간을 그대로 묘사한 것이다.

- 쥐뿔도 모르는 게: 쥐뿔은 '쥐의 불알'을 일컫는 '쥐불'의 변형된 형태. 인간의 덩치에 비교하면 한 주먹도 되지 않으니 그 쥐의 성기는 더 작을 터, '쥐뿔'은 보잘 것 없이 하찮거나 아주 작은 것을 의미한다. '쥐뿔도 모른다'는 말은 앞뒤 분간 못할 정도로 아무 것도 모르면서 천방지축으로 날뛰는 것을 의미한다.

- 젠장: 옛날에 있던 형벌 중 죽을 때까지 곤장을 치는 형벌이 있었는데 그것이 난장이었다. 난장을 맞은 사람들은 보통 장애인이 되거나 죽기 십상이었는데 당시 사람들 사이에서는 욕으로 '제기랄, 난장을 맞을'이라는 말이 유행했다. 이것이 줄어들어 '젠장'이 되었는데 요즘은 뜻에 맞지 않고 불만스러울 때, 짜증날 때 혼자 하는 감탄사쯤으로 쓰고 있다.

B급 언어에서 발췌(권희린, 네시간)

욕에 관한 수업을 하였을 때 가장 빠른 효과를 볼 수 있는 방법 중 하나는 욕의 진짜 의미를 알려주는 것이다. 자신이 하루에도 수십 번을 넘게 하는 그 욕의 어원이 무엇인지 위와 같이 설명을 해 주면 아이들의 얼굴은 당황스러움과 부끄러움에 고개를 숙이고 만다. 특히 남녀공학의 형태로 수업이 진행되는 학급이 많은 요즘 욕의 어원이 의외로 성에 관련된 것이 많다는 것에 무척 놀라고 서로 얼굴을 가리는 등 난감해 하는 것을 볼 수 있다. 그 동안은 뜻을 모르고 남들이 쓰니까 자연스럽게 사용했었다면 이제는 스스로 절제를 해야 하고 주변에 뜻을 모르고 사용하는 친구가 있다면 그 뜻을 설명해주어 서로 서로 욕의 사용을 줄여나가도록 하는 문화를 만들어 가는 것이 중요하다는 것을 강조한다.

이 수업은 일부의 학생들만이 아니라 한 학교 전교생에게 진행이 되어서 학교 안에서 캠페인 형태로 다 같이 노력한다면 보다 즐거운 학교생활을 할 수 있을 거라 확신한다.

보통 이 욕의 어원에 관한 수업을 진행할 때 너무 적나라한 뜻 때문에 수업을 하기가 꺼려지고 난감할 때가 있다. 실제 학교에서 수업의 난이도를 어떻게 조율할 것인가에 대한 고민을 했었으나 평상시 학교에서 이러한 욕들이 난무하고 있기 때문에 어렸을 때에 습관을 잡아주어야 한다는 생각으로 초등학교 5학년 학생들을 대상으로 EBS 다큐프라임 '욕 해도 될까요'의 일부 내용을 들려주고 이것을 토대로 느낀 점과 욕을 대신하여 사용할 대체어를 작성하여 사용하게 하였는데 아이들이 수업을 듣기 전보다는 의식적으로 사용을 자제하려고 하는 모습을 보이며 효과가 좋았다.

3. 욕의 사용을 줄여라.

아이들은 디지털 미디어를 이용할 때 56%가 욕설을 경험하며 온라인 게임 시 52.2%, 인터넷 커뮤니티, 채팅, 댓글 등을 이용할 때는 44.6%, 휴대전화를 사용할 때는 33.8%, TV 시청 시는 10.6%가 욕설을 사용한다고 한다. (2010. 4~11월 지상파 방송3사 4개 장르 방송내용 각 1개월씩 2차례

모니터링 결과, 저품격 언어표현(비속어, 폭력적 표현, 욕설 등) 5,320개)

이러한 디지털 미디어 사용이 단순히 게임의 폐해뿐만 아니라 언어 사용에 있어서도 부정적인 영향을 주고 있다는 것을 간과해서는 안 된다.

2010년 12월 청소년 언어사용 실태 및 건전화 방안을 보면 민주적인 가족관계나 건전한 취미활동 등이 청소년의 언어생활에 긍정적 영향을 준다고 한다. 가족 간 대화가 많을수록 욕설 사용이 감소하며, 부모가 지나치게 허용적이거나 강압적일 때 욕설 사용이 증가한다는 것이다. 또한 여가시간을 독서로 보내는 그룹은 욕설 사용 빈도가 가장 낮고, 컴퓨터 게임이나 인터넷 사용그룹이 가장 높다

이러한 사실을 볼 때 아이들이 욕설에 노출이 많이 되는 이유가 현재의 문화적인 환경이 큰 몫을 차지하는 것을 알 수 있다. 항상 아이들 손에는 스마트 폰이 들려져 있고 삶의 현장에서 바쁜 부모들을 대신해서 TV나 컴퓨터가 대신 그 자리를 대신하고 있으니 아이들과 충분한 대화를 할 기회가 줄어들고 정서적인 교류를 통한 건전한 취미활동을 할 기회 또한 갈수록 적어지기 때문이다.

그렇다면 당장 아이들에게 욕의 사용 빈도를 줄이게 할 수 있는 방법으로는 무엇이 있을까?

가장 좋은 방법은 가정에서 가족 간 대화를 많이 할 수 있는 환경을 만들고 꾸준한 독서를 하는 습관을 잡아주는 것이다. 하지만 이미 욕을 습관처럼 사용하고 있는 아이들은 주기적인 언어 개선 수업을 통해 현재 사용하고 있는 욕 대신 대체할 용어들을 생각하고 이것을 다른 친구들과 공유하여 꾸준히 실천 할 수 있도록 도와주는 것이 좋다. 이것은 누구 한 명만이 실천한다고 해결되는 문제가 아니고 단 한 번의 특강식수업도 의

미가 없다. 지속적으로 아이들에게 인지를 시켜주어서 생각을 바꾸고 습관을 바꾸도록 하는 것이 중요하다.

아이들에게 자신이 하루에 사용했던 욕을 종이에 적어보라고 하면 쉽게 적지 못하고 망설이는 경우가 많다. 막상 종이에 적으려니 손끝이 움직여지지 않는다는 것이다. 입으로 할 때는 쉽게 나왔던 것들이 종이에 그대로 옮기려니 쉽지 않다는 것이다. 자신이 사용했던 욕을 적어놓고는 지우개로 바로 지우는 학생도 있고, 찐한 색펜으로 글씨를 덮어서 색칠해 버리는 경우도 있다. 어떤 학생은 노트 한 귀퉁이에 보이지도 않는 작은 글씨로 쓰기도 한다. 왜 그런 행동을 했는지 질문을 하면 말로 할 때는 몰랐는데 글로 적어 놓으니 창피한 마음이 들더라는 것이다.

한 가지 알아두어야 할 점은 모든 학생들이 이렇게 긍정적인 반응을 보이지는 않는다는 점이다. 평소에 욕을 많이 했던 학생은 이러한 말에 관련된 수업이 마치 자신을 비난하는 것처럼 느껴져 저항을 하게 되기 때문이다. 오히려 자신은 욕을 해야 스트레스가 풀린다느니 화가 나서 상대방을 때리는 것보다는 욕을 하는 게 더 낫기 때문에 참는 것보다 욕을 하는 것이 더 좋다는 말로 자신을 합리화 하는 경우도 있다.

또한 아이들에게 자신이 가장 듣고 싶어 하는 말이 무엇인지 한 가지나 두 가지씩 포스트잇에 작성하게 하고 이것을 교실 벽에 붙여 놓고 서로서로 친구에게 듣고 싶어 하는 말을 나누는 시간을 갖는 것도 좋다. 내가 듣고 싶어 하는 말이 상대방도 듣고 싶어 하는 말이라는 것도 알 수 있고 쑥스럽지만 장난스럽게라도 서로에게 듣고 싶은 말을 건네다 보면 금방 교실에서 웃음소리가 번지는 것을 볼 수 있다.

chapter 4

실전학습상담전략

27

부모-자녀 즐거운 대화하기

Ⅰ. 대화를 위한 적극적인 부모 역할과 가정

부모가 된다는 것은 예나 지금이나 한 개인의 인생에 있어서 중요한 사건이며 어려운 과정이다. 더욱이 급변하는 사회에서 한 자녀 가정이 많아지면서 자녀에 대한 애착이 심해지고 부모 역할하기의 어려움 또한 가중되고 있다. 게다가 자녀가 성장하면서 소통의 문제가 생기기까지 해 많은 부모들의 한숨소리가 크다.

무엇보다 부모와 자녀와의 관계가 올바르게 세워져야 건강한 관계 속에서 서로에게 상처를 주는 대화가 사라질 것이다. 따라서 소통을 위한 대화에 앞서 부모들이 세워야 할 가정 내의 역할에 대해 알아보고자 한다. 최근 적극적인 부모역할 훈련이라는 개념이 대두되고 있는데, 이 개

넘은 아들러, 드라이커스 및 로저스가 제안했던 생각들에 근거하여 폽킨(M.Popkin) 박사가 1983년에 현대의 적극적 부모역할 훈련(Active Parenting Today)이라는 이름으로 비디오 중심의 부모 교육 프로그램을 발표하였다.

대부분의 학부모 연수에 참석한 부모들은 자녀들의 양육에 능동적이고, 열성적인 부모들이다. 하지만, 부모역할의 양상은 다 다르게 나타나기 때문에 우리는 스스로를 짚어볼 필요가 있다.

1. 적극적 부모

폽킨 박사는 부모들에게 적극적 부모가 되라고 한다. 그럼 그가 말하는 적극적 부모역할이란 무엇일까? 적극적 부모 훈련에서 주장하는 기본 철학 중 하나는 가족 내에서 지도자적 역할을 할 사람은 자녀가 아니라 부모라는 관점이다. 이때 부모역할은 우리의 자녀들이 살고 있는 사회 안에서 그들이 생존하고 번영하도록 보호하고 준비시켜 주는 것을 목적으로 한다. 적극적인 부모역할 훈련에서 제시하는 양육유형은 전제형(독재자), 자유방임형(심부름꾼), 민주형(적극적인 부모)이 있다. 아래와 같이 정리했으니 지금 자신은 어디에 속한 부모인지 확인해보자.

	전제형(독재자)	자유방임형(심부름꾼)	민주형(적극적인 부모)
양육방법	부모는 통제수단으로 보상과 처벌을 사용하는 전능한 인물	자녀에게 무제한의 자유를 주어, 자녀가 '제 마음대로 하도록' 허용한다. 통제가 거의 없으므로, 가정에는 질서와 규율이 없다.	부모는 자녀를 존중하며, 협동심을 길러주고, 학습을 자극하는 지도자이다. 가정에는 질서가 있고, 세심한 관심을 보이며 인정해 준다.

자녀	진취적이지 못하며, 기가 죽어있거나 스스로 포기하거나 또는 부모의 말에 자주 반항한다.	협동이나 소속감을 느끼지 못하기 때문에 안정감이 적고, 다른 사람들과 함께 생활하는 데 어려움을 느낀다.	자기 생각과 감정을 공손하게 표현하며, 자신의 삶의 주인으로 행동한다.
요점	자유가 없는 한계	한계가 없는 자유	한계 내에서의 자유

2. 협동심 기르기

평등사회에서는 타인과 협동하는 것과 한 팀에 소속될 수 있는 마음가짐을 배운 아동이 지나친 경쟁에 노출된 아동보다 성공할 수 있는 가능성이 훨씬 더 크다. 그런데, 교실안에서의 아이들은 협동심보다는 경쟁심이 가득한 것이 현실이다. 이건 비단 한 자녀가 많아져 이기적인 모습으로 자란다고 단정짓기에는 무리가 있다. 평소 부모가 자녀와 서로 협동해서 문제를 해결할 때 더 좋은 해결책을 찾을 수 있으며, 서로 협력해서 얻어낸 해결책으로 인하여 자녀는 협동을 더욱 중요하게 생각하고 부모-자녀간의 관계가 더욱 돈독해진다. 결과적으로 가족 전체의 만족과 행복이 보장될 수 있다면 다른 모임 속에서도 그 아이는 성장하게 될 것이다.

협동심은 태도와 기술의 산물이다. 부모인 우리가 존경심을 가지고 자녀와 타인을 대하고, 합리적인 가족회의와 화목활동을 통해 참여를 격려하며, 함께 문제를 해결함으로써 부모는 말과 행동을 통해 협동적인 태도를 자녀에게 전달할 수 있다.

3. 책임감과 훈육

책임감이란 행동을 선택하고 그 선택의 결과를 수용하는 과정이다. 이 세상에서 가장 행복하고 유능한 사람들은 자기 인생의 길을 선택하고 그 결과에 대해서 수용하는 방법을 배운 사람들이다. 따라서 부모는 자녀가 책임감 있는 선택을 하는 능력을 개발할 수 있도록 도와주어야 한다. 우리는 대부분 문제가 발생할 경우 받아들이지 못하고 다른 사람이나 상황을 탓하고 변명하고 싶어진다. 스스로의 선택이 아닐 경우에는 더욱 그렇다.

책임감을 교육하는 것은 점진적인 과정이므로 자녀에게 선택권을 주고, 그들이 선택한 결과를 경험하도록 하는 것이 필요하다. 특히 적극적인 부모는 자유에 대한 자녀의 욕구를 잘 인식하는 한편, 적당한 한계를 두고 허용하기 때문에 자녀의 연령에 적합한 한계와 책임감을 부여한다.

또한, 자녀에게 논리적인 결과를 부과하는 것은 현대 민주사회의 삶과 좀 더 일치하는 진보된 훈육방법이다. 논리적인 결과는 자녀가 주어진 한계 상황안에서 자신이 선택한 것에 뒤따르는 결과를 체험하게 한다. 그럼에도 부모들은 아이들이 실수하여 상처받을까 두려워 애초에 실수를 차단하려고 하는 경향이 많다. 이제부터라도 부모들은 자녀에게 그릇된 행동을 하는 것도 그들의 선택이며, 선택에는 논리적 결과가 수반된다는 것을 보여줌으로써 자녀들을 도와줄 수 있어야 한다.

4. 자녀의 그릇된 행동을 이해하고 교정해주기

자녀의 행동을 이해하기 위해서는 그 원인보다는 행동의 목적을 이해해야 한다. 적극적 부모역할훈련에서는 인간의 생존과 번영의 능력에 필요한 네 가지의 기본적 행동 목표를 접촉, 힘, 보호, 물러서기로 제시하고 있다. 이 네 가지 목표들을 긍정적으로 추구하느냐, 부정적으로 추구하느냐가 중요하다. 높은 자존감과 용기를 가진 아동은 일반적으로 긍정적인 방법을 선택하는 반면, 기가 꺾여서 낮은 자존감을 가진 아동은 부정적인 방법을 더 많이 선택할 것이다.

자녀가 그릇된 행동을 하는 이면에는 어떤 욕구나 목표를 충족하기 위한 동기가 숨어 있다는 것을 알지 못하기 때문에 부모들은 자주 문제를 더 악화시키는 행동을 한다. 따라서 부모는 자녀의 목표를 알기 위하여 우선 탐색작업을 해야 하며, 자녀의 목표를 알게 되면 자녀가 긍정적인 접근 방식을 사용하여 목적을 달성할 수 있도록 도와 주어야 한다.

5. 용기, 품성, 자아존중감 길러주기

어떤 버스에서 자신의 아이가 소란스럽다고 혼내는 할아버지에게 아이의 엄마가 자신의 아이의 기를 죽인다고 싸웠다는 기사를 본 적이 있다. 과연 그 아이의 엄마가 평소 아이의 기를 살리는 엄마일까라는 생각이 든다. 오히려 기를 살리는 것보다는 예의 없고 공중도덕을 모르는 아이로 키울까 걱정이 앞선다.

적극적인 부모역할 훈련에서 말하는 기살리는 행동은 아이에게 작은 성공경험을 많이 느끼게 하여 성공회로로 안착시키는 것이라고 한다. 생활 속에서 부딪히는 여러 사건들에 대해 어떤 생각을 하고 어떻게 느끼는가에 따라 행동이 달라진다는 '생각하기-느끼기-행동하기 회로'를 소개하고 있다.

〈성공회로〉

사건(낯선 모임에는 가지 않으려 한다.) → 생각하기(긍정사고) → 느끼기(두려움과 용기) → 행동하기(조금씩 낯선 모임에도 참석)

사건(낯선 모임에는 가지 않으려 한다.) → 생각하기(부정사고) → 느끼기(두려움과 낙심) → 행동하기(낯선 모임에는 절대 참석하지 않으려 한다.)

부모는 자녀가 성공회로 안으로 들어와 머물도록 도와주어야 한다. 그러므로 부모는 자녀들의 자아존중감과 용기를 북돋아주기 위하여 자녀를 격려해 주어야 한다. 아래는 자녀의 기를 꺾는 사건과 기를 살리는 사건을 소개하고 있다.

기(氣)를 꺾는 사건	기(氣)를 살리는 사건
과잉보호하고 응석받아주기 실수를 지적해주기 완벽주의 (과잉기대) 기대하지 않기	독립심을 자극하기 장점을 살려주기 아동의 가치를 인정하기 신뢰를 보여주기

6. 적극적인 가정

적극적인 부모역할에서 강조하고 있는 주제 중의 하나는 자녀의 삶에 영향을 미치는 의사결정에 자녀도 발언권을 갖도록 허용해야 한다는 것이다. 자녀들이 예의바른 토론을 통해서 가족의 의사결정에 참여하고 자신의 발언과 의견이 중요시된다고 느끼면 자녀는 협동심과 책임감이 생기고, 부모로서의 권위도 더 잘 유지될 수 있다. 이를 위해 의사소통의 기회를 제공하는 가족모임과 가족회의를 자주 가지도록 노력한다.

가족이 이 세상에서 가장 소중하다는 사실을 자녀의 마음에 심어주는 것 또한 적극적 부모역할 훈련의 신념이다. 따라서 가족활동 계획을 자주 세우고, "우리 가족은……."이라는 문구를 자주 사용하도록 하며, 각 가족만의 독특한 전통이나 의식을 개발하는 것이 필요하다. 적극적인 부모역할 훈련에서는 자녀가 가정을 통하여 '인류가족'이라는 큰 가정에 소속되어있다는 것을 배운다. 또한 자기 가정에 공헌함으로써 인류의 미래가 결정된다고 보기 때문에 부모 역할이 중요하다고 강조한다.

Ⅱ. 평소 부적절한 대화의 예

위에서 말한 '적극적인 부모'가 되고, 가정을 이끌기 위한 토대를 형성한 다음에 협동적으로 함께 일하는 데 필요한 의사소통의 기술을 개발하는 것이 필요하다. 즉, 자녀의 말을 적극적으로 들어주고, 감정에 귀를 기울이며, 그 감정을 자녀에게 되돌려 반영해 주는 것이 중요하다.

그러나, 부모들은 타인과는 감정을 상하지 않고 건강하고 바람직한 관계를 세우는데 집중하나 정작 자신의 가족, 자녀와는 감정적으로 상처를 주면서 소통에 문제를 일으키기 일쑤이다. 그것은 남과는 적당한 거리를 유지하는 예의를 지키지만, 가족과 자녀와의 사이에는 거리가 없이 자신과 너무 동일시하기 때문이다. 이제 아래와 같이 상황별로 아이와 평소 나누는 대화들을 살펴보고 평소 우리가 하는 부적절한 대화를 살펴보도록 하자.

1) 아이: 엄마 나 피곤해.
   엄마 : 아냐. 좀 전에 낮잠 잤잖아. (부인, 해석)
   아이(큰소리로) : 아냐! 나 피곤해.

2) 아이 : 난 동생이 미워.

　　엄마 : 그럼 안 돼지. (부인)

　　아이 : 그래도 미워. 말을 안 듣잖아.

　　엄마 : 동생을 사랑해야지. (도덕적 충고)

3) 아이 : 엄마! 내 싸인펜이 없어졌어!

　　엄마 : 잘 찾아 봤어? (질문)

　　아이 : 아까 나갈 때 책상 위에 두었거든!

　　엄마: 근데 왜 없어?　딴 데 두고 그러지. 물건은 늘 제자리에 두라
　　　　고 했지? 지난 번에도 그러더니……. 벌써 몇 번째야. (질문,
　　　　충고, 비난)

　　아이: 알았어! 상관하지마.

4) 아이: (울며) 엄마, 형이 날 때렸어!

　　엄마: 형이 널 괜히 때렸겠어? 네가 뭘 잘못했으니까 그랬겠지. (편
　　　　들기)

5) 아이: 나는 민기 생일 때 선물을 줬는데, 걔는 내 생일인데 나한테
　　　　아무것도 안 줘.

　　엄마: 그럴 수도 있단다. 네가 원한다고 다 그렇게 되는 것은 아니
　　　　야. (철학적 반응)

6) 아이 : 내 친구가 다른 아이와 더 친해져서 나랑은 안 놀아.

　　엄마 : 저런. 가엾어라. 그럼 엄마랑 놀자. (동정)

위에서와 같이 평소 부모들은 아이의 감정을 잘 다스려 주고 근본적인 문제에 접근하기보다는 알게 모르게 부적절한 반응을 하여 아이들의 마음을 제대로 읽어주지 못해 의기소침하게 하고, 점점 대화의 필요성을 느끼지 못해 거부하기에 이르게 된다. 부인과 비난, 또는 동정보다는 그 순간의 아이의 감정을 받아주고 공감하며 경청하는 것이 중요함을 잊지 말자.

Ⅲ. 건강한 부모-자녀의 대화

요즘 부모들은 비폭력대화에 대해서 관심이 많다. 그러나, 앞서 말한 대로 아이를 한 인격체로 보기보다는 자신의 또 다른 자아로 생각하며 동일시하여 아이가 하는 행동에 모든 제동을 걸거나 비난을 하기도 한다. 그리고 자신이 하는 행동을 아이가 모두 이해할거라는 착각에 빠지기도 한다. 이로 인해 아이와 대화를 할 때 하는 실수와 이를 바로잡아 본 대화를 통해 건강한 부모-자녀의 대화로 전환시키는 노력을 해보도록 하자.

1. 주의를 기울여 듣기
(엄마가 청소기 돌리며 청소 중일 때 아이가 학교에서 돌아와서)

아이: 엄마, 민수가 나를 놀리고 때렸어요. 내 말 들어요?

엄마: 응. 듣고 있어. 그래서?

아이; 그래서 나도 때리고 놀렸지. 그랬더니 그 놈이 나를 더 세게 때리는거야. 듣고 있어요 엄마? 걔가 먼저 때렸다구요.

엄마: 알았어. 듣고 있으니까 말해봐. 그런데 그 놈이 뭐니. 여자애가
　　　그 놈이.

아이: 그만둬요. 엄마랑 말 안할거야.

엄마: 그래, 나도 바쁘니 나중에 말해

위 상황은 관심을 두지 않고 들을뿐더러 문제의 초점에서 벗어난 훈
계를 하여 아이에게 실망을 주고 만다.

바람직한 대화법을 보자.

(엄마가 청소기 돌리며 청소 중일 때 아이가 학교에서 돌아와서)

아이 : 엄마, 민수가 나를 놀리고 때렸어요. 내 말 들어요?

엄마: (청소기를 끄며) 그런 일이 있었어?

아이: 그래서 나도 때리고 놀렸지. 그랬더니 그 놈이 나를 더 세게 때
　　　리는거야.

엄마: 민수 때문에 많이 화가 났구나. 그놈이라고까지 말하는 걸 보니.

아이: 그래요. 화가 났어요. 음. 이제 동혁이랑 놀래요. 그 앤 친구들을
　　　때리지 않으니까요.

2. 감정 잘 다루도록 돕기

부모들은 자녀의 감정을 계속 무시, 부인하거나 무관심하게 대응하여
매우 화가 나도록 만들 수 있다. 즉, 자녀의 감정표현을 부인한다거나,
철학적 해석을 한다거나, 다른 사람 편을 든다거나, 동정 심지어 모든 것
을 다 아는 심리학자처럼 얘기하게 되는 경우가 그런 것이다.

아이: 스파게티 먹고 싶어요.

엄마: 밥이 많이 있으니 밥먹자. 나중에 해줄게.

아이: 오늘 스파게티 해준다고 지난 번 약속했잖아요.

엄마: 지금은 없다고 했잖아. 그냥 해주는 대로 먹어.

아이: 싫어.

엄마: 너 애기처럼 그럴래?

이럴 경우 아이에게 상상으로 바라는 것을 표현해줌으로써 아이의 격한 감정을 조금 다룰 수 있도록 도와주면 좋다.

아이: 스파게티 먹고 싶어요.

엄마: 이런. 스파게티 준비를 했어야 했는데.

아이: 약속했으니 스파게티 주세요.

엄마: 많이 먹고 싶어해서 약속했는데……. 준비를 못하고 밥을 많이 했구나. 내가 마법사면 얼마나 좋을까? 요술을 부려 이 많은 밥을 스파게티로 짠! 하고 바꿀 수 있으면 얼마나 좋을까?

아이: 그럼 그냥 밥먹으면서 스파게티라 생각할게요.

3. 자녀를 협력하게 하는 방법

1) 문제를 말하기

(화장실 불을 안 끈 아이에게)

엄마: 넌 어째 그 모양이야? 몇 번 말해야 알아듣겠어?

→ 이삭아! 화장실 불이 켜져 있구나.

2) 정보주기

(냉장고에서 우유를 꺼내 먹고 우유를 밖에 그냥 둔 아이에게)

엄마: 이렇게 두면 어떻게? 누가 이랬어?

→ 우유는 그냥 두면 곧 상한단다.

3) 한마디로 하기

(도시락을 잊고 학교에 가는 아이에게)

엄마: 저것 좀 봐. 또 도시락 안 가지고 가네. 넌 매일 매일 일러주지
　　　 않으면 늘 잊니?

→ 영이야, 도시락!

4) 감정을 말로 표현하기

(엄마가 말하는 데 버릇없이 중간에 말을 막는 아이에게)

엄마: 이 버르장머리봐. 내가 너 그렇게 가르쳤어?

→ 네가 그러면 내가 하고 싶은 말을 못 끝내니까 화가 더 난단다.

5) 메모하기

때로는 말보다 감정을 표출하지 않는 메모가 인상적일 수 있다.

엄마의 메모 : TV 켜기 전에 생각해 보기 : 나는 숙제를 했나?

4. 효과적 칭찬하기

'착하다', '근사하다' 등의 막연한 칭찬은 아이로 하여금 어떤 행동에
대한 기준을 제시하지 못하기 때문에 나중에 부모가 원하는 행동을 하는
데 어려움을 겪게 된다. 페이버와 매즐리쉬(1980)에 의하면, 효과적인

칭찬은 보고 느낀 것을 그대로 기술하는 것이라고 말한다. 예를 들면, 부모가 '네 방이 참 깨끗해졌네. 네가 청소하고 정리했구나. 네 방이 이렇게 깨끗해 보이니 참 기분이 좋다.' 라고 하면 아이는 '내 방을 청소한 것이 정말 잘한 일이구나.'라고 생각하여 다음에도 그러한 행동을 할 가능성이 많아진다.

5. 잘못된 역할로부터 벗어나게 해주기

부모들은 부정적인 말과 행동으로 아이들에게 스스로를 부정적으로 생각하게 하는 낙인을 찍어준다. 이럴 경우 아이는 그 생각을 따라 계속 부정적인 행동을 하게 되므로 부모-자녀간의 사이는 악순환을 반복한다. 이 악순환을 끊으려면 아이에게 자신의 좋은 점을 발견하도록 도와주는 기회를 마련해 주는 것이 좋다. 또한 다른 사람에게 아이의 흉을 보는 것을 자제하고 오히려 칭찬하여 부모가 자녀에게 기대하는 행동을 지속하도록 해야 한다.

집중력이 부족한
학생의 컨설팅 사례

    학생들과 학습법에 관련된 수업을 하다보면 가장 공통적으로 하는 이야기 중의 하나가 자신이 집중력이 없어서 고민이라는 것이다. 잠깐 딴생각한 것 같은데 어느새 시간은 15분, 20분이 후딱 지나가거나 수업시간에 계속 졸음이 와서 집중을 할 수 없다고도 이야기 한다. 허벅지를 꼬집어도 보고 눈에 가득 힘을 주어보려고 해도 그것은 잠시일 뿐 또다시 쏟아지는 졸음 때문에 정말 힘들다고 하소연한다. 본인들도 어차피 하는 공부를 집중해서 제대로 해보고 싶은데 그게 마음대로 잘 되지 않고 어디서부터 어떻게 해야 하는지 방법을 몰라서 난감해 하는 상황인 것이다. 부모님들 앞에서는 하지 못했던 고민들을 쏟아내는 것을 보면 정말 도움이 필요하다는 마음이 느껴져서 짠하기까지 하다. 아마 이런 학생들에게 하나씩 도움이 되는 이야기를 해 주고 변화되는 모습을 보는 즐거움은 겪어보신 선생님들은 충분히 공감하리라 믿는다.

학생들과 집중력에 관한 이야기를 하려면 먼저 뇌의 구조를 알아야 한다는 것부터 설명을 해야 훨씬 이해를 잘한다. 뇌간과 대뇌변연계, 대뇌 신피질의 상호연관관계를 이해하고 나면 앞으로 대화를 이어나갈 때 공감을 하고 쉽게 받아들일 수 있기 때문이다.

그럼 이제 학생들이 집중력에 관련된 고민을 이야기 한다면 어떻게 그 원인을 파악하고 조언을 해 주어야 하는지 알아보도록 하겠다.

I. 문제가 되는 원인 알아보기

집중력이 부족하다며 찾아오는 학생들과 상담을 시작하기 전에 몇 가지 질문을 통해서 확인해야 할 사항들이 있다. 우선 학생들이 자신이 평소에 생활하던 모습을 솔직하게 답변을 하도록 하는 것이 중요하다. 아이들도 어떤 답이 좋은 답인지 알고 있기 때문에 듣기 좋은 대답을 하는 경우가 종종 있다. 자신의 고민을 해결하기 위해서는 최대한 솔직하게 질문에 대한 답을 할 수 있도록 미리 이야기를 해주고 질문을 하는 것이 좋다. 이 때 아래의 질문이 아니더라도 자기 관리 중 집중력과 연관이 많은 수면습관, 식사관리, 운동(걷기) 등에 관련되거나 학습에 방해되는 환경인지 알 수 있는 것이라면 충분히 다른 질문을 추가로 진행하거나 변형하여 사용할 수 있다.

집중력 관련 질문 예시

1. 저녁에 취침시간은 규칙적인가?　　　　　　① 예　　　② 아니오

   보통 잠자리에 드는 시간은 몇 시인가?　　　　　　_____시

2. 아침에 일어나서 5분정도 시간이 흐르고 난 후의 컨디션은 어떠한

   가?

   ① 매우 좋다　　　　② 좋은 편이다　　　　③ 그저 그렇다

   ④ 조금 피곤하다　　⑤ 매우 피곤하다

3. 밤늦게 야식을 자주 먹는 편인가?　　　　　① 예　　　② 아니오

   − ①을 선택한 경우

   시간: _____　　　메뉴: _____

4. 잠을 자기 위해서 잠자리에 누웠을 때 금방 잠이 오는 편인가?

   ① 예　　　　　② 아니오

   − ②를 선택한 경우

   혹시 낮잠을 자지 않는가? 낮잠을 잔다면 언제 얼마나 잠을 자는가?

   _____

5. 자다가 자주 깨는 편인가?　　　　　　　① 예　　　② 아니오

6. 꾸준히 하는 운동이 있는가?　　　　　　　① 예　　② 아니오

7. TV를 보거나 게임을 얼마나 자주 하는가?
　　① 일주일에 6회 이상　　② 3~5회
　　③ 일주일에 1~2회　　　　④ 안한다

8. 잠들기 직전까지 스마트폰으로 게임을 하거나 인터넷을 사용하는
　가?
　　① 예　　　　　　　② 아니오

9. 책상, 의자, 책장 외에 공부방에 있는 것들을 체크하시오.
　컴퓨터, 오디오, 연예인 사진, 침대, 운동기구, 만화책, 소설책, 악기
　기타: _____

10. 공부할 때 주로 어느 공간에서 어떤 방법으로 하는가?
　　(예, 집에서 침대 위에 엎드려서 공부한다, 공부방에서 책상에 앉아서 한
　　다. 도서실에서 주로 한다 등)

11. 한 번 집중하면 얼마동안 집중할 수 있는가?　　_____분

12. 자신의 공부를 방해하는 것은 무엇이 있는지 모두 작성해 보시오.
　_____

Ⅱ. 집중력 관련 상담 사례

1. 수면습관의 변화로 개선이 된 사례

먼저 중학교 2학년 남학생과 어머님을 상담한 사례이다. 어머님의 말씀으로는 아이가 학원도 열심히 다니고 학교에서도 별다른 문제없이 생활하는 착한 아이인데 아이가 공부하는 것에 비해 성적이 오르지 않는다며 아이에게 맞는 공부 방법을 알려줄 수 있는지 궁금해서 찾아오게 됐다고 하셨다. 학생도 어떻게 공부를 해야 하는지 궁금해서 엄마가 같이 가자고 했을 때 별다른 거부감 없이 같이 오게 된 것이라고 이야기를 하였다. 그래서 학생에게 본인이 생각하기에 자신이 다른 친구들에 비해 어떤 것을 잘하고 어떤 것이 부족한지 한번 이야기 해보라고 했더니 제일 먼저 꺼낸 이야기가 학교 수업시간에 도저히 집중이 안 되서 그게 제일 힘들다고 하였다. 혹시 자꾸 다른 생각, 즉 잡념 때문에 집중이 안되는 것인지 아니면 수업시간에 재미가 없어서 졸음이 오는 것인지 질문을 하니 오전시간에는 잠이 와서 거의 집중을 하지 못한다는 것이었다.

수면에 문제가 있는 것 같아 평소 수면습관에 대한 질문을 하게 되었고 학생은 잠을 보통 8시간에서 9시간정도는 잔다고 했다. 보통 11시에 잠을 자는데 혹시 잠이 부족해서 낮에 자꾸 졸린가 싶어 빨리 잘 때는 10시에 잠을 자기도 하는데 그래도 아침에 일어나면 머리도 무겁고 멍한 것이 개운하지 않다고 대답을 하는 것이다. 그래서 혹시 잠자리에 들면 잠이 금방 오는지, 아니면 자면서 자주 깨느냐는 질문을 했더니 낮에 자꾸 졸음이 오는 것 때문에 잠을 많이 자야 한다고 생각을 해서 일찍 자려고 해도 잠이 잘 오지 않아서 한참을 뒤척이다 잠이 들거나 잠이 들어도 꿈을 많이 꾸고 자꾸 깨게 된다는 것이다. 그래서인지 아침에 일어나기도 힘이 들어 짜증만 늘어나는 것 같고 오히려 학교에 가면 그 때서야 잠이 쏟아져 오전 수업은 거의 집중을 하지 못하고 있다고 이야기를 하였다.

그래서 학생과 주간일정점검표를 작성하면서 평소 생활을 점검해 보니 아침에 학교에 가서 오전에는 수업시간에 거의 졸다시피 하고 점심시간을 이용해서 잠깐 잠을 자거나 학교 끝나고 집에 가서 2시간에서 3시간씩 낮잠을 자는 것이 습관이 되어 있었다. 자신이 공부가 제일 잘 될 때는 학원에서 수업을 들을 때이고 학원에서 집에 오면 바로 저녁을 먹고 학원 숙제 조금하다가 잔다는 것이다.

이 학생은 무엇보다 학교 끝나고 집에 와서 낮잠을 자는 습관이 가장 문제였다. 낮잠은 15분~30분 이내로 잘 때는 효과적이지만 그렇지 않을 경우는 밤잠을 방해하고 오히려 무기력해질 수 있기 때문이다. 이 학생은 보통 4시부터 6시까지 잠을 자다보니 밤에 잠이 쉽게 오지 않는 것이 어찌 보면 당연한 일인데 이 시간에 잠을 자지 않으면 학원에서조차 수업을 제대로 못 들을까봐 했던 행동이 아예 그 시간에 잠을 자는 것으로 습관이 되어 버린 것이다. 이러한 수면습관을 잡아주지 않으면 학교에서 제대로 집중해서 공부를 할 수 없게 될 것이라는 판단 하에 이것부터 변화해 보기로 하고 우선 집에 와서 낮잠을 자는 습관을 없애기 위해서 여러 가지 대안을 생각해 보았고 결론을 낸 것이 동네에 있는 기타학원에 가는 것이었다. 평소 학생이 관심이 있었지만 어머님이 그다지 좋아하지 않으셔서 배우지 못했다가 수면 습관을 잡기위해 과감히 허락을 하셔서 학교 끝나고 바로 기타학원으로 가서 연습을 하기로 하였다. 낮잠을 자던 시간에 줄넘기나 자전거 타기 등 운동을 해 보기를 권했으나 학생이 운동을 싫어하는데다가 혼자만의 의지로 꾸준히 실천하는 것이 쉽지 않을 것 같아 대신 기타를 배우기로 한 것이다.

또 한 가지 고쳐야 할 습관 중 하나는 저녁 식사 부분이었다. 낮잠을 자느라 저녁을 제대로 먹지 못하고 학원에 가다보니 학원이 끝날 때쯤에는 배가 너무 고파서 집에 오자마자 밤 늦게 밥을 먹고 소화가 되기 전에 잠을 잤었는데 이것을 기타학원에서 끝나고 바로 집에 가서 저녁을 먹고 학원에 가는 것으로 조정을 했다. 처음에는 낮잠을 자던 시간에 잠을 자지 못해서 학원에서까지 조느라 수업을 제대로 못 들을까봐 불안해했었지만 3~4일 정도 지나면서 익숙해지고, 시간이 흐를수록 밤에 그 전보다 잠도 잘 오고 자다가 깨는 횟수도 줄어들게 되었고 한 달 정도 지났을 때에는 12시까지 숙제를 하다가 잠이 들어도 다음 날 오전에 잠이 와서 수업을 못 듣는 경우는 거의 없어졌다고 했다. 그 전에는 점심시간에 수업시간 중 필기 못한 것을 베끼느라 친구들과 놀지 못했는데 이제는 수업시간에 졸지 않고 필기를 잘 해서 같이 어울려 운동도 하게 되고 거기다 수업 시간에 졸지 않고 수업을 잘 들으니 담당 교과목 선생님께서 수업 태도가 좋아졌다고 칭찬을 해 주셨다며 학생이 굉장히 좋아하면서 그 이후에 알려준 시간관리법과 예습, 복습도 성실히 실천해서 성적이 많이 향상되었다.

만약 이 학생에게 단순히 공부 방법에 대한 스킬만 알려주었다면 그것이 얼마나 효과가 있었을까라는 부분은 굳이 말로 설명하지 않아도 잘 알 수 있을 것이다.

또 다른 학생의 경우는 밤 늦게까지 공부를 하는 습관으로 인해 잠이 부족한 고등학교 1학년 여학생의 사례이다. 이 학생은 중학생이 되면서부터 밤 늦은 시간에 공부를 하는 습관이 생겼다. 성격이 예민해서 작은 소리에도 민감하게 반응을 하게 되고 부모님이 틀어놓은 TV소리와 동생이 거실에서 엄마와 이야기 하는 소리 등이 거슬려서 다들 잠자리에 든 이후에 조용한 상태에서 공부를 하다 보니 이제는 당연히 공부는 밤 11시 이후에 하는 것이 되어버렸다고 한다. 보통 새벽 2시에서 3시까지 숙제를 비롯하여 책을 읽는 것까지 그 시간에 집중해서 하다 보니 이제는 학교에서 하는 야간자율학습시간에도 집중이 잘 되지 않아 제대로 공부를 하는 시간은 1시간도 채 안 된다고 하였다. 새벽에 공부를 하면 1시간이면 끝날 분량이 다른 시간에 하면 1시간 안에 끝내기가 어렵다며 계속 밤 늦게 공부하는 생활을 유지하고 있는 것이다. 그런데 문제는 매일 잠을 3~4시간밖에 못자는 생활이 계속되면서 머리가 아프고 체력이 너무 약해졌다는 것이다. 중학생 시절에는 시험기간 일주일에서 열흘 정도만 공부를 했었기 때문에 별다른 문제가 없었는데 고등학생이 되면서 공부를 계속해야 한다는 부담감에 평소에도 계속 밤 늦게까지 공부를 하다 보니 1학년 2학기가 되면서 몸에 무리가 오기 시작한 것이다.

처음에는 공부하는 시간을 조금씩 앞당겨서 해보도록 권유했을 때 완강히 거부하였으나 조금씩 마음을 돌려 공부시간과 취침시간을 조금씩 앞으로 당겨서 생활해 보기로 마음을 먹었다. 마음을 돌린 이유는 바로 학생에게 건넨 짧은 한마디였다. 시험을 보는 시간이 00이가 집중이 가장 잘 되는 시간인 새벽 2시라면 정말 좋겠지만 안타깝게도 시험을 보는 시간은 00이가 가장 머리가 멍하고 집중이 안 되는 오전시간에 본다는 것이라는 말이었다. 평소 혼자 밤에 공부할 때는 잘 풀렸던 문제들이 학교에서 시험을 보면 지문을 잘 못 이해하거나 생각이 나지 않아서 점수가 제대로 나오지 않아 낭패를 본 경험이 있었을 것이라고 했더니 바로 고개를 끄덕이며 수긍을 하였다.

이 이야기를 하면서 뇌에서 해마의 기능을 설명을 하고 왜 수면관리가 중요한지를 설명을 해 주었더니 조금씩 마음을 열고 이야기에 귀를 기울여 듣기 시작했고 6개월 이상 지속했던 수면 습관을 고치는 것을 처음에는 매우 불안해하였지만 잠을 줄여서 공부를 하는 것보다 숙면을 취하고 나서 오전시간에 컨디션을 최상으로 만들어 학교 수업에 집중하는 시스템이 훨씬 효율적이라는 확신에 찬 말을 듣고 그동안 불안한 마음에 일찍 잠자리에 들지 못했던 마음이 편안해 지면서 12시에 잠을 자기 시작했고 생각보다 쉽게 잠이 들게 되었다. 무엇보다 학교 수업시간이 얼마나 중요한지를 강조하면서 학교에서 문제를 직접 내시는 출제자 직강을 제대로 들으면 시험에 나오는 중요한 것들을 알게 되는데 수업시간에는 집중을 못해서 이해를 못하고 나중에 혼자 자습서 보고, 인터넷 강의 들으면서 이해하려면 시간이 훨씬 많이 걸린다는 것을 설명해 주었던 것이 아이의 마음을 움직이게 한 것이었다. 꾸준히 수면 습관을 개선한 결과 피곤함도 많이 줄어들고 수업시간과 야간자율학습시간에 집중이 잘 된다는 피드백을 들을 수 있었다.

그렇다고 모든 학생들이 밤에 공부하는 것이 나쁘다는 것은 아니다.

한번은 00외국어고등학교 1학년에 재학 중인 남학생과 상담을 한 적이 있었는데 그 학생은 초등학교 4학년 때부터 특목고를 가기 위해 여러 학원을 다니면서 밤 늦게까지 공부를 하고 자는 것이 습관이 되어 있는 학생이었다. 보통 새벽 2시 이전에는 잠을 자본적이 거의 없다고 했다. 이렇게 새벽 2시에 잠이 들어 아침 6시에서 6시 30분에 기상을 하는 것이 습관이 되어 있어서 아침에 일어나서도 피곤하다거나 학교 수업 중에 졸음이 와서 공부에 집중을 못하는 경우는 거의 없다고 하였다. 자는 시간이 다른 친구들보다 짧아도 한번 잠이 들면 아침에 알람이 울릴 때까지 단 한 번도 깨지 않고 깊은 잠을 자기 때문인 것 같다는 것이다. 이 학생은 집중력이 부족해서가 아니라 다른 학습기술을 알고자 해서 상담을 했던 학생이었는데 자신은 적은 시간을 자도 컨디션이 좋아서 다른 친구들보다 그것이 자신의 가장 큰 장점이라는 이야기를 하였었다.

이처럼 여러 가지 사례를 보면 잠이라는 것이 몇 시간을 자느냐보다 얼마나 숙면을 잘 취하는냐가 더 중요하다는 것을 알 수 있다. 그래서 아이들의 상황에 맞게 숙면을 할 수 있는 방법을 제시하는 것이 좋다. 만약 잠이 잘 오지 않아서 힘들어 한다면 제일 먼저 확인해야 할 것은 잠자리 들기 전에 스마트폰이나 컴퓨터를 사용하는지 여부이다. 이러한 전자기기에서 발생되는 전자파는 수면호르몬인 멜라토닌의 생성을 방해하여 잠자기가 어려워지기 때문이다.

특별한 문제 상황이 있는 것도 아닌데 잠들기가 힘들어 고생하는 학생의 경우는 꾸준한 운동을 할 수 있도록 해 주는 것이 좋다. 무엇보다 좋은 방법은 걷기를 하는 것으로 아침에 학교를 가거나 학원을 갈 때 가급적이면 걸어서 갈수 있는 거리는 차를 타지 말고 걸어서 다닐 수 있도록 한다거나 매일 줄넘기를 땀이 날 때까지 일정한 개수를 정해놓고 꾸준히 하는 것, 자전거타고 이동하기 등 몸을 움직여서 적당한 피로감이 생길 수 있도록 하면 밤에 잠이 안와서 뒤척이는 시간을 많이 줄일 수 있다.

2. 공부방 환경의 변화로 개선이 된 사례
초등학교 5학년에 다니던 한 남학생은 공부방 환경을 재정비 하고나서 집중력이 바로 좋아진 케이스였다. 한 살 차이 나는 남동생과 따로 방을 쓰고 있었는데 형제간 우애도 좋고 학교 성적도 나쁘지 않았지만 집에서는 통 공부를 하지 않아서 더 크기 전에 집에서 공부를 하는 습관을 잡아주고 싶은데 어떻게 해야 할지 모르겠다며 어머님이 혼자 오셔서 상담을 했던 상황이었다.

집에는 TV도 없고 부모님과의 사이도 비교적 양호한 편이었다. 밤 11시 이전에는 아이들도 잠자리에 들고 특별하게 문제 상황이라고 보여 지는 부분은 없었으나 어머님이 계속 강조하는 것은 아들이 집에서는 공부가 잘 안된다며 하지 않으려 하고 숙제를 할 때에도 침대에 엎드려서 하다가 그냥 잠이 들어버리는 경우가 너무 많다는 것이었다. 아들은 항상 공부를 할 때 침대에서 하는 버릇이 있어서 침대를 치워버릴까 고민도 하고 계시다고 말씀 하셔서 제안을 드린 것이 아예 공부방과 침실을 분리해서 공부방 환경을 바꿔 보라는 것이었다.

다행히 동성의 형제이니 동생의 방을 침실로 만들고 형의 방을 책상과 책장으로 꾸며 벽에는 화이트 보드도 2개를 걸어 놓고 각자 매일 해야 할 일을 아이들이 직접 적어서 지워나가는 방식으로 할 수 있도록 했다. 방안에 있던 잡다한 장난감류나 공들은 베란다로 옮기고 컴퓨터와 프린터도 거실로 옮기도록 했다. 책상 위에는 가급적 필통이나 독서대, 스텐드와 같은 기본적인 문구류 외에는 치우게 하고 책상 옆에 세워져 있는 책장에는 학습에 관련된 자습서나 문제집 종류 위주로 채우고 다른 책들은 책상 아래쪽 책장이나 선반쪽에 넣도록 했다. 또 책상위에는 타이머를 한 개씩 놓아주어서 숙제나 학습지 등 공부를 할 때 자신이 그날 해야 할 분량을 끝내는데 얼마나 걸릴 지 예상해 보고 타이머를 사용해서 시간을 재서 기록해 보도록 하면 공부하는 중간에 화장실을 자주 들락거리는 모습도 많이 줄어들고 타이머를 사용하지 않을 때보다 훨씬 집중력이 올라가는 것을 볼 수 있다는 설명도 해 드렸다.

주말을 이용해서 아예 아이들 방의 도배도 새로 하고 방을 침실과 공부방으로 구분해서 환경을 바꾸게 되었고 아이들도 처음에는 별로 내켜 하지 않았지만 막상 새로 방을 꾸며 놓으니 공부할 마음이 생긴다며 무척 좋아하였다. 아이들에게는 따로 공부방환경의 중요성과 공부 자세, 수면관리 방법 등을 이야기 해주어 엄마가 이야기 했을 경우 잔소리로 들을 수 있을 여러 이야기들을 설명해주고 하나씩 이해를 시켰다.

이후 새로운 환경과 공부 방법에 대해 잘 적응을 하면서 변화를 하여 엄마가 바라던 대로 책상에 앉아 집중하며 공부를 하는 것뿐만 아니라 공부시간과 집중하는 시간도 많이 늘어나 엄마와 아이 모두 만족한 결과를 이루어 냈다.

29

가족관계로 인해 발생한 문제에 관한 상담사례

Ⅰ. 감정의 폭풍 속에 휘둘리는 학생들

요즘 우리의 청소년들은 사춘기가 점점 빨라지면서 학습은 물론 대인 관계에 있어서 어려움을 겪는 시기도 같이 빨라지고 있다. 학부모님들의 고민도 그만큼 빨리 나타나는 것은 당연한 일일 것이다. 학습에 집중해서 열심히 해도 모자를 것 같은 중요한 시기에 아무것도 아닌 사소한 일에 감정을 다쳐 집중을 못하는 것을 보고 있노라면 어머님들의 가슴은 까맣게 타 버리고 마는 것이다.

어디서부터 무엇이 잘못 꼬여서 아이들과 감정소통이 제대로 이루어지지 않는지 그저 뭔가 잘못 됐구나라고 생각이 들 때는 이미 아이들과의 마음의 거리는 멀어질대로 멀어져 있어서 방법을 찾기 어려워지는 것

또한 당연한 것이다. 하물며 내 자식 한 두 명과의 감정대립도 힘들어서 에너지가 방전이 된다고 하는데 학교에서 수십 명의 아이들과 생활을 해야 하는 선생님들의 상황은 이루 말할 수 없을 것이다.

앞서 배웠듯이 감정관리가 잘 되지 않는 상황에서는 제대로 학습을 할 수가 없다. 많은 학생들이 자신의 학습에 문제가 있다고 생각하지만 이 중 상당수의 학생들은 마음의 상처로 인한 여유가 없다고 하는 것이 맞다고 할 정도로 정서적인 문제로 힘들어 하고 있는 것이 사실이다.

자신의 감정을 제대로 들여다보고 감정을 조절하기 위해서는 학생 혼자만 노력한다고 해결되기에는 벅찬 일들도 상당히 많이 있다. 이번에는 주로 가족 관계에서 오는 감정의 대립으로 인해 발생한 사례를 중심으로 소개하겠다.

Ⅱ. 부부간의 문제가 자녀에게 전치된 사례

부모와의 갈등을 해결하는 것은 참으로 어려우면서도 힘든 과정이다. 어느 한쪽의 노력만으로는 좋아지기가 어렵기 때문이기도 하지만 무엇보다 부모의 생각을 바꾸는 것이 만만치 않기 때문이다. 여러 명의 학생, 학부모들과 상담을 진행하였지만 결국 아이의 변화를 이끌어 내는 데 있어서 부모가 얼마나 동참을 하고 변화에 응해 주느냐에 따라 그 결과는 엄청난 차이가 난다는 것을 알 수 있다.

잊지 못할 상담 중 하나는 고등학교 1학년 남학생을 둔 아버님과의 만남이다. 전문가 과정 강의를 진행하고 있을 때라 상담을 진행하기 곤란한 상황임에도 마음이 너무 급해 잠시도 기다릴 수 없다며 강의를 진행하고 있는 강의장으로 찾아오셨다. 고등학교 1학년에 재학 중인 아들과 엄마, 즉 아내와의 사이를 보면 벼랑 끝을 걷고 있는 것 같아 불안하다며 아이보다는 엄마와의 상담을 간절히 바라고 계셨는데, 엄마가 아이를 너무 괴롭힌다는 것이다. 잠시도 아이의 손에서 책이 들려있지 않으면 아이에게 심한 욕설을 하고 아이의 마음에 상처를 준다는 것이다. 이제는 아들의 덩치가 엄마보다 훨씬 더 크니 아빠가 보기에 아들이 저러다 감정이 폭발해서 엄마를 밀치기라도 하면 어쩌나 불안하기도 하고 실제 옆에서 엄마가 아들에게 하는 이야기를 듣고 있자면 자신도 화가 나서 참을 수가 없게 되는 상황이라니 그 수위가 어느 정도인지 가늠이 되지를 않았다. 엄마가 한 바탕 아들에게 퍼붓고 나면 아빠가 데리고 나가 같이 산책도 하고 이야기를 나누면서 달래고는 있지만 아빠가 없는 상황에서는 도와줄 수가 없으니 불안하다는 것이다.

아내와 수도 없이 싸우고 화도 내고 이혼이야기가 오갈 만큼 강하게 어필을 해봤고 가족 상담을 받아보려고 시도를 해도 정작 문제가 있는 아내는 자신에게는 아무 문제가 없다며 상담에 응하지를 않아서 아직 제대로 상담을 받아 본 적이 없다고 했다. 나름대로 여러 가지 방법을 시도해 보았으나 소용이 없었다면서 혹시 아들의 학습문제로 상담을 받는다고 하면 응하지 않을까 해서 일단 먼저 상황을 이야기하고 도움을 요청하려고 방문했다고 간절히 말씀을 하셨다. 아버님이 보시기에는 아들은 전혀 문제가 없는데 엄마로 인해 아들이 학습은 물론이고 엇나가게 될까봐 무척 불안해 하셨는데 솔직히 별 도움이 되지 않을 수 있다는 말씀을 드렸음에도 불구하고 그럼 아들이라도 만나보고 이야기를 해달라고 간곡히 부탁을 하셔서 상담을 한번 진행해 보기로 약속을 했다.

며칠 후 어머님과 통화가 되었고 어머님이 학생과 방문을 하기로 했는데 그 시간이 평일 2시에 상담을 하자는 것이었다. 학교 수업이 있을 텐데 어떻게 평일에 가능할 수 있느냐는 말에 학교는 수업을 안 들어도 상관이 없지만 학원 수업은 절대 빠질 수 없기 때문에 학교를 오전수업만 듣고 조퇴하고 오겠다는 것이었다. 다른 날은 도저히 학원 수업 때문에 일정을 맞출 수가 없다며 그 날이 안 되면 상담을 받지 않겠다고 하셔서 할 수 없이 그 날 상담을 진행하였다.

학생이 검사를 하는 동안 어머님과 초기 면담을 진행하는데 아들의 학습에 관한 불만이 이만 저만이 아니셨다. 학교 끝나고 집에 오면 얼른 씻고서 부족한 공부를 해야 하는데 그렇지 않다는 것이다. 화장실을 갈 때도 영어단어장이나 수학문제집을 가지고 들어가서 공부를 해야 하는데 빈 손으로 들어가서 20분이 넘도록 앉아 있다가 그냥 나온다며 그 모습을 보면 한심해 죽겠다는 것이다. 어떻게 지금 성적에 저렇게 마음 편하게 놀 수 있냐며 성적을 올리려면 밥 먹으면서도 눈으로는 책을 보던지 귀로 영어를 듣던지 노력을 해야 하는데 그런 모습이 전혀 없다는 것이다. 성적이 그 지경인데 밤에 쿨쿨 자는 것을 보면 어떻게 저렇게 태평하게 잠을 잘 수 있나라는 생각에 부아가 치밀어 오른다고 하셨다. 학생의 학교 성적, 등수를 물어보니 그것은 잘 모르고 계셨다. 일단 1등이 아니면 나머지는 다 똑같다는 것이다. 1등이 아닌 등수를 기억해서 뭐하냐며 상대방의 이야기는 전혀 듣지 않으시고 자신의 이야기만 열변을 토하시는데 도저히 대화를 나눌 수가 없는 상황이었다.

아버님이 사전에 아내가 이야기를 할 때 이야기를 끊지 말고 무조건 다 들어줘야지 중간에 아내가 잘못했다는 식으로 말을 하면 자리를 박차고 일어나 그냥 가버린다며 일단 학생과 상담을 하려면 아내의 이야기를 끝까지 들어야 한다고 부탁을 하셨던 말씀이 이해가 되었다. 자신은 잘 못한 것이 하나도 없으며 무조건 아들의 생각과 태도가 문제라는 것으로 스스로 결론을 내리는 순간 학생이 모든 검사를 마치고 나와서 부모님과 분리된 공간에서 학생과 이야기를 나누었다.

이 학생은 엄마에 대해서 불쌍하다고 이야기를 했었다. 의외의 반응에 왜 그렇게 생각하느냐고 했더니 엄마가 아빠한테 무식하다고 무시를 당한다고 생각하고 자신을 잘 키워서 아빠한테 당당해 지고 싶어한다는 것이다. 늘 하시는 말씀이 너도 아빠처럼 엄마 무식하다고 무시하냐는 것이라며 어려서는 무슨 말인지 몰랐는데 언제부터인지 정말 아빠가 엄마가 무식하다고 상처주는 것을 여러 번 목격했다는 것이다. 그래서 엄마가 자신을 괴롭히는 것이 힘들지만 한편으로는 불쌍하고 이해도 된다는 것이다. 남편에게 인정받지 못하는 그 마음을 아들을 통해 보상받고 싶어하는 것이었다.

아이가 엄마로 인해서 마음의 상처가 깊을 텐데 그런 엄마를 포용하고 이해하는 모습에 참 마음이 짠해졌었다. 그러면 화가 날 때는 어떻게 하는지 질문을 하였고 아이는 엄마가 억지를 부리며 욕을 하고 손찌검까지 할 때는 정말 화가 많이 난다며 그럴 때는 공부방에 들어가 방문을 잠그고 오디오를 스피커로 크게 틀어 놓은 다음 귀마개를 끼고 커다란 헤드폰을 한 번 더 써서 엄마가 하시는 욕이 들리지 않게 한 다음에 수학문제를 푼다는 것이다. 그렇게 앉아서 수학문제에 집중을 하다보면 엄마의 욕이 들리지 않고 엄마도 소리를 지르다가 잠잠해진다는 것이다. 그래서인지 수학은 다른 과목보다 점수가 좋다며 멋쩍게 웃는 데 정말 기특하고 대견한 모습에 감탄을 했다.

자신이 바라는 것은 정말 엄마가 자기를 조금만 더 믿고 기다려 주었으면 하는 것이라며 아빠가 무엇을 걱정하는지 아는데 자신은 엄마 때문에 자기 인생을 잘 못살고 싶은 마음은 전혀 없다고, 엄마가 자신을 누구보다 사랑하고 의지하는 것을 알고 있기 때문에 절대 사고치지 않을 것이라고 이야기를 하는데 정말 든든했다.

이 학생에게는 지금 현재 상황을 잘 견디고 있음을 칭찬해 주고 자신의 감정을 어떻게 조절하는지를 알고 있는 그런 모습들이 앞으로 사회생활을 하는데 큰 힘이 될 것이라는 부분을 격려해 주었다. 오히려 학생보다 부모님이 더 문제인 상황인데 아이는 그런 상황을 부정적으로 생각하지 않고 부모님을 걱정하는 의젓한 학생이었던 것이다.

감정 때문에 힘들어 학습에 집중을 못할 거라는 우려와는 달리 너무도 많은 시간을 학원에 다니느라 정작 자신의 공부를 하지 못하는 상황이 효율적인 학습을 방해하는 원인이었다. 학생에게 스스로 공부를 할 수 있는 시간이 확보되기 전에는 별다른 도움을 줄 수가 없는 상황이었기 때문에 간단한 예, 복습에 관한 부분을 설명을 해주고 마무리를 할 수밖에 없었고 대신 아버님과의 별도 상담을 통해 부부간의 갈등으로 유발된 상황일 수 있음을 전달하고 어머님의 마음이 움직이지 않는다면 학생은 같은 상황에서 벗어나기 어렵게 되고 학습적인 부분도 더 이상 좋아지기 어렵다는 부분도 설명 드렸다. 학생은 지속적인 상담을 받기를 원했고 어머님은 차후에 시간 내어 한 번 더 방문하여 아이와의 상담을 약속하셨으나 이후 방문은 이루어지지 않았다.

이번 상담을 통해서 아버님이 자신이 원인이라는 사실에 많이 당황하셨고 누구보다 가슴 아파하셨는데 이 후 아버님이 어머님에게 사과를 하고 많이 노력하셔서 어머님과의 관계도 좋아지고 있고 어머님이 아들에게도 잘 하려고 많이 노력하고 있어서 훨씬 가정이 편안해 지셨다고 말

씁하시며 조만간 부부상담도 같이 받기로 했다는 말씀도 하셨다. 이번 상담을 통해서 아이가 부모에 대해 어떤 생각을 가지고 있는지도 알게 되었고 아이도 적은 시간 활용해서 꾸준히 복습을 하면서 공부에 대한 자신감도 생겼다며 기뻐하였다.

이 학생의 경우를 보면서 부모가 행복해야 아이도 행복하다는 말이 정말 가슴에 와 닿았다.

Ⅲ. 가족 간의 소통 부재로 발생한 감정의 대립

이번 상담은 딸과의 대화가 단절 된지 오래되어 방법을 찾고 있던 어머님과 고등학교 1학년 여학생의 이야기이다.

이 학생과의 첫 만남이 기억에 많이 남는다.

상담 약속을 잡고 상담 당일에 약속시간보다 30분 먼저 도착하려고 외부의 미팅을 끝내고 사무실로 들어가던 중에 사무실에서 전화가 한 통 왔다. 오늘 상담하기로 한 학생과 어머님이 도착해서 기다리고 있다는 것이다. 약속시간은 1시간이나 남았는데 빨리 도착하셨다고 생각을 했는데 알고 보니 어머님이 시간을 착각하셔서 빨리 도착을 한 것이었다. 그래서 사무실 도착할 때까지 기다리는 동안 간단한 설문검사를 진행하도록 지시를 하였으나 상담선생님이 난감해 하면서 학생의 상황이 검사를 진행하기 힘들 것 같다며 곤란해 하는 것이다. 급히 사무실로 도착해서 문을 여는 순간의 모습이 지금도 잊혀지지 않는다. 그 여학생은 야구모자를 꾹 눌러쓰고 팔짱을 낀 채 앉아있고 옆에서 어머님은 쇼파 끝에 엉덩이만 살짝 걸친 채로 안절부절 문 입구만 쳐다보고 계셨다. 인사를 하고 들어가는 데 당황해 하시며 아이를 쳐다보시는데 보고 있는 사람이 민망할 정도로 어쩔 줄 몰라 하시는 거였다. 아이는 슬쩍 얼굴만 보고 다시 고개를 푹 숙이고 앉아 꼼짝도 안하고 있어서 간단히 인사만 하고 상담실로 어머님하고 같이 들어가 상황이야기를 들으니 오지 않겠다고 하는 아이를 간신히 사정사정해서 데리고 오셨는데 시간을 잘 못 알아서 기다리게 되니 아이가 더 화가 나서 집에 가겠다고 하는 걸 간신히 붙잡아 놓고 있었다고 하는 것이다. 더군다나 오늘 무슨 상담을 왜 해야 하는지는 이야기도 못했다고 아이가 엄마가 하자고 하는 것은 무조건 싫다고 해서 그냥 오늘 한번만 일단 가서 얘기 들어보고 싫으면 그 때 나와도 된다고 그 말만 하고 데리고 오셨다고 하시는데 많이 당황스러웠다.

일단 어머님은 나가서 기다리시라 하고 학생만 상담실로 불러 가만히 보니 학생의 얼굴표정이 생각보다 나쁘지 않았다. 우선 간단한 기본 정보를 물으며 오늘 컨설팅은 학습능력을 알아보는 검사로 평소 건강검진을 통해 몸의 건강상태를 점검하여 아픈 곳을 치료하고 예방하듯이 평소 학습을 잘 하기 위해서 필요한 학습능력의 상태를 점검하여 보완할 수 있도록 도움을 주기 위해서 하는 것이라는 부분을 이야기하고 어차피 힘들게 왔으니 검사라도 한 번 받아보고 가는 것이 어떻겠느냐고 권유하자 잠시 망설이더니 검사에 동의를 했다.

아이가 검사를 진행하는 동안 어머님은 계속 눈물을 흘리시면서 아이가 자신은 물론 가족들과는 눈도 안 마주치고 식사도 같이 한지가 언제인지도 모를만큼 집에서는 철저히 혼자 생활한다고 안타까워하셨는데 아이가 이렇게 된 것이 전부 본인의 잘못이라며 이야기를 꺼내셨다.

어머님과 아버님 두 분 다 부모님 없이 자라면서 경제적으로 굉장히 힘들게 고생을 하면서 살다가 서로 만나면서 의지하게 되고 그렇게 결혼까지 하게 되었는데 돈이 없어서 무척 힘든 생활을 하셨다고 했다. 열심히 돈을 모아 작은 구멍가게를 하게 되셨고 가게안에 딸린 작은 방에서 살림을 하면서 딸과 아들을 낳고 딸이 초등학교 4학년이 될 때까지 그 작은 방에서 4식구가 살았다고 했다. 어느 정도 돈을 모아서 지금은 잠실에 작은 아파트도 샀고 치킨 가게를 하면서 살고 있는데 딸이 중학교 2학년이 되면서 사춘기가 올 무렵부터 지금까지 계속 아이가 대화를 거부하고 집에서는 어찌나 까다롭게 구는지 모든 식구들이 딸의 눈치를 보며 살고 있다고 했다. 어쩌다 대화를 좀 해 보려고 하면 지금까지 자기에게 관심도 없었으면서 왜 이제 와서 간섭을 하려고 하냐며 화를 내서 말을 할 수가 없다는 것이다.

어머님은 지금까지 살면서 가족들과 여행 한 번 가본 적이 없다고 하셨다. 아이가 어려서는 장사 하는 데만 집중하느라 아이들과 놀이동산 한 번 가본 적이 없고 일가친척이 아무도 없으니 아이들이 방학이 되어도 늘 아이들은 그 좁은 가게에서 휴가 한 번 가지 못한 채 지냈다며 그 때는 왜 그런 생각을 하지 못했는지 너무 속상하다는 이야기를 남편과 둘이 하면서 밤새 우셨다는 말씀도 하셨다. 이제는 경제적인 여유도 있고 같이 여행도 가고 싶은데 아이가 마음의 문을 닫고 있어서 해주고 싶으나 해 줄 수 없으니 그게 가장 속상하다며 내 탓이다라는 말을 반복해 하셨다.

그나마 다행인 것은 아이가 밖에서는 늘 밝고 명랑하고 학교생활도 잘 한다는 것이다. 아이가 공부에 스트레스 받을까봐 학원도 가라고 한 적이 없고 무엇보다 건강이 중요한 것 같아 어려서부터 태권도나 검도 같은 운동관련 학원만 다녔다고 한다. 그래도 지금 학교에서 내신이 3등급에서 4, 5등급이 나온다고 하는데 그것도 학교 담임선생님과 상담을 하면서 알게 되었다고 한다. 학교 선생님은 딸에 대해서 성실하고 밝은 아이라며 성적만 좀 더 관심을 가지고 올릴 수 있도록 해 달라고 하셨는데 정작 도와주고 싶어도 방법을 모를뿐더러 일단 가족들하고는 말을 하지 않으니 어떻게 해 볼 수가 없다는 것이다.

엄마와의 기본 상담이 끝나고 아이와의 상담이 시작되었다.

엄마와 눈만 마주쳐도 얼굴이 싸늘하게 변했던 아이가 상담이 시작되자 언제 그랬냐는 듯이 대화를 잘 이어 나갔다. 아이는 생각보다 훨씬 밝았고 자신의 진로에 대해서 질문을 하는 등 적극적이었다. 학습능력 진단검사 결과에서 아이가 느끼는 가족에 관한 항목의 점수가 그다지 낮지 않은 점, 아이의 안정성이나 스트레스 정도가 다른 학생들과 비교했을 때 나쁘지 않은 점을 보고 아이에게 엄마와 가족에 대한 이야기를 꺼내었다. 학생은 갑자기 말이 없어졌고 자기도 엄마와 잘 지내보고 싶은데 잘 안 된다는 이야기를 어렵게 꺼내었다. 그래서 엄마가 누구보다 딸과의 허물없는 대화를 하고 싶어 할뿐만 아니라 이 모든 상황이 본인의 잘못이라며 펑펑 우셨다고 이야기하고 예전에 놀이동산 한 번 같이 못 간 것이 후회가 되셔서 아빠랑 둘이 밤새 우셨다는 이야기도 전해 주었다. 엄마가 예전에 가게하면서 어렵게 살던 이야기도 하시고 그 때 딸에게 해주어야 할 것들을 전혀 해주지 못해서 그게 너무 미안하단 말씀도 하셨다고 하니 아이가 갑자기 봇물 터지듯이 눈물을 쏟아내었다. 자기도 잘 안다고, 머리로는 부모님이 잘 살아보려고 노력하시는 것도 알고 다 자식들을 위해서 힘들게 생활할 수밖에 없었다는 것은 아는데 마음으로는 너무 속상하고 답답했다는 것이다. 남동생은 애교가 많고 철이 없어서인지 엄마 아빠한테 장난감도 사달라고 조르기도 하고 놀러가자며 앙탈도 부렸지만 자신은 그럴 수가 없었다는 것이다. 바쁜 부모님을 대신

해서 동생 밥도 챙겨 먹이고 청소도 하는 등 부모님을 돕기 위해서 많은 노력을 했는데 그걸 부모님은 당연하게 생각하시는 것 같아서 서운했고 다른 친구들이 가족과 함께 한 여행이나 외식 이야기를 할 때면 괜히 속상해서 부모님께 말은 못하고 혼자 삭히며 살았다는 이야기를 울면서 하나씩 꺼내어 이야기를 하는 것이다. 부모님께 싹싹하게 구는 남동생이 부럽고 그렇게 표현을 잘 못하는 자신에게도 화가나서 집에 가면 더욱 짜증을 부리게 되는 것이지 부모님이 싫다거나 동생이 진짜 미운 것은 아니라는 것이다. 그냥 집에 가면 화가 나고 공부도 안 돼서 짜증만 내고 그랬는데 부모님께서 그런 생각을 하고 계신지는 몰랐다며 언제부터인지 그게 습관이 돼서 그런 것이지 지금은 자기가 무엇 때문에 그렇게 짜증을 냈는지 기억도 안 난다는 것이다. 그리고 본인 때문에 가족들이 자신에게 그렇게 예민하게 신경을 쓰고 있는지도 몰랐다며 미안해했다.

그래서 아이에게 그동안 공부를 어떻게 했는지 물으니 그냥 수업 시간에 잘 듣고 시험기간에 잠깐 벼락치기로 공부한 것 밖에 없다고 하여 그동안 별다른 공부를 하지 않고 이 성적이 나왔다면 앞으로 더 체계적으로 해서 성적을 올려 볼 생각이 있느냐고 물으니 한 번 해 보고 싶다고 적극적으로 대답을 하는 것이었다.

아이와 상담을 끝내고나서 나가서 엄마를 상담실로 들어오시라고 말씀드리라고 하고 어머님을 기다리는데 어머님이 상담실로 들어오시면서 또다시 감정이 울컥해하면서 아이가 지금 자신을 보면서 웃었다는 것이다. 웃는 얼굴로 '엄마, 선생님이 들어오래'라며 이야기를 하는데 아이가 자신을 보며 저렇게 웃으며 이야기를 하는 것이 얼마만인지 모르겠다며 감격해서 눈물을 흘리시는 것이었다. 아이와 상담했던 내용을 간단히 말씀드리고 아이가 지속적인 코칭을 원한다고 말씀드렸고 이에 흔쾌히 허락을 하셨다.

상담을 올 때와는 달리 웃는 얼굴로 엄마와 상담실을 나서는 아이에게 오늘은 저녁에 아빠한테 맛있는 거 사달라고 해서 외식 근사한데 가서 하라고 지나가는 말로 이야기를 했는데 그 날 저녁 어머님께 문자가 왔다. 정말 그 날 저녁에 온 가족이 모여서 외식을 즐겁게 했다며 정말 감사하다고 이제는 아이와 많은 이야기 나누며 잘 지내보겠다는 의지도 보이셨다. 한 주 후에는 아버님과 남동생도 같이 상담을 했고 그 이후에 아이들의 방도 새롭게 책상도 바꿔주고 공부방으로 꾸며 주었고 남동생과 함께 같이 코칭을 받으러 다니며 성적도 올리고 가족이 행복한 생활을 하게 되었다.

서로에게 하고 싶은 말을 하지 못하고 가슴에 묻어두면서 그것이 쌓여서 잘못된 방법으로 감정대립이 생긴 이번 사례는 서로의 마음을 알고 이해하면서 수년 동안 지속되었던 감정의 골이 너무도 쉽게 허물어지게 되었다. 아이가 조금이라도 자신의 힘들었던 마음을 부모에게 털어놓고 이야기를 했다면 그리고 부모가 좀 더 아이에게 관심을 가지고 아이의 마음을 살펴보았다면 이렇게까지 힘든 시간을 보내지 않았을 것이라는 생각에 안타까웠지만 부모를 생각하는 아이의 착한 마음과 아이를 사랑하지만 방법을 몰랐던 부모는 이번 일을 계기로 온 가족의 의미를 다시 깨닫는 중요한 시간이 되었을 것이다.

Ⅳ. 아버지의 반대로 꿈을 포기한 후 방황했던 사례

이번 사례는 중학교 2학년 남학생과 아버님과의 상담으로 여름방학을 막 시작한 시점에 아버지가 아들을 억지로 데리고 상담실을 방문하여 진행을 했던 상담이다.

아이에게는 검사가 어떤 검사인지 어떤 도움을 줄 수 있는지를 설명하고 검사를 진행시키고 아버지와 초기 상담을 진행하였는데 아버님의 고민은 아들이 2학년이 되면서 공부에 손을 놓고 전혀 하지 않는다는 것이었다. 1학기에는 그나마 학원이라도 억지로 갔었는데 여름방학이 되면서는 학원도 가지 않겠다고 하고 다른 운동이나 악기든 뭐라도 하고 싶은 것을 하라고 해도 하고 싶은 것이 아무것도 없다며 손을 놓고 있는 아들이 너무 걱정된다고 하셨다.

무엇 때문에 어떤 계기로 아이가 갑자기 변한 것인지 여쭈어 보니 아마도 요리사가 된다고 하는 것을 반대했던 것이 1학년 가을쯤이었는데 남자가 무슨 요리사를 하느냐면서 집에서 혼자 이것저것 만들어 먹는 것이 재미있다고 요리사가 되는 것 같으면 누구나 되는 거지 그게 무슨 꿈이라고 말도 안 된다고 했다는 것이다. 아이가 조리고등학교를 간다고 해서 알아봤더니 그것이 알고 보니 우리가 예전에 다녔던 실업계 고등학교더라며 뭐가 아쉬워서 실업계 학교를 가냐고 쓸데없는 소리 하지 말고 공부나 열심히 하라고 한 것 밖에 없다고, 그게 다 아들을 위해서 하는 말인데 그게 공부를 안 하는 이유가 되는 것인지 모르겠다고 하소연하셨다.

요리사라는 직업이 얼마나 힘든지 잘 알지도 못하면서 공부하기 싫으니까 핑계를 대는 것이지 지가 무슨 요리사가 되느냐며 흥분을 감추지 못하셨다. 아버님께는 진짜 아들이 요리사가 되고 싶은 것인지 왜 되고 싶은 것인지에 대한 이야기를 해 보셨냐고 하니 아이에게 괜한 기대감을 주는 짓 인거 같아서 그 뒤로는 한 번도 그 일에 대해서는 대화를 나눠본

적이 없다가 최근에 혹시나 싶어서 요리사가 되고 싶어서 그런 거냐며 넌지시 물어봤는데 그것도 아니라고 대답을 했다는 것이다.

아이가 검사를 끝내고 감정영역에 관해서 살펴보니 가족관계가 낮고 스트레스와 안정성부분이 낮게 나왔다. 아이와 아버님을 따로따로 상담을 진행하려 하자 아이가 아빠도 같이 참여해서 받고 싶다고 이야기를 하는 것이었다. 의외의 반응이었지만 아이가 원하는 바가 분명히 있고 그것이 자신이 하고 싶은 꿈을 선생님의 도움으로 아빠를 설득해 보고 싶어한다는 것을 알 수 있었다. 문장완성검사를 살펴보던 중 아이가 작성한 문구 중에서 나의 꿈은 퓨전요리사이다. 라는 것을 보고 확신을 가지고 상담을 이어나가게 되었다.

제일 먼저 아이의 꿈이 뭐냐고 질문을 하니 아빠의 눈치를 살짝 보더니 요리사라고 대답을 하는 것이었다. 아버님은 약간 당황해하시면서 듣고 계시는 상황에서 아이가 이야기하기를 아빠가 반대를 하셔서 포기했었는데 오늘 검사를 하면서 꿈이 무엇이냐, 미래에 어떤 모습일 것 같으냐는 질문이 자꾸 나오자 가슴 속에서 정말 요리사가 되고 싶다는 마음이 강하게 올라왔다는 것이다. 그래서 어떤 분야의 요리사가 되고 싶냐고 질문을 하자 마치 미리 준비를 하고 온 사람처럼 전 세계의 유명한 요리를 한식과 잘 어우러지게 만드는 퓨전요리사가 되어 자신만의 브랜드를 가진 식당을 내는 것이라고 대답을 하고 그렇게 되기 위해서는 일단 조리고등학교에 가서 공부를 하고 경희대 호텔 조리학과로 진학을 한 이후 영국에 있는 OO대학(학생이 이야기를 해 주었으나 자세한 학교 이름이 기억이 나지 않음)으로 유학을 가고 싶다고 했다. 그다음 우리나라 호텔로 취업을 한 이후 경력을 충분히 쌓은 다음에 자신의 식당을 오픈할 거라고 신이 나서 이야기를 하는 데 눈이 반짝반짝 빛나는 것이다. 어떻게 그것을 알았냐고 하니 인터넷 정보 사이트에 질문도 하고 책도 보면서 조사를 했다며 자기는 진짜 요리하는 것이 재미있고 정말로 하고 싶다는 의사를 강하게 어필하는 것이었다.

아버님께 아이가 신나서 이야기를 하는 모습을 보니 어떠시냐고 의견을 물으니 저 정도로 깊게 생각하고 있는지는 몰랐다고, 그냥 공부가 하기 싫어서 그런 줄만 알았고 정말 하고 싶어서라는 생각은 전혀 하지 않았다며 조금 당황해 하셨다.

아이는 그동안 아빠에게 하고 싶었던 이야기를 하나씩 꺼내 놓고 자신을 믿지 못하는 아빠에게 굉장히 서운했고 자신이 얼마나 하고 싶은지는 생각도 하지 않고 요리사가 되려면 얼마나 공부를 열심히 해야 하는데 그것도 모르고 자신을 공부가 하기 싫어서 그런다는 식으로 몰아가는 모습을 보며 그 다음부터는 말도 하기 싫어졌다며 울먹였다.

그래서 실제 조리고등학교는 물론이고 경희대 호텔조리학과를 가려면 성적이 정말 좋아야 갈 수 있는데 아버님이 허락만 하신다면 열심히 공부할 자신이 있는 것이냐며 학생에게 질문을 하자 아이는 당연히 허락만 해주면 당장이라도 학원도 다니고 선생님이 공부를 체계적으로 할 수 있는 방법 알려주시면 그 방법대로 열심히 하겠다며 의욕에 찬 목소리로 대답을 하였다. 현재 성적이 중간에서 조금 높은데 1학년 때는 전교 10%정도 했었다며 열심히 하면 금방 올릴 수 있다고 자신있게 큰 목소리로 이야기를 하는 것이었다.

아버님이 그래도 여기서는 잘 하겠다고 하고 집에 가서 공부를 안 하면 어떻게 하냐고 하시길래 아이에게 정말 열심히 할 자신이 있으면 너도 아빠에게 무언가 확실하게 신뢰를 할 만한 약속을 하는 것이 어떠냐고 하자 아이가 약속하기를 만약 자신이 공부를 게을리하고 학원에 빠지거나 하면 아빠가 제일 싫어하는 핸드폰을 해지하겠다고 하면서 만약 자신이 방학 동안에 학원도 열심히 다니고 공부도 열심히 하면 개학하기 전에 요리도감 책을 사달라고 하는 것이었다. 이에 아버님도 동의를 하고 각서까지 서로 작성하고 상담을 마무리하였는데 이 후에 아이가 방학을 알차게 보내서 아버님이 요리도감을 3권이나 사주셨다고 아이에게 연락이 왔었다.

이번 사례처럼 아이들이 자신의 꿈을 인정해 주지 않는 부모님 때문에 학습의욕을 상실하여 공부에 관심이 멀어지는 경우가 굉장히 많이 있다. 물론 아이들이 올바른 선택을 하지 못하는 경우도 많이 있을 수 있지만 아이들의 의견을 무조건 무시하고 어른들의 바람대로 아이들을 만들어 가고자 하는 시도가 자칫 아이들을 더욱 무력하게 만드는 하나의 원인이 될 수 있다는 것을 잊지 말아야겠다.

30

학습방법에 관한 컨설팅 사례

Ⅰ. 학습의 원리를 알고 공부를 하자!

　학생들과 상담을 하다보면 상당수의 아이들이 자신의 학습방법이나 성적에 대해 불만스럽게 생각하고 있는 것을 알 수 있다. 여기에는 여러 가지의 원인이 있을 수 있을 것이다. 어려서부터 부모님에게 들어왔던 지적이나 핀잔으로 인해서 각인이 되었을 수도 있고 본인 스스로 생각을 해도 무언가 부족하다는 것은 알겠으나 그것을 어떻게 바꿔야 하는지 방법을 몰라서 일수도 있을 것이다. 원인이 어떠한 것인지를 떠나서 본인의 성적에 불안해하고 만족하지 못하다보니 어느 순간부터는 자신에게 공부가 맞지 않고 머리가 나빠서 불가능하다는 쪽으로 결론을 내리게 된다.

　물론 모든 학생들이 다 공부에 재능이 있는 것은 아니다. 하지만 제대로 된 학습방법으로 보다 효과적으로 공부를 할 방법이 있음에도 불구하고 그 방법을 몰라서 공부에 투자하는 것만큼의 결과가 나오지 않다보니 스스로 포기하는 경우가 훨씬 많다는 것을 알고 있기 때문에 우리의 아이들에게 그 방법을 알려주어 보다 재미있게 공부를 할 수 있도록 도와주고 싶은 마음이 간절한 것이다.

게임이 재미있는 이유는 바로 게임의 원리, 즉 게임에서 이기는 방법을 알고 있기 때문이다. 어떻게 해야 점수를 많이 획득하는지 알고 있기 때문에 그 방법을 익혀 상대방을 이길 수 있기 때문에 게임이 재미있는 것이다.

공부도 마찬가지다. 아이들에게 무조건 책상에 오래 앉아서 열심히만 하는 공부가 아닌 학습의 원리를 알고 공부를 하게 한다면 바로 이것이 효과적인 공부법인 것이다.

이번 시간에 다루고자 하는 내용은 상담을 진행하면서 정서적인 부분이나 신체관리 등에서 안정적인 모습을 보이고는 있으나 효율적인 학습방법을 알지 못해서 학습하는데 어려움을 겪고 있는 학생들에게 진행했던 상담을 정리한 것이다. 아무리 좋은 방법이라도 평소 자기관리가 제대로 되어있지 않은 상태에서는 효과를 보기가 어렵기 때문에 우선 수면이나 운동, 식사 등에 문제가 없고 정서적인 부분에도 크게 어려움이 없는지를 간단하게 체크를 하고서 적용을 해야 아이들이 실천할 수 있는 힘이 생긴다는 것을 미리 염두해 두어야 한다.

만약 신체관리나 정서관리가 필요한 학생이더라도 본인의 학습의지가 강해서 학습방법에 대한 상담을 받고자 하는 경우라면 뇌의 3중 구조 이론과 신체, 감정관리가 학습에 미치는 영향에 대한 이야기도 반드시 알려주어야 함을 잊지 말자.

Ⅱ. 사례 정리

자신은 나름대로 열심히 하는데 성적이 오르지 않는다고 생각하는 경우라면 아이들의 마음은 많이 지쳐있을 것이다. 자신감도 많이 떨어져 있어서 학습에 대한 불안도 있을 수 있다. 평소 공부를 전혀 하지 않았다면 무의식적으로 자신이 공부를 안 해서 그렇지 하면 잘 할 수 있을 거라는 희망이라도 있는데 자신은 한다고 하는데 성적이 오르지 않으면 심리적으로 많이 위축되어 있을 수 있다.

이러한 경우에는 우선 머리가 나빠서이거나 공부 쪽의 재능이 없어서라기보다는 효율적인 공부 방법을 몰라서일 경우가 많으니 제대로 된 학습방법을 적용하면 어렵지 않다는 부분을 먼저 이야기 해주어야 한다. 대부분 부모들은 아이들에게 공부를 해라, 열심히 하면 된다라고만 이야기를 해 줄 뿐 어떻게 해야 보다 체계적으로 공부를 할 수 있는지에 대해서는 설명을 해 주지 않았기 때문이라는 것과 그렇기 때문에 학생의 잘못이 아니라는 것을 이야기함으로 해서 아이들이 가지고 있는 마음의 짐을 덜어줄 필요가 있다.

상담을 진행하다보면 '너의 잘못이 아니야'라는 말을 듣고 학생이 울음을 터트리는 경우도 종종 있다. 혼자서 얼마나 마음 졸이고 있었는지가 느껴져 마음이 짠해지는 건 말할 것도 없다.

이렇게 초반에 학생과 라포 형성을 하고 난 다음 본격적인 학습상황을 알아보아야 한다. 평소 예습이나 복습을 하고 있는지를 제일 먼저 확인하고 만약 예습이나 복습을 꾸준히 하고 있는데도 성적이 오르지 않는다면 어떤 방법으로 하고 있는지 구체적인 방법을 살펴보고 잘못된 부분을 수정해 가는 것이다.

1. 부모의 욕심에 의해 사교육에 빠진 아이

자신은 나름대로 최선을 다해서 한다고 하는데 성적이 오르지 않는다고 하는 학생들의 대다수는 학원이나 과외시간에 많은 시간을 할애하는 경우이다. 학원을 거의 매일 다니다보면 학원에서 내주는 숙제를 하느라 밤늦게까지 시간을 쪼개서 쓰고 있기 때문에 정작 학생입장에서는 매일 놀지도 못하고 열심히 하는데 그 노력에 비해서 성적이 오르지 않는다는 생각으로 자신감은 물론이고 공부에 대한 흥미도 잃게 되는 것이다.

지금도 잊혀지지 않는 학생 중 한명은 초등학교 5학년 남학생의 사례이다. 이 학생의 경우는 아버님은 치과의사이고 어머님이 미대 교수이셨는데 하나밖에 없는 아들을 위해 교수직을 그만 두신 상황이었다. 자녀교육을 위해 일까지 그만두고 학생의 모든 관리를 손수 다 하시면서 본인이 아이를 위해서 하고 있는 일정들을 꼼꼼히 엑셀로 정리해 가지고 오셔서는 자신이 제대로 하고 있는 게 맞는지 궁금하다며 상담을 받기 위해 오신 것이다.

2페이지 분량으로 아침 5시 30분부터 새벽 1시까지의 일정표를 월요일부터 일요일까지 순서대로 정리 한 것을 보니 숨이 턱 막혀 왔다. 새벽에 일어나 영어 듣기를 시작으로 독서하기, 아침 운동에서부터 학교 수업이 끝난 이후 요일별로 다니는 학원이나 일정이 영어 학원 2개(어학원, 학교 내신), 수학학원 3개(학교 내신, 창의력 수학, 도형 수학), 각종 학습지에서 악기(피아노, 플룻, 바이올린), 농구, 바둑에 이르기까지 매일 밤 9시까지의 일정이 빽빽하게 정해져 있었다. 아이가 다니는 학원과 학습지 종류가 무려 16가지였다.

그 일정표를 보여주면서 학원이나 학습지를 해야만 하는 각각의 이유를 조목조목 설명 하시면서 뿌듯해 하는 어머님의 얼굴이 지금도 선명히 기억이 난다. 자신이 제대로 하고 있는지 점검을 받기 위해서가 아니라 '나 이정도로 아이를 꼼꼼하게 관리합니다'라며 확인받고 자랑하고 싶어 한다는 것을 알 수 있었다.

그러면서 아들이 자신을 너무도 사랑하고 남들이 부러워할 정도로 사이가 좋다며 자랑을 하시는 것이다. 토요일 일정 중에서 그림 활동이 있었는데 이것은 아들이 친구들과 함께 할 시간을 마련해 주기 위해서 과감히 다른 일정을 빼고 그 시간에 아들 친구들을 데려다가 자신이 직접 미술 수업을 한다는 것이다. 각종 그리기뿐만 아니라 만들기까지 친구들과 같이 하면 아들이 그렇게 행복해 할 수가 없다며 아들을 위해서 자신이 수업료를 받지 않고 무료로 친구들까지 데려다가 수업을 한다는 것을 강조하면서 수업료를 받고 입시생들을 가르치면 큰돈을 벌 수 있지만 자신은 절대 그렇게 하지 않는다는 사실과 더불어 자신이 아이를 위해서 감수해야 할 것들이 얼마나 많은지를 계속 말씀하셨다.

일단은 아이를 만나보고 상담을 하는 것이 우선이라 아이와 함께 다시 방문을 요청 드렸고 며칠 지나지 않아 아들과 함께 같이 만남을 가졌다.

초등학교 5학년이라고 하기에는 다소 왜소해 보이는 체격의 아이 손에 들려져 있는 것은 게임기였다. 이동 중에만 잠깐씩 허락하고 있다는 게임기에서 아이는 눈을 떼지 못하고 있었고, 엄마의 손에는 두 권의 책이 들려있었다. 한 권은 엄마가 상담을 하는 동안 아들이 읽을 책이고 한 권은 아이가 상담을 하는 동안 자신이 읽을 책이라며 먼저 책을 가져온 이유를 설명해 주셨다. 그런 엄마를 바라보는 아이의 눈빛이 슬퍼보였는데 엄마는 그런 아들을 보면서 '이것보세요 선생님, 아이가 저를 이렇게 애틋하게 쳐다본다니까요!'라며 이뻐 죽겠다는 듯이 아이를 바라보시는 것을 보고 깜짝 놀랐다.

우선 아이에게 학습상황을 알아보는 간단한 검사를 실시하는 동안 엄마와 상담실에서 이야기를 나누고 있는데 아이는 5분마다 한 번씩 엄마가 있는 방으로 와서 몇 문제 풀었고 몇 개 남았다, 시간이 얼마정도 더 걸릴 것 같다 등등 일일이 보고를 하였고 그런 아이를 엄마는 사랑스럽게 바라보면서 '우리 아이는 제가 잠시도 눈에 안보이면 저렇게 찾아다니니 제가 꼼짝도 못해요'라며 보란 듯이 자신과 아들이 사이가 좋다는 것을 과시하고 싶어 하셨다.

어머님의 이야기 중에서 더욱 놀라운 것은 아이가 다 원해서 이것저것 많이 한다는 것이었다. 예전에 아이가 학원 다니는 것을 힘들어해서 다니던 학원과 학습지 모두를 다 끊은 적이 있었고 그 때는 자신도 전혀 아이에게 이거해라 저거해라 참견도 하지 않았다고 했다. 그리고 나서 얼마 지나지 않아 본 시험에서 아이의 성적이 60~70점대로 뚝 떨어졌고 그 성적을 받고 나서는 아이가 다시 스스로 학원을 다니겠다고 했다는 것이다. 이런 일이 두 번 정도 있었는데 그 때마다 엄마는 한꺼번에 모두 손을 놓고 아이는 다시 학원을 다니며 엄마가 하라는 것은 무조건 하게 된 것이다. 엄마는 아이의 의견을 물어본다고 하는데 아이입장에서는 엄마가 이 학원은 왜 다녀야 하며 다니면 어떻게 좋아진다고 설명을 다 하고나서 할래, 안 할래의 결정을 아이보고 하라고 하는 상황이니 아이입장에서는 하기 싫다는 말을 할 수가 없는 것인데 엄마는 그것조차도 아이가 좋아서 하겠다고 한 것이라 착각하는 것이다.

아이의 검사 결과를 보니 아니나 다를까 아이의 집중력도 낮게 나오고 스트레스도 상당히 높게 나왔다. 이해력은 보통으로 나왔는데 예습과 복습도 상당히 낮게 나온 상황이었다. 엄마는 아이의 결과를 보고 상당히 놀라셨다.

어머님은 아이가 책을 굉장히 많이 읽었고 지금도 항상 손에서 책을 떼어놓지 않는데 이해력이 다른 아이들과 비슷하다는 것은 말이 안 된다는 것이다. 서점을 가는 것을 굉장히 좋아하고 한번 서점에 가면 집에 오기 싫어할 정도로 책을 좋아하는데 그만큼 책을 읽었으면 이해력이 높아야 하는 것 아니냐며 흥분을 하시는데 아이는 옆에서 엄마의 눈치를 살피느라 정신이 없었다. 그래서 아이에게 혹시 지금 읽고 있었던 책은 처음 보는 것이냐고 물으니 세 번째 본다고 대답을 하였다. 책의 내용을 물으니 머뭇거리며 대답을 잘 못하는 것이다. 엄마는 당황하시며 아이가 다른 사람 있으면 말을 잘 안한다며 어쩔 줄 몰라하셨다. 아이는 책을 본다고는 하지만 전혀 보지 않는 것과 같다고 볼 수 있었다. 아이는 과도하게 짜여진 일정을 거부할 수 없는 상황이었고 책을 본다는 그 시간만이 다른 학과목을 공부하지 않는 자유의 시간이었던 것이다.

어머님은 학교가 끝나는 시간에 맞춰 차를 가지고 가서 집에서 손수 만든 쿠키와 샌드위치를 아이에게 먹이고 트렁크에서 접이식 자전거를 꺼내 아이에게 주고 학원까지 자전거를 타고 이동을 시킨다고 하였다. 운동이 필요하기 때문이라며 먼저 학원 앞에 도착해서 아이가 오면 가방을 건네주고 자전거를 다시 차에 넣어두는 식으로 신경을 썼고 아이에게 인스턴트 음식을 먹이지 않기 위해서 햄버거, 피자는 물론 오렌지 쥬스도 집에서 직접 만들어 간식까지 다 챙긴다며 아이를 위해 최선을 다하는데 아이는 자기가 의도한 만큼 따라오지 못하는 것 같아 속상하다는 이야기를 그제서야 하셨다.

어머님의 마음은 충분히 이해하겠으나 내 아이를 최고로 만들어보겠다는 욕심이 아이의 마음을 멍들게 하고 그런 욕심을 버리지 않으면 아이는 점점 더 나약해지고 자신감을 잃을 수 있다는 것을 말씀드렸는데 자신은 도저히 용납이 안된다며 어찌할 줄 몰라 하셨다.

이제는 아이가 스스로 할 수 있는 환경을 만들어 주고 한꺼번에 너 혼자 해 보라는 식이 아니라 조금씩 아이 혼자 학습의 방법을 익힐 수 있도록 방법을 알려주면 지금도 늦지 않았음을 설명드렸고 어머님이 이를 받아들이시는 듯하였다. 아이와 상의해서 학원이랑 학습지를 줄여보겠다고 하시고 가셨는데 며칠 뒤 다시 오셔서는 아이가 학원을 그만두지 않고 계속 다니겠다고 하여 당분간은 지금처럼 하기로 했다며 다른 데 가서 다시 상담을 받아보고 그 곳에서도 비슷한 결과가 나오면 그 때 다시 생각해 보겠다는 말씀을 남기고 가셨다. 결국 그 아이는 어머님이 만들어놓은 감옥같은 생활을 계속할 수 밖에 없었고 이 후 전화도 받지 않아 다음의 상황은 알 수 없었다.

이렇게 부모에 의해서 한참 자신의 잠재력을 발견하고 키워나가야 할 시기에 아무것도 못하고 다람쥐 쳇바퀴 도는 듯 학원을 전전하며 생활하는 친구들이 주변에 아직도 많이 있다는 것이 무척이나 안타까울 뿐이다.

부모가 먼저 변하지 않는다면 우리의 아이들에게 희망도 사라진다는 것을 잘 알고 있지만 꾸준한 학부모 상담을 하기에는 현실적으로 어려운 부분이 많아 부모를 변화 시키는 데는 여전히 한계가 있다.

2. 잘못된 공부 방법으로 성적이 오르지 않은 경우

중학교 2학년인 여학생은 자신의 진로문제로 고민을 한다고 해서 만났던 학생으로 자신이 공부 쪽은 영 소질이 없는 것 같아서 공부 아닌 다른 걸 해보려고 하는데 도대체 무엇을 해야 할지 모르겠다는 이야기를 하였다. 그래서 무엇 때문에 공부 쪽에 소질이 없다고 생각을 했느냐고 물으니 평소에 예습과 복습을 꾸준히 하는데 도대체 성적이 오르지 않고 수업시간에 선생님이 하시는 말씀도 이해가 안 된다는 것이다.

그래서 예습은 어떤 방법으로 했는지 질문을 하니 학생의 대답은 학원을 빠지지 않고 꼬박꼬박 다니며 내 주는 숙제도 성실히 잘 해갔고 학원에서 하는 수업이 학교 진도보다 빠르니 그것이 예습이라고 하는 것이다. 그리고 복습은 주로 문제집을 풀었는데 학원에서 내 주는 숙제 말고 따로 문제집을 사서 풀었다는 것이다. 국어, 영어, 수학, 사회, 과학과목까지 매일 시간을 정해 놓고 문제를 풀었는데 정작 시험 볼 때는 기억이 제대로 나지 않고 성적은 오르지 않으니 자신은 머리가 정말 나쁜 것 같다고 풀이 죽어서 이야기를 하는데 정말 그동안 맘고생을 많이 한 것이 역력히 보여서 안쓰러웠다.

우선은 학생에게 머리가 나쁘다고 단정을 지을 수 없으며 공부 방법에 문제가 있어서 투자한 시간에 비해 결과가 안 나왔던 것이라는 부분을 설명하고 다른 학생들과 달리 혼자서 꾸준히 해왔던 지난 시간의 그 성실함에 대한 칭찬을 많이 해 주었다. 혼자서 열심히 해보려고 노력했던 의지도 인정을 해주니 그때서야 얼굴에 웃음이 올라오는 것이다.

제일 먼저 학습의 원리(입력-저장-출력)에 대한 설명을 해 주었다. 더불어 학습의 원리를 응용한 완전학습의 4단계(예습-수업-복습-평가)와 기존에 학생이 예습이라고 생각했던 학원수업이 예습이 아닌 선행학습이었으며 진짜 예습은 수업시간에 배울 내용을 미리 살펴보는 것으로 새로운 배움을 효율적으로 받아들이기 위한 준비과정으로 하루 전에 간단히 중요한 핵심을 찾는 것이라는 것을 찬찬히 설명을 하였다.

기존에 학원 숙제와 문제집을 풀어보는 것이 학생이 할 수 있는 유일한 공부였다면 이것을 바꿔 줄 필요가 있었다. 예습을 위해서는 교과서에 나와 있는 학습 목표와 도표나 그림, 그래프 등을 설명하는 내용을 찾아보고 모르는 단어는 개념을 찾아 이해하는 정도만 해도 다음날 수업에 집중하는데 도움이 된다는 것을 특히 더 신경써서 설명해 주었다. 이 학생이 처음에 이야기 한 것 중에서 수업 시간에 선생님이 하시는 말씀이 이해가 안 된다는 말을 했었기 때문에 예습을 통해 수업준비를 하는 방법을 알려주는 것이 효과적이라고 판단했기 때문이었다.

수업시간에 이해가 되지 않은 내용을 복습하는 것은 훨씬 힘들기 때문에 수업시간에 이해를 목적으로 예습을 활용해야 함을 강조하고 수업시간에 선생님이 설명해 주시는 내용 중 내가 예습을 하면서 중요하다고 생각했던 핵심어와 비교를 하면서 듣다 보면 수업시간에 집중도와 흥미도가 높아질 것이라는 것도 함께 이야기 해 주었다.

그리고 학생이 복습을 할 때 주로 문제집을 활용해서 했던 부분이 문제가 있었음을 설명하고 개념에 대한 이해와 암기가 되지 않은 상황에서 무조건 문제만 푸는 것은 효과가 없고, 문제를 푸는 이유는 먼저 내가 공부한 내용에 대한 점검을 위해서라는 것도 설명해 주었다.

대부분의 학생들은 문제를 풀 때 몇 개를 맞고 몇 개를 틀렸느냐에 너무 집중한 나머지 틀린 문제에 대한 보완을 하지 않고 그저 답만 체크하고 넘어가는 경우가 많은데, 자신이 틀린 문제를 왜 틀린 것인지 반드시 생각해 보고 개념을 잘 못 이해한 것인지 아니면 암기를 제대로 안 해서 틀린 것인지 파악해서 다시 공부를 해야 하는 것임을 강조하였다. 즉, 문제를 푸는 이유는 내가 공부한 내용 중 잘 모르는 것이 무엇인지 찾기 위해서이고 틀린 문제는 다음에 또 틀리지 않게 개념에 대한 보완을 반드시 해야 하는 것임을 하나씩 설명해 주었다.

또한 학생이 복습이라 생각했던 문제풀이 방법과 더불어 수업 스케치를 활용한 수업 복습 노트를 작성하는 방법과 반복을 통해 장기 기억으로 저장해야 하는 이유도 설명해 주었고 무엇보다 중요한 것은 한꺼번에 너무 욕심을 부려서 무리하게 하지 말고 지금 당장 성적을 올려야 하는 과목을 한 과목에서 두 과목정도 정해서 이것부터 꾸준히 실천해 나가서 익숙해지면 다음에 다른 과목을 추가해서 하도록 하였다.

이렇게 학습의 원리와 완전학습의 4단계에 대한 설명을 해주고 나서 학생이 혼자 공부를 할 수 있는 가용시간이 얼마나 되는지를 파악하기 위해서 주간 일정표를 활용해 일주일간의 고정시간을 같이 작성하였는데 학원을 가는 날을 제외하고는 하루에 7~8시간 정도의 가용시간이 파악되었다. 학원을 가는 날도 3시간 정도의 시간이 있어서 하루에 꾸준히 예습과 복습을 할 수 있도록 했는데 모든 설명을 듣고 나서는 학생이 혼자서 공부를 제대로 해보고 싶다는 의지도 높고 이번에는 꼭 체계적으로 공부를 해서 성과를 내보고 싶다고 하면서 자신이 하고 싶었던 꿈이 기자였는데 이번에 열심히 해서 좋은 결과를 만들어 보겠다며 웃는 얼굴로 상담을 종결하였다.

이처럼 의외로 아이들에게 작은 학습 방법 하나만 알려주어도 그것으로 숨통이 트이는 것 같다는 말을 하는 경우가 많이 있다. 혼자서 하기에는 막막하지만 조금만 힘을 실어주고 확신을 주면 그것에 힘을 받아 앞으로 나아갈 용기가 생기는 듯하다.

대단한 비법이 있는 것이 아닌 평소에 제대로 된 학습의 원리를 이해하고 자신에게 부족한 부분이 무엇인지를 파악한다면 보다 효과적인 학습을 할 수 있는데 그것을 몰라서 돌아서 가느라 고생을 하는 학생들에게 작은 희망을 줄 수 있다면 이 일을 하는데 있어서 무엇보다 큰 보람을 느끼게 될 것이다.

두근두근 자기주도 학습

초판 인쇄 2014년 12월 15일
초판 발행 2014년 12월 20일

저자   이강석, 이남현, 김경미, 이성옥, 류경신
발행인   이진곤
발행처   씨앤톡
         출판등록   제 313-2003-00192호(2003년 5월 22일)
         주소   서울특별시 서대문구 연희로 5길 82 2층
         전화   02-338-0092
         팩스   02-338-0097
         홈페이지   www.seentalk.co.kr
         E-mail   seentalk@naver.com
ISBN   978-89-6098-215-4 13370

이 도서의 국립중앙도서관 출판예정도서목록(CIP)은 서지정보유통지원시스템 홈페이지(http://seoji.nl.go.kr)와 국가자료공동목록시스템(http://www.nl.go.kr/kolisnet)에서 이용하실 수 있습니다.(CIP제어번호: CIP2014035222)